中国法律史学文丛

中国近代法理学

(1895—1949)

程波 著

商务印书馆
创于1897 The Commercial Press

2012年·北京

图书在版编目(CIP)数据

中国近代法理学:1895—1949/程波著.—北京:商务印书馆,2012
(中国法律史学文丛)
ISBN 978-7-100-08747-6

Ⅰ.①中… Ⅱ.①程… Ⅲ.①法理学—研究—中国—1895—1949 Ⅳ.①D920.0

中国版本图书馆 CIP 数据核字(2011)第 238989 号

2010 年教育部人文社科规划项目
(10YJA 820005)
湖南商学院出版基金资助

中国法律史学文丛
中国近代法理学(1895—1949)
程波 著

商务印书馆出版
(北京王府井大街 36 号 邮政编码 100710)
商务印书馆发行
北京市艺辉印刷厂印刷
ISBN 978-7-100-08747-6

2012年6月第1版 开本 880×1230 1/32
2012年6月北京第1次印刷 印张 10⅛
定价:29.00元

总　　序

随着中国的崛起，中华民族的伟大复兴也正由梦想变为现实。然而，源远者流长，根深者叶茂。奠定和确立民族复兴的牢固学术根基，乃当代中国学人之责无旁贷。中国法律史学，追根溯源于数千年华夏法制文明，凝聚百余年来中外学人的智慧结晶，寻觅法治中国固有之经验，发掘传统中华法系之精髓，以弘扬近代中国优秀的法治文化，亦是当代中国探寻政治文明的必由之路。中国法律史学的深入拓展可为国家长治久安提供镜鉴，并为部门法学研究在方法论上拾遗补缺。

自改革开放以来，中国法律史学在老一辈法学家的引领下，在诸多中青年学者的不懈努力下，这片荒芜的土地上拓荒、垦殖，已历 30 年，不论在学科建设还是在新史料的挖掘整理上，通史、专题史等诸多方面均取得了引人注目的成果。但是，目前中国法律史研究距社会转型大潮应承载的学术使命并不相契，甚至落后于政治社会实践的发展，有待法律界共同努力开创中国法律研究的新天地。

创立已逾百年的商务印书馆，以传承中西优秀文化为己任，影响达致几代中国知识分子及普通百姓。社会虽几度变迁，世事人非，然而，百年磨砺、大浪淘沙，前辈擎立的商务旗帜，遵循独立的出版品格，不媚俗、不盲从，严谨于文化的传承与普及，保持与学界顶尖团队的真诚合作始终是他们追求的目标。遥想当年，清末民国有张元济（1867—1959）、王云五（1888—1979）等大师，他们周围云集一批仁人志士与知识分子，通过精诚合作，务实创新，把商务作成享誉世界的中国品牌。

抗战风烟使之几遭灭顶，商务人上下斡旋，辗转跋涉到重庆、沪上，艰难困苦中还不断推出各个学科的著述，中国近代出版的一面旗帜就此屹立不败。

近年来，商务印书馆在法律类图书的出版上，致力于《法学文库》丛书和法律文献史料的校勘整理。《法学文库》已纳入出版优秀原创著作10部，涵盖法史、法理、民法、宪法等部门法学。2008年推出了十一卷本《新译日本法规大全》点校本，重现百年前近代中国在移植外国法方面的宏大气势与务实作为。2010年陆续推出《大清新法令》(1901—1911)点校本，全面梳理清末法律改革的立法成果，为当代中国法制发展断裂的学术脉络接续前弦，为现代中国的法制文明溯源探路，为21世纪中国法治国家理想追寻近代蓝本，并试图发扬光大。

现在呈现于读者面前的《中国法律史学文丛》，拟收入法律通史、各部门法专史、断代法史方面的精品图书，通过结集成套出版，推崇用历史、社会的方法研究中国法律，以期拓展法学规范研究的多元路径，提升中国法律学术的整体理论水准。在法学方法上致力于实证研究，避免宏大叙事与纯粹演绎的范式，以及简单拿来主义而不顾中国固有文化的媚外作品，使中国法律学术回归本土法的精神。

何 勤 华

2010年6月22日于上海

序

对清末民国以来中国法理学学术史进行总结，无疑具有重要的学术价值。由于各方面的原因，这一研究，曾一度被忽视。近十年间，该主题又渐渐为学人所注目，但研究仍处于分散、零乱的状态，缺乏全面性、系统性。今天，摆脱意识形态上的种种纠葛，求真务实，客观评析这一时期的法学学术思想，不只可能，亦有必要。鉴于此，程波教授在其博士论文基础上完成的《中国近代法理学(1895—1949)》一书，旨在梳理中国近代法理学形成发展的理论资源，辨识其学术谱系，寻找其学理依据。这一研究进路，对于探讨中国法学借鉴西方，反省中国法理学的学术历程，以推动当代中国本土的法学教育实践，是颇有意义的。

中国近代法理学生成的知识背景，实际上是自外入中的结果，特别是明治日本的“东学”渊源，值得注意。与此同时，在中国近代法理学形成发展的历史阶段，充斥着法学名家及其经典作品，一些流传下来的法理学作品人们交口称赞，但对他们真正卓越之处却缺乏共同的认识。此故，就需要有人起而予以价值判断和谨慎甄别，形成“一种正确得当的差别意识”——这是达成共识的必要前提。因此，本书的出版，将有助于我们了解中国近代法理学生成的知识背景及其变化，亦系达成共识所必须做的工作。

程波博士是我的学生，向来勤奋好学，做事认真，攻读博士学位期间，突飞猛进，学业日精。本书是他的博士论文的一部分，在成稿时我就读过了。作为作者数年思考的阶段性成果，相信它将成为中国近代法理学学术史研究的起步,也希望作者以此为契机,在这个领域大展宏图。本书得到2010年度教育部人文社会科学研究规划基金项目的出版资助,实为幸事。应作者之约,我写下以上几段话,以达内心的喜悦和祝贺之情。是为序。

吕 世 伦

2011年11月于北京世纪城

目　录

图 表 索 引

绪　论

本书《中国近代法理学》(1895—1949)的研究，希望通过理清晚清至民国种种《法学通论》教科书资源，从大规模的译介引入到自行编撰，考察各个时期《法学通论》教科书的编纂方法及内容如何与中国法理学学科门类相融合，以至形成中国近现代意义上的法理学知识结构和话语体系；辨析已经刊出的诸多《法学通论》教材版本以及学脉渊源、学术成就并不同一的民国法学学者、法律教员，面对异域法律资源和法学理论，哪些是暗渡陈仓，哪些是移花接木，哪些与中国传统法律制度与思想发生碰撞、融合；如此探案，可能曲径通幽，也可能一马平川；可能山重水复，也可能柳暗花明。好在刚刚起步，一切皆有可能。

第一节　研究的动机

西学东渐是19世纪最值得关注的历史进程之一。咸丰十年(1860)以后，除了传教士引介的启蒙知识以外，清政府的官方翻译机构开始翻译西方工业方面(并有部分政法方面)的书籍。但是，这些引介工作并没有给中国社会带来根本性的变革。随之开展的“洋务”运动，因其内在目的是“求强求富”，所以有以“西化”为途径，主动地汲取西方知识之倾向。然而，当时西方知识笼统的定名是所谓的“西学”，就内容来说，驳杂而不精一；就来源而言，又不免贫乏和错乱，而“西学”的进一步转化,就是成为共所慕趋的“新学”。[1] 甲午战败以后,国人开始重新审视西方新知识的引介问题,内容的多样化和渠道的多元化是一个显著的特征。即,引介内容由西艺向西政、西学的转变;引介渠道也由传教士主持的报刊书籍向国人创办的媒体扩展;中国人开始尝试独自引入新知识,假道日本也成为一种新选择。新知识需要新的话语,需要传播新话语的新载体。与此同时,新式学校、辞书和教科书等“传播文明三利器”(梁启超语),在晚清社会中正逐步兴起。这“三利器”对于影响晚清时代普通人的知识结构、文化趣味以及思想方式均功不可没。特别是自 1900 年后,许多来自日本的、带有“新式”学科内容体系的各种教科书,开始支撑着整个晚清社会的学术积累与知识创新。

本书认为,在清末废科举、推行近代教育制度的背景之下,大量因印刷成本低廉而得以流通的《法学通论》教科书,成为民众普及法律知识的最直接的媒介之一。近代西方法学观念中的核心法律概念,“宪政”、“自由”、“权利”、“三权分立”等,在这一时期开始频繁出现在新式学堂的各种教科书里,由政法讲义、并由日常生活的新闻事实传入中国,从而作为近代“法律知识”的一部分而被社会化。与此同时,《法学通论》与清末“法政诸学”各门类的初建存在互动的关系,而“法政诸学”的兴起又与国人对“学科次第”、“西学门径”的认识有关。从旧式书院到新式学堂及其法政学科规划与课程设置、师资来源,可以从一个侧面反映法理学作为一门新的学术门类在中国近代创建的情况。这些《法学通论》教科书不仅仅是学堂课本,而且还蕴涵了不少西方法学知识和观念,特别是许多《法学通论》在其“绪论”或“法学编”部分,往往集中阐述西方法学理论和方法等问题。这样,西方法学知识和编纂方法便通过《法学通论》教科书输入到了中国,为中国法律学人自己撰写《法学通

① 参见王尔敏:《晚清政治思想史论》,广西师范大学出版社 2007 年版,第 10 页。

论》提供了范例。晚清士人的法学观念,很大程度上依赖于《法学通论》教科书的课本或法律课堂的知识传授,清季趋新学人亦是通过这些不起眼的《法学通论》教科书,获取了近代西方的法学知识,从而引发对中国传统法学的检讨和反省。因此,对《法学通论》教科书在中国法学教育史和法理学学术史上的理论和实际应用价值,需要作进一步的发掘和研究。

尽管以今天的眼光来看,这些称为《法学通论》的"初级课本",从内容到形式都十分浅显,不似那些曾引领历史潮流或潮退后仍留下深深印迹的"法学经典"或"法学名著",给后世读者提供众多"思想资源"和无限的"想象空间"。然而,在笔者看来,研究这些被称为"法治阶梯"、"法学津梁"的《法学通论》教科书的本意自该是促进的,而非促退的。如果按《法学通论》教科书成书的过程来看,我们一般可以将之分为三种情形:

(1)1902—1911 年间,特别是晚清"新政"时期,以东文学社、南洋公学和留日学生为主体翻译的日本"讲义录本"——来自日本法政课堂的各种《法学通论》教科书著作。

(2)1912—1928 年间,主要是有接受过日本法政教育背景的中国法学学人翻译和自己编撰的《法学通论》教科书著作。

(3)1928 年以降,由有留学日本特别是有留学欧美经历的中国法学学者主导翻译和自己编撰的《法学通论》教科书著作。

以往的研究着重于 20 世纪前后的西学新书,绝少注意像《法学通论》这类教科书文本,而本书研究对象则恰恰是从 1902 年以后的汉译日本《法学通论》教科书,以及民元以后中国学人自己编撰的《法学通论》。笔者所关心的,是清末民初以来这些《法学通论》教科书出现的意图和背景,以及中国法律学人如何对接与融通这些教科书的内容和思想。当然,作为其结果也想看看,有哪些法律语词概念和法学观念随之进入中国,并成为中国"法学近代化"的一部分。在这一过程中,本书作者每每有一种很深刻的印象,就是这些不同时期出现的《法学通论》教科书,它是那样的阶段分明而又具有历史的连续性,时代变化的轨迹、频率十分清晰。因此,把《法学通论》教科书作为中国近代法理学形成发展的"媒介"因素并凸显出来,可以更深入地认识西方法学理论在中国传播的历史与现实,有可鉴者则鉴之,弃取尽在于我。这正是以《法学通论》教科书为中心,展开"中国近代法理学"研究之动机所在。

首先,本书通过对清末汉译《法学通论》教科书版本的略考,集中于几种有代表性的汉译《法学通论》教科书的文本分析。以法学思想、法律知识在《法学通论》教科书中的呈现和清末时人对"法学"的认知为视角,既考察中国法理学的学术思想脉络,又建立汉译《法学通论》教科书与同时代的某种关联,兼及汉译《法学通论》教科书中法学观念的普及和编撰方法,从"对接"的意义上,指出晚清汉译日本《法学通论》教科书等日本法学资源对中国近代法理学的影响。这不仅是一个法学学术史的课题,同时也是一个需要从日译法学名词的概念、《法学通论》的编撰体例、法学观念传播的层面上加以验证的过程。更为重要的是,晚清以来,西方法学理论作为"西学"的一部分传入中国,并很快与中国传统法律制度与思想发生碰撞、融合,最后形成中国近代意义上的"法理学",这对于当下同样需要面对异域法律资源的中国法理学,如何克服传统消极因素的影响,确定未来发展方向,仍有现实的借鉴意义。

其次,从表面上看,在接受西方法学包括西方法理学知识时,并不妨碍中国学者的"知识论述"(intellectual discourse)仍然遵循中国传统法学(律学)的典范(paradigm),尽管其意图却未必是绵延中国的法律传统。但事实上,无论是中国法理学的结构体系及其"知识论述",还是个人权利、民主共和、宪政、法治等现代法学理念在中国的传播,都是向西方学习的结果。职是之故,区别地诠释西方法学理论进入中国的路径及其近代意义，当有以下三个层面的重新定位：一是在法学研究方面，中国学者在自己的学术研究中，介绍、吸纳西方法学理论；二是在法律实践中，在立法和司法方面的制度建设中贯彻西方的某些法理学理论或思想；三是在法学教育引入西方的《法学通论》或《法理学》的教学。进行第一个方面工作的，梁启超、严复等近代学者可谓先驱。例如，梁启超1904年发表的政论文章《中国法理学发达史论》，严复对于《法意》的翻译，特别是所加的“按语”都可以归列其中；在第二个方面的代表，主要有以法律权臣身份从事法律工作的沈家本、伍廷芳、董康等人。他们将西方的法理学理论引入中国法制变革之中；第三个方面的代表，则是以法学教育家身份进行法政教育、延请日本学者任教或亲自充当中国法政教育先锋的留日学生，如王国维、张知本、汪庚年、熊元翰、孟森等。基于上述第三个方面，本书认为，西方在19世纪已创立的法理学知识内容和体系，究竟是如何通过清末特别是整个民国时期重要的《法学通论》教科书而转化为中国法理学的“知识论述”的？实在是一个需要认真回答的问题。

第三，法理学一词是由日本法学家穗积陈重首先使用的，相当于英文中的jurisprudence一词。在法律学科意义上，“法理学”和“法学通论”，这两个术语的实际含义尽管存在差别，但从清末至整个民国时期，许多中国法学学者往往都等同视之。如此说来，晚清最后十年大规模出现的汉译日本《法学通论》教科书，就有某种典范意义。不过要看到，辛亥革命的胜利，在事实上已经排除榜样“日本模式”的可能性。“五四”新文化运动后，从留学、译书方面看，日本途径也渐渐失去20世纪初的兴盛。日本对中国的侵略，更夺走人们对“日本知识”乃至从日本传来的“西方知识”的好感。在相当长的时间内，不是来自日本而是来自欧美的法学和法律教育，对中国近代法理学的形成发展产生深刻影响。本书认为，“五四”前后，西方法学理论在中国传播的路径开始由日本转向欧美,民国法学界对西方法学理论的汲取也表现出全方位接纳的姿态,接受现代西式法律教育的法律从业者逐渐出场后,面对新问题,秉持新理念,尝试新范式,中国理论法学面貌为之一变。与此同时,在日本学者《法学通论》教科书编纂模式或理论范式的导引下,中国的法律学人依样画葫芦,不断挖掘和阐释中国传统法学的材料,并开始尝试会通"西方法学理论"与"中国传统法学"二者,以求创造中西合璧的中国法理学学科体系。在本书所涉及的夏勤与郁嶷、王觐、白鹏飞、朱采真、钱香稻、丘汉平、梅仲协、李达等中国法律学人中,他们有的深受来自日本法学理论的影响,有的则发挥着英美《法学通论》的"法理"功能,但他们都编撰了具有中国元素的《法学通论》或《法理学》的教科书。通过对他们编纂的《法学通论》教科书的研究,笔者力图展示历史的另一种声音:这就是,至少在 1928 年前,塑造中国法理学体系最初阶段的主要特征,不是中国传统法学(律学)在中国近代的延伸,而是对接和融通来自日本的汉译《法学通论》教科书,且基本上属于对大陆法系法学理论资源的全面汲取。其后,中国近代法理学渐次注重从英美法学理论资源中汲取养分。

第二节　研究的问题层面

当以《法学通论》教科书为中心来讨论中国近代法理学的学术发展历史时,所涉及的问题主要有两个层面,一是中国近代法理学是如何与汉译日本《法学通论》教科书进行对接的?二是中国近代法理学的形成发展又是如何在中国法律学人编撰的《法学通论》教科书中得到融通?整体而言,清末以来迄至整个民国时期,《法学通论》教科书与中国近代法理学的对接与融通,虽有不足却无大害。究竟如何对接?如何融通?诚是无可避免的问题。除厘清这些问题外,法律学人与社会制度变迁如何互动，实是本书最终企望。

本书前四章为研究的第一个层面。重点以清末最后十年间，大量出现的汉译《法学通论》教科书文本为中心素材，考察西方近代法学观[①]在中国传播的一般情形。这一努力的方向，受启于何勤华教授关于"法学近代化"的研究成果。大约十年前，何勤华发表《法学近代化论考》一文，提出法学的近代化，"是自中世纪后期开始的波及整个世界的一场法学变革和进化运动"，"是法学研究中的一个重要课题"。[②] 何勤华还在一篇更早的论文中认为，中国法学"近代化的过程"，"呈现出一种非常特殊的形态"。对此，何勤华称之为"中国古代法学的死亡与再生"。他说：

> 中国法学近代化受到了西方法学的强烈冲击，是在西方法学的逐步渗透、影响下进行的。中国近代法学无论在世界观，还是在框架结构体系、基本制度、主要原则和重要概念术语等方面，都曾广泛地、大量地吸收、借鉴了西方法学的成果。……当然，对于这个问题还需要进一步作深入的具体的实证研究。[③]

正是在何勤华教授关于中国"法学近代化"的理论关照下，笔者以

---

① 所谓西方近代法学观，也可以理解为法的世界观。何勤华先生根据启蒙思想家的原始话语概括为：法律是公意的体现；法律的目的是为了人民谋幸福；法律至尊至上（法治）；国家是社会契约的产物，是人民的创造物；人民是政府的主人（主权在民）；所有人生而平等自由，并享有不可剥夺的天赋权利；法律面前人人平等；自由就是做法律所允许的事情；权力必须分立，互相制约；罪刑法定；罪刑相适应；刑罚必须人道；司法独立；无罪推定。以上法学观，经过1776年美国《独立宣言》、1787年《美国宪法》、1789年法国《人权宣言》、1804年《法国民法典》、1810年《法国刑法典》等经典法律文献的规定和确认，开始扎根于欧美各国，并进而在世界其他国家和地区得到传播。而中国，也从19世纪30年代起开始受到其影响。参见何勤华：《中国法学史》（第3卷），法律出版社2006年版，第8—9页。

② 何勤华：《法学近代化论考》，原载《政治与法律》1999年第2期。参见何勤华：《法律文化史谭》，商务印书馆2004年版，第281页。

③ 何勤华：《中国古代法学的死亡与再生》，载何勤华：《法律文化史谭》，商务印书馆2004年版，第314页。

为,考察中国近代法理学的形成发展,亦应放置在“西法东渐”这一视角下,才能获得某种可能是较有价值的认识和判断。事实上,中国传统法学并无“法理学”之名,所谓中国传统“法学”,“乃律学则非法学”,[①]在中国古代,“律学”即便是称为“法学”,但仍为“盛世所不尚”(沈家本语)。晚至19世纪末20世纪初,西方“法学”一语由日本传入中国后,现今称为“法理学”的学问,才在中国揭开了崭新的一页。随着“西学东渐”、“西法东渐”,大量的汉译日本《法学通论》教科书和这些教科书中的西方法理学内容被渐次介绍到中国,为人们诵习研究,构成20世纪初期以来中国人法律知识领域的一个重要层面。笔者注意到:从1902年第一种冠以“法学通论”名称的日本法理学教科书在上海问世,到1911年清朝灭亡止,中国出现了一个翻译和编纂来自日本的《法学通论》教科书的出版高峰,并随着汉译《法学通论》教科书的大量出版和清末法政教育的持续发展,迎来了西方法学理论输入的第一次高潮。这一现象,既是“西法东渐”的一个重要组成部分,也是20世纪初清政府教育改革的产物。

本书后三章为研究的第二层面。以中国近代法理学形成发展的三个时期(初步成长、形成发展、批判与自觉)为分析框架。仍以中国法律学人编撰的《法学通论》教科书为中心素材,探讨西方法学理论“中国化”之历史进程中的重大理论课题,以及中国法律学人对此作出的积极

---

① 关于中国古代有无法学,20世纪80年代以来学术界有不同的看法,如张中秋先生在他的《中西法律文化比较研究》(南京大学出版社1991年版)第六章,即以章论述。认为中国传统法律学术是“律学”而非“法学”。梁治平先生在他的《法学盛衰说》(见《比较法研究》第7卷第1期)也认为,沈家本先生所叙的中国古代的法学,“乃律学则非法学”,“中国法学之兴,实始自20世纪初。”在这个问题上,李贵连先生既未持传统说法,亦不持后说。他认为:为区别古代与近现代法学的质的差异,将20世纪以前称为古代法学,20世纪以后称为中国近现代法学。参见李贵连:《20世纪初期的中国法学》,载李贵连:《近代中国法制与法学》,北京大学出版社2002年版,第198页。

回应，以期实证地、具体地从学术谱系辨识的层面，概述晚清特别是民国以来西方法学理论在中国的接受历史。之所以仍以《法学通论》教科书为中心，是因为《法学通论》教科书是中国法理学最重要的一种编纂形式。自20世纪初开始，无论是汉译日本的还是中国法律学人编撰的《法学通论》教科书，都记录了中国近代法理学形成发展历程中种种“法学近代化”现象，而民国以来《法学通论》教科书本身的质变（从取法日本到取法英美），也成为中国法理学的表征之一。还要看到，整个民国时期，《法学通论》教科书不仅在法学教育方面，而且还为伴随代表20世纪的新的法学家/法律家的出现输送了大量人才，产生了巨大影响。在研究20世纪近代法学发展史上代表人物中，特别是从他们的笔下诞生出的《法学通论》等著述，亦获得不可欠缺的存在理由，与前述汉译日本《法学通论》在中国近代法理学发展史中所处的地位密不可分。

上述现象，亦可以说明，中国近代法学最引人注目的变化之一，就是思想资源的变化。事实上，自鸦片战争以来，西方法学伴随着西方的船坚炮利汹涌而至，成为中国近代法理学的主要思想资源，并对中国法理学体系的建立起了关键的启迪和示范作用。但是，也要看到，由于中国传统法律文化缺少现代性的思想资源，中国法理学不能自行现代化。因此，中国近代法理学的形成发展是汲取西方法学理论包括马克思主义法学的结果，这是一个必须正视的历史事实。除此以外，法律移植不能无视传统文化的影响，新法制对旧传统的改造不能一蹴而就。中国近代法理学的形成发展的历史，就是西方法学理论以及马克思主义法学思想在中国本土化的历史，就是西方法学与中国固有的法律文化、精神相融合，形成具有鲜明特征、独特精神实质的中国法学的过程。因此，本书的研究，对于打破中西法学之间互不相容的二元对立僵硬思维模式，推动中西“法理”的融通，都有重要的学术意义。

在过去，对于以汲取西方法学理论资源为主的中国法理学研究，往往重视文本转换操作的译介与思想史的研究方法,强调有一个必须进入西方法学经典思想与文本以提升自己学理品质的阶段。例如,在民国时期,一位叫高维廉的人著有《中国法学思想之国际地位》一文,认为近代法学发展三十余年来,历经了"学习"、"合作"、"领袖"三个时期。关于学习时期,文章指出:

> 光绪廿七年和约既成,国难日迫,朝野人士革政之谋益力,乃有修订法律馆之设。当代名宿,处预其事,六年间成法典五,改组后复续订草案九,进行之速,世无其匹。此外更立法律学堂训练人才。此期之代表人物,有沈家本、伍廷芳、董康等,其特征为尽量急进之吸收,至于质之方面与适用与否之问题,则无遑过问矣。①

也许,正是这种"尽量急进之吸收"的原因,我们近代以来的法学,出现"对西方学问照单全收的状态",②就不足为奇了。但是,如果我们的研究停留在这一判断是不够的,因此,我们需要转向重视以问题为导向的研究。事实上,对西方法学理论、马克思主义法学思想在中国的传播和发展,是如何启动中国法理学的近代转型,我们又是如何根据自身的法律传统,有选择地汲取、改造、融通西方法学思想,使之成为中国法理学的一个有机组成部分?上述等等疑问,从目前来说,研究的要求都日益迫切。

第三节　研究的架构

在我先前的印象中,1895—1949年的中国近代史是一个社会发生巨变和重要转型的时代。用狄更斯的话说:"这是一个最好的时代,也

① 高维廉:《中国法学思想之国际地位》,载《法学季刊》1930年第4卷第3期。
② 贺卫方:《历史与社会交错中的当代法学学术史》,载《云梦学刊》2005年第4期。

是一个最糟的时代。”无论经济还是政治、社会生活还是思想文化，都发生着深刻的变化。在学术思想上（主要是文史哲领域）亦呈现中西汇流、百家奔竞、异彩纷繁的局面。然而，与热闹非凡的文史哲领域相比，中国法理学学术界似乎相对冷清。甚至以为，蔡枢衡关于中国法理学“幼稚”的判断，已经把话说完了。

后来，我渐渐注意到，清末民初在法政学堂曾经使用过的汉译日本《法学通论》教科书，并发现这些《法学通论》教科书与中国“法学近代化”同样有着不可分割的关系。以汉语写成的《法学通论》教科书和清末法政学堂采用日本教习和中国译员共同上课的方式，使大量法律术语和西方法学观念，通过新知识新文化传播的日本途径，成为推动中国法理学形成发展的重要“媒介”。从中国“法学近代化”这一角度来看，像《法学通论》这类承载“西学”、“新知”的新式教科书，正是帮助“躬逢其盛”的中国人了解西方法学理论的一个窗口，并为中国法学走向近代提供丰富的法理学“知识论述”。通过这个窗口，本书将分作七章，研究架构如下：

第一章　晚清汉译日本《法学通论》教科书研究初步

首先以书目汇表的方式，列举1900年以后，经由日本引进的《法学通论》教科书的各种版本，再分别汉译《法学通论》教科书的版式时间、著作提要及版式加以略考，力求使人们对留日学生翻译的成绩给予关注外，特别指出必须留意国内（主要是上海）的一些出版过汉译《法学通论》教科书的出版机构或人物所作出的贡献。换言之，他们都是西方近代法学知识导入的主体，或者说他们都是中国法学近代化的主体，值得关注。在本章最后，通过晚清汉译《法学通论》教科书出版高峰原因的考察，意在指出，清末大规模出现的《法学通论》教科书及其在法政学堂中的传播，法学观念在中国的引介，法学知识体系的流变、法理学学科术语的厘定，并因法政课堂教学而受众更广，启蒙的影响更为持久，这一功绩,着实可以比肩严复和“五四”新文化运动以后西方法学作品的翻译事业。

第二章　矶谷幸次郎著、王国维译《法学通论》及其关联影响

本章是有关王国维先生翻译的中国第一本冠名《法学通论》教科书的研究。首先讨论的是清末时人对矶谷幸次郎这本《法学通论》的评论和王国维早期教科书的翻译实践。其次是特别介绍这本《法学通论》的内容特色及其影响。然后从日本法学名词在中国的初期引入的视角出发,以《新尔雅》辞书为中介,建构“法律”、“权利”等法律名词与《法学通论》的关联。本书作者认为,从中国法理学之学科诞生的意义上看,构成法理学学科体系的众多法律名词、法律术语,正是通过日本学者在《法学通论》教科书的解释和消化解说,直接影响了中国法理学这一学科的学术广度和深度。

第三章　思想脉络的考察:梅谦次郎与孟森

本章所谓思想脉络的考察,乃是从梅谦次郎《法学通论》的中译本出发,探讨孟森撰写《新编法学通论》的思想资源。在本章中,笔者首先分析了中国法政知识体系中的日本因素和梅谦次郎《法学通论》影响的多重维度。从比较史的角度而言,梅谦次郎与他的同辈学者提出的法学观念、宪政知识、民法原理,对晚清革命派、立宪派包括清末法制变革的参与者的反省,提供了许多灵感,开辟了相当的“想象空间”。在讨论孟森的思想来源之后,重点分析孟森在其编撰的《新编法学通论》教科书中,对中国问题的关切。笔者认为,正是从孟森开始,中国人有了自己编撰的《法学通论》教科书,开始有条理地向中国知识界介绍宣传西方一些基础的法学理论,且有针对性地剖析中国传统的旧的法学弊病,推动了中国法学理论的发展。

第四章　汉译《法学通论》教科书与中国“法学近代化”

至1911年以前,清末大量出现的汉译日本《法学通论》教科书,事实上起到将西方法学理论，转而对中国产生影响的效果。然而，这种带有日本经验和体认的“西方法学理论”，又是如何直接或间接地影响中国的“法学近代化”，过去人们研究并不多，知之亦甚少。因此，本章首先联系清末民国以来，介绍、翻译、按说（格义）、比附、比较、揉捏（编撰）异域法学理论资源的“初级课本”——《法学通论》教科书，来讲述“中国近代法理学的形成发展”的故事，着重于《法学通论》在本质上推动中国法理学形成发展的积极因素的论述。在探讨汉译《法学通论》教科书与中日法律词汇的交流以及对西方法学观念及法学流派的引介后，笔者主张，我们应该留心欧洲中心的“西法”观在中国可能有的不适切性。这种不适切性，也是我们在进行“法学近代化”这一历史性思考时不能忽略的部分。

第五章 中国近代法理学的初步成长（1912—1928）

在本章中，笔者首先对这一时期的《法学通论》教科书的出版情况作一简要的概说。在此基础上，再集中以夏勤与郁嶷、王觐、白鹏飞等所著的《法学通论》教科书文本为中心，研究这几位先后在北平朝阳大学、北平大学法学院讲授《法学通论》的学者们，在受商业主义侵蚀的法政教育下，作为心态不一的《法学通论》教员，是如何发挥《法学通论》的“法理”功能的？正是基于当时《法学通论》的教师和学生对这一课程的认知，笔者期待对这一时期《法学通论》教科书的文本研究，为中国法理学的初步成长，提供了什么样的理论资源而加以重新思考。

第六章 中国近代法理学的形成发展（1928—1938）

本章以“中国法理学的形成发展”为主题，来梳理这一时期中国法理学学术变迁的历史。这一时期（1928—1938），中国近代法典编纂运动渐至高潮：大规模立法活动的开展，不仅使“三民主义”的意识形态话语进入立法指导思想层面，而且为法学家提供了贡献其法学理论以支撑立法、司法和法律职业教育的活动舞台。伴随着中国法理学的“近代性”发展,这一时期,中国学者编撰的《法学通论》及其表现形态,着实丰富多样。因此。本章在分析朱采真、钱香稻等人著述《法学通论》及其表现形态的基础上,重点研读丘汉平《法学通论》教科书中的法理学思想,然后,指出他们对中国近代法理学形成发展的各自贡献。可以说,清末民初以来,从法政课堂传授《法学通论》到把《法学通论》转变为一种日益严谨的法律基础学科,从法学理论本身的研究到法律实践的方方面面,中国近代法理学形成发展起来了。

第七章　中国近代法理学的“批判”与“自觉”(1938—1949)

本章首先对这一时期的《法学通论》教科书的出版情况进行简要的概说。然后以“跨越法学的批判:法学理论的本土化表达”为题,研究蔡枢衡《中国法律之批判》(1942)、《中国法理自觉的发展》(1947)等文本,着力展现蔡枢衡法理思想的深刻性。同时,对梅仲协既打破《法学通论》传统的编纂体例,又重点评论法律本质及其法律与其他社会现象的关系、注重法理学研究的《法律论》(一名《法理学大纲》)文本进行系统考察。在本章的最后,再以李达1947年在湖南大学撰写的《法理学大纲》文本为中心,闯进李达法理学思想体系的深处及其关于中国近代法理学的“问题域”。从最具其思想特质的“科学的法律观”之种种议论入手,探寻李达关于马克思主义法理学的“知识论述”在法律本质、法律价值属性和法哲学方法论等方面话语表达。既介绍李达这部《法理学大纲》文本所体现的马克思主义法理学的基本思想,又回答如何走出李达关于中国近代法理学的“问题域”。

通过上述七章内容的研究之旅,我渐渐晓得了中国近代法理学学术史(1895—1949)同样美丽而富饶,与比法理学更广义的法学大观园相比,中国法理学也有自己生长着鲜花绿草的花园。它同我们中国现代法制差不多一起起步,它的历史同样有如一幅画卷,展开它需要作一次长途的美不胜收的阅读之旅。在近代中国法律学人及其编撰的《法学通论》教科书的漫游途中，本书的作者的确为这个时代，为中国法律学人的环境恶劣而又孜孜不倦、忧国忧民而又悲天悯人的崇高品格所折服，为中国法律学人以其满腔热血的责任感和学术良知，以自己所从事的法律学术和法律教育事业来救国救民所感动，这大概是这一时期(1895—1949)中国近代法理学学术相对兴盛的原因所在，也是本书写作的生命所在。

第一章　晚清汉译日本《法学通论》教科书研究初步

“教科书塑造了日本人”。①同样，教科书也塑造了中国人。在研究近代法学知识的社会化、普及化或中国法理学“近代化”等问题时，教科书的意义是其他文本所无法比拟的。清末民初，在法政学堂曾经使用过的汉译日本《法学通论》教科书与清末法政学堂的日本教习和中国译员共同上课的方式，使大量法律术语和西方法学观念，通过新知识新文化的传播途径，成为推动中国法理学形成发展的重要“媒介”。因此，对这类承载“西学”、“新知”的新式教科书的产生、使用、普及、定型，以及如何帮助“躬逢其盛”的中国人了解西方法学理论，从知识社会学、学术史等多角度进行研究就成了本书写作的重要进路。

第一节　《法学通论》教科书书目汇表及版本略考

一、书目汇表

1902年至1911年，晚清《法学通论》教科书就有数十种，几乎清一色都是来自日本的译著。其中主要的参见下表：

---

① 唐泽富太郎：《教科書の歴史——教科書と日本人の形成》，创文社，1956年版，第1页。

表1—1 汉译日本《法学通论》教科书书目汇表(1902—1911)

书名	著者	译者/编者	出版社/发行者	初版时间/版本	其他资料提供的版本信息①
《法学通论》	[日]矶谷幸次郎	王国维译	上海,商务印书馆	清光绪二十八年(1902)铅字排印本	光绪二十八年(1902),上海金粟斋译书社,铅印本;光绪三十四年(1908),上海金粟斋
《法学通论》	[日]铃木喜三郎	震生译	上海,广智书局	清光绪二十八年(1902)排印本	光绪三十三年(1907)印本
《法律学教科书》		作新社编	上海,作新社	清光绪二十九年(1903)	《法律教科书》一卷,作新社洋装本
《法制新编》	[日]葛冈信虎	朱孔文笔述	东京,并木活版所	清光绪二十九年(1903)铅印本	光绪三十年(1904),译书汇编社本
《法制泛论》	[日]熊谷直太	范迪吉等译	上海,会文学社	清光绪二十九年(1903)石印旧装	普通百科全书
《法律学教科书》	[日]伊谷亀太郎	廉隅译	上海,文明书局	清光绪三十年(1904)	
《法学通论》	[日]奥田义人等	张知本编辑	湖北法政编辑社	清光绪三十一年(1905)7月26日	此书系《法政丛编》第1种(共19种,24册)

---

① 本表格仅收清光绪二十八年(1902)至宣统三年(1911)之间的汉译《法学通论》教科书。在本章、节中,以“略考”的方式加以说明。关于其他版本信息及资料来源,主要依据以下4种资料:(1)何勤华:《中国法学史》(第3卷),法律出版社2006年版,第125—171页;(2)俞江:《清末法学书目备考》,载《近代中国的法律与学术》,北京大学出版社2008年版,第315—343页;(3)熊月之编:《晚清新学书目提要》,上海书店出版社2007年版;(4)田涛、李祝环:《清末外国法学引进书目》,载田涛:《第二法门:学术与随笔》,法律出版社2004年版,第153—167页。上述资料所涉及的《法学通论》教科书,或未提及著者、译者,或未能对书中内容等情形加以说明者,笔者尽自己所能加以补正,然亦因笔者知见的版本和考证能力有限,故在正文中,本表格中有一些《法学通论》教科书,笔者或有不论,以待进一步补充。

《法学通论》	[日]梅谦次郎讲述	留学东京大学法学院,(贵州)黎渊笔译	东京,法政大学出版发行,上海,广智书局一手贩卖	明治三十八年(1905)2月5日	《法律速成科讲义录》(第1号)
《法学通论》	[日]枧田三郎	熊开先译	商务印书馆	清光绪三十二年(1906)再版	
《法学通论》		杨度编	湖南群治书社	清光绪三十二年(1906)订正再版	《法政粹编》第1种(共18种,22册)
《法学通论》	[日]奥田义人	卢弼、黄炳言译	东京,清国留学生会馆	清光绪三十二年(1906)	宣统二年(1910),三卷,上海昌明公司1935年再版
《法学通论》	[日]奥田义人	卢弼、黄炳言译	政治经济社	清末,铅印本,三卷	
《法学通论》	[日]织田万	刘崇佑译	商务印书馆	清光绪三十三年(1907)	光绪三十四年(1908)政法学报社版本
《法学通论》	[日]梅谦次郎口授	陈敬第编辑	天津丙午社,中国天津河北公园	清光绪三十三年(1907)6月21日	天津丙午社《法政讲义》第1册(共30册合订10册);光绪三十年版,其他同左
《法学通论》	[日]岸本辰雄①	陈崇基	日本东京留学生会馆	清光绪三十三年(1907)	田涛、李祝环《清末外国法学引进书目》,提及该书作者为"岸本长雄",笔者疑为笔误
《法学通论》		赵征宇编译		清光绪三十三年(1907)	
《法律学》		杨廷栋编辑	中国图书公司	清光绪三十四年(1908)	此书被认为是第一种中国人撰写的法理学著作

① 岸本辰雄,日本明治大学校长,法学博士。在日本,明治大学出版部曾发行岸本辰雄的《法学通论》(日文版),明治三十一年(1898)11月15日(初版)发行,至明治四十五年(1912)出至第27版。沈其昌在其编辑的《法政学报》第1期中,有岸本辰雄的相片介绍,该书于丁未年(1907)正月15日印行。

《法律探原》二卷		马建忠译述	会稽徐氏《政世新书》	石印本,一册	《译书经眼录》收入
《法学泛论》		求是室主译	求是室主刊本	清光绪三十四年(1908)	《译书经眼录》亦提及"求是室主、唐海平均译的《法学泛论》"
《法学门径书》	[日]玉川次	李广平译	开明书店	清光绪三十四年(1908)	据李叔同事迹系年(1880—1918),该书于1903年3月出版。①《译书经眼录》收入此书
《法学通论》	[日]大石定吉	贺学海译		清光绪三十四年(1908)	浙江法政学堂讲义录第1册,何勤华《中国法学史》第3卷对该书有介绍
《法学通论讲义》	[日]梅谦次郎编著	王焘译	长沙,石玉麟堂	清光绪三十四年(1908),铅印本一册,线装,二卷	
《新编法学通论》②	孟森		商务印书馆	清宣统二年(1910)铅印本	宣统三年(1911)第4版,铅印本
《法学通论讲义》	[日]冈田朝太郎	熊元翰编辑	北京,安徽法学社	宣统三年(1911)3月23日	
《法学通论》(宪法、行政法)	[日]冈田朝太郎著	(金华)汪庚年编辑	京师法学编辑社	清宣统三年7月15日(1911)再版,北京顺天时报馆排印	《京师法律学堂讲义》,《法学汇编》第1册

① 在"李叔同事迹系年(1880—1918)"中,提及1903年3月,所译《法学门径书》出版,署名李广平译。参见郭长海、郭君兮编:《李叔同集》,天津人民出版社2006年版,第257页。

② 孟森的《新编法学通论》可能是中国学者自己编辑出版的最早的一本法理学教科书。但是,孟森系这一时期留学日本学习法律的留学生,受日本学者特别是梅谦次郎《法学通论》的影响较大,故列入此表。

《法学通论》	[日]梅谦次郎编著	(益阳)胡挹琪编	政法学社发行 长沙,府正街集成书社发行	清光绪三十三年(1907)7月10日《法政述义》第一种	民国二年(1913)再版
《法律学纲要》	[日]户水宽人	巅涯生译	东京,译书汇编社	清光绪三十一年(1905)	《译书汇编》第2年第1期(1902);《译书经眼录》:《法律学纲领》一卷,《译书汇编》本
《法学通论》(3卷)		作新社编译	上海,作新社	清光绪三十二年(1906)	另见《译书经眼录》:《法学通论》一册,上海作新社洋装本
《法学通论》		黄毓枏	四川法政学堂	成都:成都官印刷局,1910年	四川法政学堂校外讲义(第1册)与《法学通论》,中村进午著,黄实译,它们是否是同一版本?待考
《新编法学通论》		章宗祥戢翼翚编译			笔者知见①
《法学通论》		(清)吴人达辑	山西法政学堂	清光绪三十四年(1908)	古籍图书网
《法学通论》②	[日]山田三良讲述	孙少荆译	日本,早稻田大学出版部	铅印本	古籍图书网
《法学通论》		诗丞撰		稿本	古籍图书网
《法学通论》		孙智敏编		木活字本	古籍图书网

① 笔者知见章宗祥戢翼翚编译的《新编法学通论》一书,除译者外,其他版本信息均无。古籍图书网提及一本《新编法学通论》,版本信息有:上海,广智书局,清光绪二十八年(1902),铅印本。与笔者知见版本是否同一,且存疑。

② 笔者认为这本《法学通论》系早稻田大学政法理财科讲义十二册之一种。参见周振鹤:《晚清营业书目》,上海书店出版社2005年版,第316—317页。

二、著作提要及版式略考

从来研究书籍之版本，讲究的是要靠首见书证。首见书证告诉我们哪本书是哪个版本，其重要性是自不待言的。即使在文献检索环境得到根本改善的今天，首见书证的发现也需要有对文献群的深刻了解，需要付出艰苦的劳动。同时，首见书证必须要有版权页依据，其他材料，均属于第二手材料，只可供参考，不可据此而妄下结论。讲清末民国时期法学家生平、讲到他的作品，都需要倡导研究法学原著的版本，正确对待版权页。

从表1-1版本出现的时间来看，日本矶谷幸次郎和铃木喜三郎著述的《法学通论》，中译本分别由上海商务印书馆和上海广智书局于光绪二十八年(1902)出版，这两个中译本可能是迄今为止，国内最早出现的《法学通论》教科书。① 据顾燮光编辑出版的《译书经眼录》，该书收录光绪二十八年到三十年(1902—1904)续得知见之新学译著，其中提及矶谷幸次郎著、王国维译的《法学通论》版本，却不是商务印书馆出版，而是“上海金粟斋本，一册”。② 俞江在《清末法学书目备考》中说，他提供的清末法学目录为其“知见书目”，这部矶谷氏《法学通论》版本，是上海金粟斋译书社的铅印本。③ 但是，上述金粟斋版本与商务印书馆版本的著译者相同，系日本矶谷幸次郎著、王国维译，时间亦相同，均

---

① 参见何勤华:《中国法学史》(第3卷)，法律出版社2006年版，第145页；何佳馨:“点校者序”，载《〈法学通论〉与〈法之本质〉》，第7页。笔者因手中缺乏上海广智书局于1902年出版的，铃木喜三郎著的《法学通论》版本资料，故持通说，亦认为上海商务印书馆的《法学通论》，是中国最早冠以《法学通论》名称而出版的汉译《法学通论》教科书。

② 顾燮光:《译书经眼录卷之二》(1934)，载熊月之编:《晚清新学书目提要》，上海书店出版社2007年版，第268页。

③ 参见俞江:《清末法学书目备考》，载俞江著:《近代中国的法律与学术》，北京大学出版社2008年版，第315、322页。

为光绪二十八年(1902)。

为何这本著译(者)和时间均相同的《法学通论》,会有两个不同版本?带着这样的问题,让我们先从矶谷氏《法学通论》的译者王国维说起。据记载,王国维曾在国内罗振玉创办的东文学社"二年有半",既跟藤田剑峰学日语,参与翻译出版那珂通世的《支那通史》与桑原隲藏的《东洋史要》;又跟藤田、田岡(田岡佐代治,号岭云,东京大学文学士)学英语,通过田岡得以接触到康德、叔本华的著作,"心甚喜之"。1901 年 2 月,在藤田的介绍和一手安排下,王国维在日本入东京物理学校,至 1901 年 6 月 26 日提前归国,这是王国维短暂的留学经历。1901 年中秋前夕,王国维曾供职于罗振玉主持的武昌农务学堂,担任"译授",也就是协助外籍教员讲授农学课程。在武昌"译授"期间(大约是 1901 年中秋节后至 1902 年春节前),王国维不仅按罗振玉的提议编撰了中小学堂教材,而且还翻译了日本学者中村五六编撰、顿野广太郎修补的《日本地理志》和藤泽利喜太郎的《算术条目及教授法》及矶谷幸次郎的《法学通论》等中高等师范学堂的教育用书。[①] 大约在 1901 年前后,王国维与樊炳清、沈纮等"东文学社"同学均有译著在金粟斋译书处出版。金粟斋译书处由蒯光典[②]于 1900 年在上海南京东路创办,经理方漱六,但其存在时间不长,1902 年即告歇业。据包笑天先生的回忆,金粟斋译书处的印书业务主要是商务印书馆承担。[③] 因此,我们可以断定上海金粟斋译书社的矶谷氏《法学通论》铅印本,或更早于上海商务印书馆的矶谷氏《法学通论》版本,或这两个版本就是同一个版本。

细考表 1-1 中的《法学通论》之版本信息,我们大致可知,当时传

---

① 参见窦忠如:《王国维传》,百花文艺出版社 2007 年版,第 67—71 页。

② 关于蒯光典(1857—1911),字礼卿,号金粟道人,室名金粟斋,安徽合肥人。李鸿章侄婿,创办金粟斋译书处。

③ 包笑天:《钏影楼回忆录》,香港大华出版社 1971 年版,第 221 页。

入中国的《法学通论》教科书存在多种形式。有的最初连载于期刊，如户水宽人的《法律学纲领》1卷，就曾刊载于《译书汇编》第2年第1期（1902年4月），然后出版单行本。《译书汇编》成员章宗祥、戢翼翚编译的《新编法学通论》，据笔者推论[①]，亦可能最初发表在《译书汇编》杂志上；随着清末教育改革和新式学堂的兴起，经销教科书开始变得有利可图，一些日本的出版机构如东京并木活版所、东京法政大学出版社、早稻田大学出版部以及在东京的清国留学生会馆，都有《法学通论》教科书出版。在这些教科书中，有的由东京法政大学出版后直接在中国销售，如上海广智书局一手贩卖的译自梅谦次郎的《法律速成科讲义录》，有的由东京留学生会馆出版后，改由上海昌明公司出版在国内销售，如卢弼、黄炳言等译自奥田义人的《法学通论》。特别值得注意的是，一些来自日本法政大学的译本，或随教随译，最后汇集成译文出版，或由留学生将讲义或听课笔记带回国内出版。这些《法学通论》版本内容，又分两种情形，一是以法政大学梅谦次郎的讲述为主，同时，增补日本法学家的同名著述或相关讲义的内容：例如，张知本、陈敬第、胡挹琪等人编辑的《法学通论》皆属于这种情形。二是直接译自日本法政学堂梅谦次郎讲述的《法学通论》版本。例如《法律速成科讲义录》（第1号），王焘译的政学堂讲义录第1册《法学通论讲义》，基本上都属于这一时期梅谦次郎的法学通论讲义录，只是统译者或笔记者，有不同而已。

其他汉译日本《法学通论》教科书的版本，则以矶谷幸次郎、织田万、大石定吉、冈田朝太郎等人著述的《法学通论》为代表。其中，日本法学博士冈田朝太郎的《法学通论讲义》，是冈田氏在沈家本重聘下来

① 笔者知见的这本《新编法学通论》，除有（乌程法律得业生）章宗祥、（房州政治得业生）戢翼翚编译的信息外，其他版本信息不详。

京师法律学堂讲课的讲义。该讲义分为十卷,出书前,冈田氏请沈家本作序,时间为光绪三十四年(1908)6月。目前笔者知见冈田的《法学通论讲义》有两个版本,一是熊元翰编辑的《法学通论讲义》,北京安徽法学社,宣统三年(1911)3月23日出版;二是(金华)汪庚年编辑的《法学通论》(宪法、行政法),京师法学编辑社,宣统三年(1911)7月15日再版(该书系《京师法律学堂讲义》,《法学汇编》第1册)。这两个版本最大的特色就是,两位编辑者都在冈田朝太郎讲义基础上,增加大量按语加以说明。沈家本在《法学通论讲义序》中说:

是则法之修也,不可不审,不可不明,而欲法之审不可不穷其理。而欲穷其理,舍讲学又奚由哉!……顾知讲学矣,而于诸法之繁赜,不能挈其纲领,析其条目,俾秩然而有序,犹未审也。且于诸法之要归,不能抉其精微,辨其疑似,俾昭晰而无遗,犹未明也,而讲学岂易哉!①

在这里,沈家本不仅阐明法学讲学之重要,亦指出法学讲学之难。对冈田博士在中国的法学讲学,沈家本给予很高评价,他说,冈田"由博反约,提要钩元","方今环球学说,月异日新,苟非会而通之,又乌能折衷而归一是?世之读是编者,其亦深夫会通之故,而勿视为一家之言焉!"②

在熊元翰编辑的《法学通论讲义》例言中,编者交待说:

本编为冈田先生所讲授。先生原著法学通论9卷,另冠以总卷1部。都20余万言。本编即原书之总。编者以讲堂笔记补其所无,发挥其所未尽,间附已见,则加按字别之。

原书顶格,笔记皆低一格,以醒阅者之目。

---

① 沈家本:《寄簃文存·〈法学通论讲义〉序》。
② 沈家本:《寄簃文存·〈法学通论讲义〉序》。

本编所述，为各种法学之大纲。先明乎此，以后治专门之书，均不难迎刃而解。

从前各种法政书，习用东洋文字，读者每难于了解，为吾国法律知识未能普及之一大原因。本编深鉴此弊，除专门法律名词，不便改易外，一切悉用中文体例。法理务求明显，文字不取精深，一目了然，或可为法学普及之一助。

在《译书经眼录卷之二》中，对矶谷幸次郎的《法学通论》有如下评论：

法学通论二卷上海金粟斋本，一册

"日本矶谷幸次郎著，王国维译。本书分绪论、本论2卷，各为章目，盖矶谷幸次郎教授生徒时所讲演也。按法律为人群进化之原，国家、文物之要，故凡刑法之分，公法、私法之别，莫不具有纲领，使国家有独立之精神、人有完全之权利。日本步武泰西，法律竞尚西制，迂者多病之，然其能保于国粹之中寓采撷欧化之旨，读书中各篇知日本之强由于法律之改良，而本书所论英国衡平法者可以鉴拘泥顽固之失矣"。①

此外，《译书经眼录卷之二》还对以下几种《法学通论》著述版本及提要作了介绍：

法学通论上海作新社洋装本，一册

作新社译。是书发明法学，概论各法之纲要，为法学者必要之书，日本著者有数十种，此编未列著作者姓氏。计五编，首泛论，次法律、次权利及法律之私权及私法，四公权及公法、五国权及国际法。德人奈布尼都以法律为权利之学，故无权利即无法律，即世所

---

① 顾燮光：《译书经眼录卷之二》(1934)，载熊月之编：《晚清新学书目提要》，上海书店出版社2007年版，第268页。

谓以强弱而定公法之类是也。然公理愈讲愈明,国际法尤为交涉之准,西人以权利所及法律即随以行,寓华西人既不受我管辖,要得既失,法律安行,所谓义务制裁者又安可问乎?是书撮法学之大纲,以法学纷繁先言普通,搜集诸说,尚为精备,研求专门法学者当以此为梯阶可耳。至原书多引用日本法律以资其考证,其名目各处亦沿用日文,盖以中律无可借故也。

法学通论政法学社报本

日本织田万著。法学通论所以说明法学、概论各法之纲要,为治法律学者必要之书。日本法学通论之著不下数十种,以是著为其特色。本书旨以普及法律思想为主,故行文平易浅近,且博采众说,加以断语,尤觉醒目焉。①

《法律学纲领》一卷《译书汇编》本,一册

日本户水宽人著,颠涯生译。凡6章,一曰法律学者何,二曰法律学之分类,三曰法律哲学者何,四曰推理派沿革派,五曰比较法学,六曰法律及权利。全书于法律类派考证极详,第六章言国际公法为公共之法,与国内法不同,故缔约必诸国之意相同,若弱国不能不强从也。约而言之,国内法所以治内而何间能羁束外人,国际公法为交涉之具,亦私家之直接,此法律所以有公法、私法之别,无权利则法律失其真矣。

《法律门径书》一卷开明书店排印本

---

① 顾燮光:《译书经眼录卷之二》(1934),载熊月之编:《晚清新学书目提要》,上海书店出版社2007年版,第268页。另据宣统元年(1909)10月出版的《商务印书馆书目提要》,在“法律”一栏下,对织田万《法学通论》亦有如下说明:“日本法学博士织田万著,刘崇佑译。凡治法学者必先读法学通论,是书力避高深,文笔极为平易,洵足为法律思想普及之助,全书二卷,卷一‘总论’论法律全体之原理,卷二‘各论’论现行法律各部性质。”参见周振鹤:《晚清营业书目》,上海书店出版社2005年版,第318页。

日本玉川次著，李广平译。本书指示学者读法学之门径，凡六章①，以实际研究为各类必要之机关，而以养成法律为普通之智识，其分析比较处颇为简明。

《法律教科书》一卷作新社洋装本

作新社编译。本书分三编，若干章，分总论、性法、人定法三类。盖法律以性法为主，立法者因之而得权衡，法律家因之而识治国之原，民因之以防虐政，国因之以护治，故其关系极为至要，而人定法因之完全，遂无遗憾。虽寥寥数千言，于法律源流，成立，沿革、宪政、国际皆扼要言之，足资教科之用。②

另外，上海通雅书局出版的《新书书目提要》，按其卷首总叙所称，“综其为篇，列目有八”，但不知何故，仅于1903—1904年只出版法制、历史、舆地、文学4卷，该书《凡例》和《总叙》注明为沈兆伟所作。在这本《新书书目提要》卷1中，介绍了以下几种《法学通论》，该提要云：

《法制新编》日本东京译书汇编本

《法制新编》二卷，题云日本葛冈信虎讲义，上海朱孔文笔述。盖用于教科之书也，就法律易晓之理而逐条衍译，似尚非施于中等教育以上者。其词婉约，深合口授之义，使听者优游泳清，可以自求深造，亦可见为教员者所用心矣。辨卢骚民约之说而不过甚之词，于自由、平等诸条厘其界限以俾学者之遵循，皆所以预防流弊，然指导有方亦不至教人为谄，求之近日师说，终属雅人之言矣。③

---

① 2006年6月，天津人民出版社出版了由郭长海、郭君兮编的《李叔同集》，笔者通过该书收录的李广平译著，得知玉川次《法律门径书》一书的全部内容，该书六章依次为：养成法律全体之概念、国民有知法律之义务、研究法律当依实际研究法、法律学研究法、法学之智识与普通之智识以及学法律学有必要之学科。

② 顾燮光：《译书经眼录卷之二》(1934)，载熊月之编：《晚清新学书目提要》，上海书店出版社2007年版，第268—270页。

③ 沈兆伟：《新书书目提要卷一》(1903)，载熊月之编：《晚清新学书目提要》，上海书店出版社2007年版，第400页。

《法学通论》上海广智书局本

《法学通论》二卷,分为17章,题云日本铃木喜三郎讲义,中国震生译意。上卷综论法律,下卷专言民法,解释明显而语有分际,足征其学之深,其意不主于博采,故于诸家学说不甚旁求,而切于日用者示人以可守之范围,诚为读律之门径,亦法学之教科书。译者自序云用此以引学者,其言固不诬也。原刊既以讲义标名,则当是学堂口授之本,故下卷所言较上卷为邃密,分而观之各有纲目,一章之义每视前章为精奥,其由浅入深之序条次秩然,此其迹之显著者矣。译笔于日本名词改从汉文字义,亦审慎之一端,良便于读书者焉。[①]

上述《法学通论》的编写例言和时人撰述的《法学通论》著作提要,为我们保存了大量关于这一时期中国"法学的近代化"的研究资料。

从版本式样上看,表1-1中提及铅印本、排印本、石印本、洋装本、木活字本、线装等版本术语,基本上能够说明这一时期,清末出现的《法学通论》教科书,很多已采用先进的印刷技术。西方铅印技术大约在1840年前后传入我国沿海地区。随着不断译介的书籍、报刊大量采用铅字排印技术,逐渐动摇千百年来流行于我国的木雕版线装书,至1900年开始的最初几年,上海甚至出现现代形式的中文书籍的平装本和精装本。当时,许多《法学通论》等教科书的内容是新的,铅字竖排技术也是新的,但装帧却一如旧式线装,说明这一时期的出版物仍处在向西方平装铅印书过渡的阶段。

《译书经眼录》提及作新社编的《法律教科书》一卷,作新社洋装本。所谓洋装本,当时即指采用两面印刷、西式装订的图书。据俞江《清末

① 沈兆伟:《新书书目提要卷一》(1903),载熊月之编:《晚清新学书目提要》,上海书店出版社2007年版,第437页。

法学书目备考》,该书出版于光绪二十九年(1903),因此,这可能是最早出版的中文西式图书式样的法学教材。当时,上海、广州、汉口、长沙等地日益壮大的民间出版机构,也更多地从事此类书籍的翻译出版。从版式上看,相对那些在日本东京、中国上海出版的《法学通论》教科书,内地出版物要落后一些,如孙智敏编的《法学通论》仍是传统的木活字本。不过,总的说来,国内出版机构大多采用当时较为先进的石印技术和铅字排印,使出版物出版周期大大缩短,成本也相应降低,加速了此类出版物的普及过程。

清末民初,上海出版的图书封面并无多大的变化,甚至和古籍图书一样,只是将题签换成印在封面上的书名和作者,《法学通论》教科书的图书也是如此,例如,商务印书馆出版的《法学通论》教科书封面依然是老的传统格式。[①] 同时,在这一时期,也逐渐出现了专门绘制书刊封面的装帧艺术设计,创造了崭新的书籍版本风格。

这一时期在上海地区出版的图书,开始印刷句读,有的采用“、”,有的采用“。”,并在人名、地名等专有名词上作标志,以便于读者阅读,在雕版印刷、石印、铅印的出版物中均出现了这种变化。一些图书,还开始采用按册编排页码。例如,1904 年上海商务印书馆代广学会印刷的《格致进化》,采用的就是连续编页码的方法。1907 年陈敬第编的《法学通论》,系天津丙午社,《法政讲义》中的第一册(共 30 册)(合订 10 册),亦是按册编排页码。当时,采用西式编页码的出版机构还不多,所出图书所占的比例也不高,但变化已经开始,也预示着图书出版、书籍装帧上新的变革。

在平装书刊逐渐取代雕版线装书籍的过程中,不能忽视日本铅印

① 参见何勤华《中国法学史》(第 3 卷)书中提供的书影,如第 141 页的《法意》封面、第 145 页的《法学通论》封面,孟森《新编法学通论》封面。

平装书对我国的影响,如表1-1中,提及的明治三十八年(1905)日本法政大学出版的《法律速成科讲义录》(第1号),该书由上海广智书局在国内一手贩卖,该书铅字竖排印刷,内有文字饼状图,用的就是石印技术,书前并有铜版纸印的梅谦次郎的照片,封面用洋纸印的黑色书名标签,装订却采用传统的线装形式。书中用的仍是旧式标点,却也引进原书中的新式标点包括引号、顿号、问号、惊叹号、括号、句号等,只是没有逗号、冒号等。这说明,中国近代的启蒙是一个连续体,不是在一次发动中完成的。晚清这一笔由日本引入的西方法律思想资源,固然不像新文化运动那样轰轰烈烈,不过它的重要性却不可忽视。它透过各种学科门径的基本书籍或是上自大学、下至中小学的教科书,包括《法学通论》教科书带来了更为广泛的影响。它的渗透力量很广泛,并不局限在思想方面,譬如现代印刷技术的革新,以及翻译的流行,也带动了文字语言和标点符号方面的进步与革新;又譬如在书本装订上,由于传统的手工制纸不适应新式印刷书刊的需要,促使书籍装订技术告别手工装订,由线装书到洋装书的过渡即平装铅印书籍的完整形式。

上海早期出版的石印或铅印的《法学通论》教科书,一般没有版权页。基本沿袭中国古代雕版书籍中"牌记"的形式。牌记始于宋代,在雕版印刷的书籍中沿用了近九百年之久。牌记的外形各异、有用图案或花边作装饰,为书坊或梓行者的牌子,历来为书商所重视。1901年前后,作新社在日本印刷了许多书拿到国内发行,这些书都采用了日本的版权格式,对书名、作者、出版者、印刷者等,都有详细记载。这些书都是日本明治年代印刷后再在上海发行的。[1] 当时,在一些汉译《法

① 例如,在《译书经眼录》中,收入《法学通论》一册和《法律教科书》一卷,均为作新社编译,版本为洋装本,在上海发行。

学通论》教科书的版权页上，大多印有“不许复制”、“版权所有”字样的牌记，[①]早于我国著作权法的规定。1910年，在《大清著作权律》颁布前，陶保霖[②]撰写文章，提及包括《法学通论》在内的教科书“盛行”与保护著作权之必要的关系，他说：

自译书流行，欢迎者众，因是有翻印之虑，而学堂发达、教科书盛行，保护版权，愈有不可缓之感。[③]

以上说明，清末民初的最后十年间以至整个民国时期，随着印刷技术从版本印刷过渡到排字，照相制版印刷、装帧技术发生了现代变革。于是，新式书籍的封面（预期的图像性表达）、版权页（逐步取代古书的牌记）应运而生。这一时期，许多汉译日本《法学通论》亦属于新式书籍的一部分。尽管这些书籍，在当时初版本的印数，一般就极少，流传至今的则少之又少。但是，就笔者知见的几种汉译《法学通论》教科书中，有一些《法学通论》教科书的封面已初具现代新式书籍的“脸面”，记录了那个时代物质文化的形象，特别是一些采用现代版权页的《法学通论》教科书籍，就有现代意义上的“身份证”的特征，成为引导人们进入

---

① 1906年，清政府拟定了《大清印刷物专律》。明文规定“凡印刷人不论印刷何种物件，务须于所印刷物体上明白印明印刷人姓名及印刷所所在”，“不论何种印刷物件，如该物件并未印明印刷人之姓名及印刷所所在者即以犯法论”。清政府的这一专律为推行版权页起了很大作用，此后所出的图书都有现代形式的版权页。当时《法学通论》教科书的牌记文字，既有用“不许复制”的，参见熊元翰编辑的《法学通论》、汪庚年编辑的《法学通论》；也有写上“版权所有”的，参见胡挹琪编辑有《法学通论》。这说明当时《法学通论》教科书版权页的牌记习惯，早于1928年、1930年国民政府颁布的著作权法的规定。事实上，直到1937年后，中国版权页才进入定型期。

② 陶保霖，号惺存，浙江人氏，1905年留学日本法政大学法政速成科。第二期修业生。曾任职清末资政院法典股，作为浙江全省民选议员，任省谘议局议员。曾于1907年受聘商务印书馆总编译部任高级职员。1911年商务印书馆创办《法政杂志》聘为主编，1919年5月聘任《东方杂志》主编，1920年7月8日病故。参见程燎原：《清末法政人的世界》，法律出版社2003年版，第54、276、285页。

③ 陶保霖：《论著作权法出版法急宜编订颁行》。转引自王兰萍：《近代中国著作权法的成长》，北京大学出版社2006年版，第183页。

那段历史现场的路标。

三、《法学通论》与近代法学知识的导入主体

所谓西方近代法学知识的导入主体,亦即现代国内学者指称的中国法学近代化的主体。在一些学者看来,中国法学近代化的主体就是近代法学留学生。① 不过,也有学者指出,中国法学近代化的主体②范围还应有所扩大。接下来,笔者拟先对这一时期(1902—1911)《法学通论》教科书的出版者、发行者包括出版机构和个人进行简要的概述。然后,就西方近代法学知识的导入主体即中国法学近代传播主体的扩大化进行一些说明。

目前在对晚清书局的研究中,除商务印书馆外,对其他晚清著名出版机构如广智书局、金粟斋、作新社、文明书局、会文学社等,缺乏相关深入的研究。对其中一些出版机构,学界甚至连一般性的介绍都阙如,即或有一些研究,对当时出版的诸多相关报刊资料也利用很少,甚至还有一些错误。虽有学者如田涛、李祝环、俞江等都专门列有这一时期的法学书目,但若以此书目来对比当时报刊上的广告书目,其数量就相差太远。至于其他书局的具体出版物、出版数量、发行手段,则更几乎没有人研究过。出现这种情况的原因就是"文献不足征",但如果细阅晚清出版的诸多报刊杂志,就会发现几乎所有书局都会在报刊上刊登自己出版书目的广告,一般都还附有书籍的内容介绍与价格、书局地址、购买方式等,有时书局还会将自己的人事变动、地址变动及招股、发放股息等情况在报刊上作广告,如果将这些广告收集起来,按时间顺序排

---

① 郝铁川:《论近代中国对大陆法系的选择》,载南京师范大学法制现代化研究中心编《法制现代化研究》(二),南京师范大学出版社 1996 年版。

② 何勤华认为,西方法学传播的主体包括传教士、外国人、买办商人、出使大臣、维新人士、留学生、法学家等。

列，我们就会发现材料是多么丰富。当然这个工作量太大，笔者也无力开展。接下来，笔者仅仅以《译书经眼录》作者顾燮光，在“述略”中指出的几段文字，结合这一时期汉译《法学通论》教科书的出版、发行的一般情况，作几点说明：

“壬寅以还，世尚游学，扶桑三岛，一苇能航，和文迻译，点窜便易成书”，“自商务书馆崛起申江，延聘通人注意新籍，开吾华书林之新纪元”，“厥后继之云起”、“译著与日俱进”，“教科书以商务、文明两书局编译最早，至今已成书业之重心”，“至政治、历史诸书、广智书局、作新社均有译本”。“留东学界颇有译书，然多附载于杂志中，如《译书汇编》、《游学汇编》、《浙江潮》、江苏、湖北学生界各类，考其性质，皆藉译书别具会心，故所译以政治学为多。[①]”

这段“述略”值得注意有地方颇多。

第一是壬寅（1902）以还，“和文迻译”指的就是当时留日学生的翻译概况。在20世纪初，由于留日学生多，学习日文的人多，翻译力量强，因而《法学通论》等教科书的翻译作品甚多。留日学生组织了许多翻译出版团体，如译书汇编社（1900）[②]、教科书译辑社（1902）[③]、湖南编译社（1903）[④]、作新社、[⑤]会文学社（1903）[⑥]等。这些团体通过翻译出

① 顾燮光编：《译书经眼录》“述略”，载熊月之编：《晚清新学书目提要》，上海书店出版社2007年版，第221页。

② 译书汇编社是清末留日学生最早组建的翻译出版团体，1900年成立于日本东京，在上海设有发行所。主要成员有戢翼翚、王植善、杨廷栋、杨荫杭、雷奋、陆世芬、章宗祥等。该社于1900年12月创办《译书汇编》杂志。1903年第1期起，改刊名为《政法学报》，出至第11期，于1903年11月停刊。

③ 1902年成立的教科书译辑社，地址设在日本东京，负责人为浙江留日学生陆世芬。陆为译书汇编社重要成员，因此教科书译辑社与译书汇编社联系密切。

④ 湖南编译社成立于1902年，组织者是一批湖南籍的留日学生，主要有黄兴、蔡锷、杨毓麟（守仁）、张孝准、魏肇文、许直等人。创办以“输入文明，培养民智”为宗旨的《游学译编》，杨毓麟任杂志主编。

⑤ 作新社最初是留日中国学生戢翼翚与日本女教育家下田歌子（1854—1936）合作于

版日本书籍、主办发行报刊杂志，竞相从日文翻译出版大批政法类书籍，出现了“日本每一新书出，译者动数家。新思想之输入，如火如荼”的情景。影响比较大的《法学通论》教科书就有户水宽人的《法律学纲要》，葛冈信虎的《法律新编》，熊谷直太的《法律泛论》等。当时，直接翻译日本法学教师的讲义，可以说，已成时尚。其原因大致有三：一则“吾国教育尚在幼年时代，罕有窥斯界之真面者。与其为武断之议论，不如直译外籍，供人采择，尚不致贻误后来”；[①] 二则我国与日本一衣带水，文化接近，交流相对便当；三则当时日本经过“明治维新”，门户大开，学习西方法律思想与制度，变革自身法制，已见成效，颇有为他国借鉴的价值。所以日本成为当时中国派遣留学生，引进法学通论及有关法学教科书的首选国家。

第二是商务印书馆等书局的贡献。当时，国内的一些官办、民营出版机构，如商务印书馆编译所、江楚编译局、北洋官报局[②]、湖北官书局、广智书局[③]、文明书局[④]、上海鸿宝斋、开明书店[⑤]、上海人演社、杭州合众书局、上海群谊译社、上海世界译书局、新民译印书局等，都有翻译、出版大量汉译日籍，是从日本转贩西学的主要力量。1896 年至

(接上页⑤)1902 年创办，先在日本东京设发行所，后在上海、北京、扬州等地设立了分社。译者多为江苏留日学生，除戢翼翚外，尚有杨廷栋、杨荫杭等。

上页⑥　会文学社亦称会文堂书局，后改为会文堂新记书局，1903 年成立于上海，主要译员为范迪吉。

① 参见陈鸿祥：《王国维年谱》，齐鲁书社 1991 年版，第 65 页。

② 北洋官报局，一度称北洋官报总局，1902 年创办，局址设天津。当时主要出版发售教科书和政法类、家务类、国学类、学报类图书。在其中的政法类图书中，亦曾出版过《法学通论》。参见叶再生：《中国出版通史》(第 1 卷)，华文出版社 2002 年版，第 866—867 页。

③ 广智书局，1902 年创办于上海。创办人冯镜如。其出版方针为“出版各书皆务以输进文明为宗旨”。重要出版物有《宪法精理》、《法学通论》等。

④ 1905 年前创办于上海。创办人为俞仲还。1933 年停业。

⑤ 1902 年前创办于上海。曾总代理日本东京出版的《译书汇编》和《政治学报》在国内的发行工作。

1911年间,中国人创办的翻译出版日文书籍的机构多达95家。当时的中国人学习日本的热情高涨,日文译作数量激增,后来居上,以至超过译自欧美各国的书籍。张灏在《中国近代思想的转型时代》一文中亦指出,中国在20世纪的前半期,有三大书局之称的商务印书馆、中华书局与世界书局都是在转型时代(1895—1925)成立。当时它们广泛散布新知识、新思想的一个重要管道,就是替新式学校印刷各种教科书。①

第三是留日学生的贡献。清末赴日留学生中,有相当一部分投身于法律学习,不少参加了外国法学著作的翻译。在今天,中外许多学者都认为"赴日留学生翻译及编纂了自然科学及社会科学的现代教科书,这是有重大意义的"。② 其中,作为"西法东渐"的重要资料的日本《法学通论》教科书,或直接从日文翻译过来,或依据日本文本编写,同样属于这一时期留日学生的贡献之一。

清政府正式往日本派遣留学生,开始于1896年。当年,新任驻日钦差大臣裕庚带领13名学生抵日,这是中国第一批公派留日学生。此后,随着民族危亡的加深和国内废科举、兴学堂的展开,加上清政府通令各省迅速选派,鼓励自费留学,以至于"日本游学者相望于道"(冯自由语),络绎不绝。由于晚清新政主要内容是改革官制刑律、预备立宪,所以留日学生中,政法类的学生占了极大比重。因此,留日学生"所学者,政治也,法律也,经济也,武备也,此其最著者也"。③ 而"学生日多、书局日多,报馆日多。"④又都与清末在20世纪头十年间实行的"新

---

① 张灏:《中国近代思想史的转型时代》,载《二十一世纪》1994年4月号,总第22期。

② [美]任达:《新政革命与日本:中国,1898—1912》,江苏人民出版社2006年版,第6页。

③ 梁启超:《敬告留学生诸君》,《饮冰室文集》卷十七。

④ 梁启超:《敬告我同业诸君》,《饮冰室文集》卷十一,第36页。

政”,从政治、经济、军事、教育等许多方面进行全面改革有关。

据上表1-1,这一时期《法学通论》教科书各版本的译者和编辑者有王国维、震生、朱孔文[①]、范迪吉[②]、廉隅、(江陵)张知本[③]、黎渊[④]、熊开先、杨度、卢弼[⑤]、黄炳言[⑥]、刘崇佑[⑦]、陈敬第[⑧]、陈崇基[⑨]、赵征宇、杨廷栋[⑩]、

---

① 朱孔文,字书楼,三林乡人。日本早稻田大学法科毕业,清法科举人。曾任民国松江军政分府司法部长、华亭地方审判厅、检察厅厅长、九江地方检察厅长、金坛县长等职。

② 范迪吉,曾译编《编译普通教育百科全书》,当时广为发行,影响不小。其中,政治法律18种。“全书”使用标准的日本术语,对中国各类学科术语的规范化起了重要作用。

③ 张知本(1881—1976),字怀九,湖北江陵人。16岁考入武昌两湖书院,1900年毕业后由张之洞保送官费留学日本,先入宏文书院习日文,后转法政大学读法律。武昌首义后,任司法局局长(后改称司法部长)。张知本献身于法学事业,著作等身,贡献良多,与王宠惠、董康、江庸并列为民国“四大法学家”。

④ 黎渊,1879年生,贵州遵义府附生。曾自费赴日留学,光绪二十七年(1901),经前四川总督派归四川官费,入东京中央大学习法律专门科。光绪三十年(1904)6月毕业,领有优等文凭。复于是年8月,入该大学高等研究科,专攻行政法、刑法、刑事诉讼法等科。光绪三十一年(1905)8月,因高等研究科论文试验合格,领得研究科优等毕业文凭,获法学士称号。9月,经电调回国,筹办北洋法政学堂事宜。光绪三十二年(1906)夏,任北洋法政学堂监督(校长)。

⑤ 卢弼(1876—1967),字慎之。湖北沔阳人。早年曾奉派游历日本,先后入习师范、入同文书院和早稻田政治经济科学习。在日本游学期间,曾翻译奥田义人的《法学通论》,卢弼自己在《慎始基斋校书图题词序》亦云:“泊游海外,迻译法律政治书籍,是为余治新学之时。”归国后,先后任黑龙江巡抚幕宾,会议满洲里界务,调宪政编查馆。民国元年(1912),曾出任国务院秘书,蒙藏院顾问。1915年任平政院评事、文官惩戒会委员,1917年,任平政院庭长。

⑥ 黄炳言(1880—1931)字伯青,湖北沔阳人。日本早稻田大学毕业。历任湖北省立法政学校、北平政法大学、朝阳大学、中国大学、东北大学、河南大学法律系教授。与卢弼合译有《法学通论》等书。

⑦ 刘崇佑,字崧生,福建(闵县)闵侯人,日本早稻田大学毕业,举人。进步党著名党员,曾任谘议局副议长,众议员。

⑧ 陈敬第(1876—1966),原名陈叔通。浙江杭州人。1902年考中举人。1903年赴京师会考,中进士,被授为清朝政府翰林院编修。1904年东渡日本留学,入法政大学攻读政治法律。1906年回国,任大清朝廷宪政调查局会办、资政院民选议员。

⑨ 陈崇基,大足县举人,热河补用知县,日本法政大学毕业。宣统二年(1910)任四川法政学堂《民法总则》、《民法物权》教习。

⑩ 杨廷栋(? —1914),字翼之,江苏吴县人。早年留学日本早稻田大学,译书汇编社社员。著有《钦定宪法大纲讲义》、《公法论纲》、《法律学》等。

马建忠、求是室主、李广平[①]、贺学海[②]、王沗、(金华)汪庚年、(益阳)胡挹琪、巅涯生、章宗祥[③]、戢翼翚[④]、黄毓栩、吴人达、诗丞、孙智敏[⑤]等人，其中留学日本的学生占了绝大多数。他们通过翻译包括《法学通论》教科书在内的政法图书，不仅开启了民智，而且扩大了西方法学观念在中国的影响，其中有些翻译资料还成为清廷筹划改革的重要参考依据，正是从这个意义上，留日学生亦成为当时"输入法学"的主体之一。1911年，在《法学协会杂志序》中，张元济先生曾高度地评价了留日学生的贡献，他说：

> 光绪己亥以后，东游渐众，聪颖者率入其国法科，因文字之便利，朝受课程于讲室，夕即移译以饷祖国。斯时杂志之刊，前后相继，称为极盛。鼓吹之力，中外知名，大吏渐为所动。未几朝廷有考察宪政之使命，又未几而仿行立宪政体之国是定矣。溯厥原因，虽至复杂，然当时输入法学，广刊杂志，不得谓无丝毫助力矣。[⑥]

如上所述，在今天的研究者看来，留学生作为中国法学近代化的主体范围还应有所扩大。但是，它引发的问题是梁启超的著名论断，即留

---

① 李广平，即著名的弘一法师，俗名李叔同(1880—1942)，名文涛，字广候，又字广平。1901年，入蔡元培主持之"南洋公学"经济特科就读，改名李广平。1905年东渡日本留学。译有《法律门径书》(1903年3月)、《国际私法》(1903年5月)。

② 贺学海(1875—1960)，字藻生，号汇川，湖南隆回人，光绪癸卯科举人，曾留学日本。

③ 章宗祥(1879—1962)，字仲和，浙江吴兴人。日本第一高等学校毕业、早年留学日本帝国法科大学法科，改入明治大学。回国后赐进士，任职民政部及法制院。

④ 戢翼翚(？—1908)，字元丞，一作翼辇，湖北房县人。1896年官费选送日本留学。东京专门学校毕业。创办《译书汇编》，1901年与秦力山等创办《国民报》。后创办作新社，与章宗祥合译《新编法学通论》。

⑤ 孙智敏，(1881—1961)字廑才，浙江杭州人。1903年以二甲第42名成进士，任翰林院编修。旋派赴日本早稻田大学学习法政，归国后致力于教育事业，兴办浙江法政学堂(1906)、杭州女子学堂、仁钱自治研究所等。1910年至1912年任浙江高等学堂(浙江大学前身)监督(1912年改称浙江高等学校后任校长)。

⑥ 张元济：《法学协会杂志序》，载《东方杂志》1911年第5期。

欧美的学生因未多译书而有负于祖国,相反是一些留日学生在文化引进中拔了头筹,这个论断成了后来许多历史判断的根据。事实的一方面是,戊戌变法失败后,留日学生以译书为手段,达救亡之目的,在翻译政治学、法律学书刊方面的确取得了引人注目的成就。而事实的另一方面是,晚清新政改革之际,上海商务印书馆等民营出版机构,借助"租界"这一"自由土壤",亦掀起过法政译书的高潮,例如1901年8月入南洋公学特班的李广平(李叔同),在蔡元培师的指导下,边学边译,于1903年3月和5月间,分别译出《法律门径书》和《国际私法》等来自日本的法学作品,这些书后来都由书店正式出版,很受读者欢迎。[①]

然而,在以日本为中转站的文化引进中,与数万名留日学生相比,国内以南洋公学以及王国维和樊炳清为骨干的教育世界社的日文法律书籍的翻译,无论其翻译的数量还是质量,都是不成比例的。第一部汉译《法学通论》教科书的译者王国维、《法律门径书》的译者李广平(李叔同)等都曾短暂地留学日本,但他们翻译日文法律书籍所取得的业绩,似乎与留学生身份并没有多大关系,而塑造他们成型的主要是国内本土的东文学社和南洋公学的教育。梁启超本人曾于1906年翻译过日本法学博士奥田义人的《法学通论》[②]中"论法律之性质"这一章,内容涉及对西方分析法学思想的介绍,但此时的梁任公显然亦不是留学生。当时引进西方的中心上海,大小不同性质的出版社颇多,综合引进的数量和质量,教育世界社(包括它的前身东文学社以及亲缘机构《农学报》社)的业绩可谓第一,远胜于久负盛名的商务印书馆、江南制造局、金粟斋等,且教育世界社的基本成员樊炳清、王国维、沈纮等身影亦活动于其他出版编译单位,如金粟斋、商务印书馆、江楚编译局、学部图书局

---

① 参见郭长海、郭君兮编:《李叔同集》,天津人民出版社2006年版,第6页。

② 奥田义人:《法学通论》,梁启超译,载《新民丛报》1906年8月84号。

等，这种状况不能不引起我们对他们文化业绩的重新评估。遗憾的是，由于民国学术的政治立场，当时，对教育世界社的业绩极少论及，随着时间的推移磨损、资料的匮乏，对他们的业绩，尤其是“岌岌无名”李广平、樊炳清更是消隐于中国法学学术史之外而缺乏应有的重视和研究，包括王国维翻译《法学通论》情况，大都也语焉不详。因此，基于以上原因，笔者颇想通过对清末汉译日本《法学通论》教科书之出版、发行者、译者的考证，力求使人们对留日学生翻译的成绩给予关注外，还必须留意，当时在上海以王国维和樊炳清为骨干的教育世界社的功绩，包括国内(主要是上海)的一些出版过汉译《法学通论》教科书的出版机构所作出的贡献。换言之，他们都是西方近代法学知识导入的主体，或者说他们都是中国法学近代化的主体，值得关注。

第二节　晚清汉译《法学通论》教科书出版高峰之原因分析

“没有晚清，何来‘五四’”？这样的说法，也许有将清末文化启蒙与“五四”新文化运动相提并论的嫌疑，难以得到学界公认。相对地，由晚清以迄民国“法学的近代化”问题，则被视为传统法学向现代法学转型或“中国古代法学的死亡与再生”。[①] 然而，对晚清时期的重要性仅仅强调其过渡意义，大过一切。尽管如此，我们不应低估晚清汉译日本《法学通论》教科书对中国近代法理学发展的历史意义。这些1900年以后，经由日本引进的《法学通论》教科书，不仅在版式上比先前更新颖，而且在所包含的法学知识内容上，远远超越当时欧美人士提供给中国的法学知识，同时也更为系统；不仅比先前的西方法学译著流传更

① 何勤华：《中国古代法学的死亡与再生》，载《法学研究》1998年第2期。

广,比西人和中国人合作翻译的书籍更容易阅读和理解,而且比原来的文言文译著更容易被读者接受。当时,由中国出版机构大量出版的《法学通论》课本,全部是中国人"依(日)文直译",这些编译者不仅自己就能理解日文原著,而且逐渐创造出一种适用于法学表述的新文体,这就促进了白话文在现代中国学术和公众话语中的兴起。在1919年前后成长起来的都市法律人,尤其是在北京和上海的那些,正是通过《法学通论》教科书,接受现代法学的基础教育。因此,我们应重识晚清时期的重要,及其先于甚或超过"五四"的开创性。

在本节中,笔者将通过晚清汉译《法学通论》教科书出版高峰原因的考察,意在指出,清末大规模出现的《法学通论》教科书及其在法政学堂中的传播,法学观念在中国的引介,法理学学科术语的厘定,并因法政课堂教学而受众更广,启蒙的影响更为持久,这一功绩,着实可以比肩严复和"五四"新文化运动以后西方法学作品的翻译事业。

一、与清末"法政诸学"的互动

近现代法学必须有近现代法学教育相配合,这是研究近现代法学的无法回避的问题。[①] 基于这一判断,笔者认为,考察清末汉译日本《法学通论》出版高峰的原因,就必须关注晚清以来新式教育机构、包括法政学堂的兴起与发展。

在甲午战争后,中国加快了向西洋学习的步伐。随着新式学堂及现代大学相继出现,中国近现代意义上的学科学术门类亦开始创建(远远谈不上最后确立)。所有这些,既是中国学术思想转变的契机,又是推动学术思想走向现代非常重要的步骤。特别是法律学科的确立,不

① 李贵连:《20世纪初期的中国法学》,载李贵连:《近代中国法制与法学》,北京大学出版社2002年版,第210页。

仅形成近代法律学术研究的基本科目，更重要的是，它直接影响并主导着中国近代意义上的法律学术研究的范围和方向。李贵连教授在《20世纪的中国法学》序文中认为，中国近现代法学肇始于20世纪的帷幕拉开之际。更确切地说，肇始于1902年。他说：

> 这一年，当时的清政府正式任命中国近代著名法学家沈家本和伍廷芳担任修订法律大臣、主持法律改革大计。同在这一年，当时的中国三间国立大学——京师大学堂、北洋大学堂、山西大学堂，同时开设近现代法学课程，讲授近现代法。从这个时候开始，法律革新与法学进步，交互作用，延延绵绵，以迄今日而届将百年。也就是从这个时候起，中国近现代的法和法学，从语言文字到体系内容以及价值选择，都与两千多年传统的法和法学断裂，走上了另一条道路。[①]

也正是在1902年，管学大臣张百熙[②]负责制定的《钦定学堂章程》[③]（又称壬寅学制）颁布。这一章程中之京师大学堂分科办法，系"略仿日本例"，[④]设政、文、格致、农、工、商、医等七科，及各科下之门目。其中政治科排在第一，包括政治学、法律学两门学科。这是我国首

---

① 李贵连：《"20世纪的中国法学序"》，载李贵连：《近代中国法制与法学》，北京大学出版社2002年版，第243页。

② 张百熙（1847—1907），湖南长沙人，进士出身，同情维新运动，戊戌变法后曾革职，庚子事变后复出，应诏上言，主张革官制、财政、科举、兴学堂、设报馆。光绪二十七年（1901）6月由礼部侍郎、都察院左御史转任工部尚书，与刑部尚书，并于同年12月兼任管学大臣。

③ 《钦定学堂章程》的内容，详简不一，主要包括下列六个章程：（一）《京师大学堂章程》；（二）《考选入学章程》；（三）《高等学堂章程》；（四）《中学堂章程》；（五）《小学堂章程》；（六）《蒙学堂章程》。于每章之下，均分四章，主题与形式完全相同，依次为《全学纲领》、《功课教法》、《各种规则》、《一切建置》。

④ 因"同文近壤"的原因，到20世纪初期，借鉴日本近代学制用于改造中国传统书院，就成了中国取道效法的首要选择。清政府最终引进日本学制，当时既有官方积极提倡和策划实施，也有社会上的热烈响应和积极推动。1901年5月，罗振玉、王国维等在上海创办的《教育世界》即为一个典型事例。

次制定大学分科分系制度。可能由于时间匆促,也可能接受张之洞的建议,"稍参活笔",以便将来转圜充实,故大学主体之七科,均未订立各科课程内容及课程时刻表。① 1903 年 5 月,张之洞奉旨参与商订学堂章程,略予变通后形成《奏定学堂章程》②(又称癸卯学制),将大学分为经学、政法、文学、医科、格致、农科、工科、商科八科,并具体规定了各科所包括的学科门类。政法科分为政治及法律两门学科。除经科大学为中国固有的特色外,其他七科各系课程,均仿照日本帝国大学各科课程表。在这以后,袁世凯、张之洞、张百熙、荣庆等人于 1903 年和 1904 年一再奏请"递减科举中额,期以三科减尽,十年之后,取士概归学堂。"③他们的建议得到了朝廷的批准。不过他们很快意识到,"人才非急切可成",因此,袁世凯、张之洞再于 1905 年 9 月联名上书,奏请立停科举,推广学校。朝廷随即批准自 1905 年始,所有的乡试、会试及省岁科考试立即停止。④ 科举的废除的确带来了新式学堂的迅速推广与

---

① 参见苏云峰:《中国新教育的萌芽与成长(1860—1928)》,北京大学出版社 2007 年版,第 92 页。

② 《奏定学堂章程》(癸卯学制)共二十章,除大学堂、高等学堂、中学堂、高等小学堂与初等小学堂五章系《钦定章程》增补外,另添《学务章程》等十五章,故《奏定学堂章程》较《钦定学堂章程》丰富,办法亦较精详。对癸卯学制历史作用的评价,舒新城有一段十分精彩的论述,他说:科举废止了,虽然它遗传下来的科第精神,仍然借尸还魂而附在学堂奖励章程中间复活了近十年(自光绪二十九年至宣统三年),然而八股文的束缚去了,西洋的文物制度也囫囵吞枣地接收过来了。当时学校的种种办法与其课程,自然是移植的而不合于中国社会的需要,但西方文化的逐渐认识,社会组织的逐渐变更却都植基于那时;又因为西政的公共特点为民权之伸张,当时倡议者虽为现行政制的限制而不能明白提倡民权,但民权的知识,却由政法讲义与新闻事实中传入中国,革命之宣传亦因而易为民众承受,革命进行亦无形受其助长。所以西政教育积极方面最大的影响,第一是西洋文化之吸收,第二是中华民国之建立。参见舒新城:《近代中国教育思想史》,中华书局 1929 年版,第 111—112 页。

③ 袁世凯、张之洞:"奏请递减科举折",1903 年 3 月 13 日;张百熙、容庆、张之洞:"奏请递减科举注重学堂折",1904 年 1 月 13 日,陈学恂:《中国近代教育史教学参考资料》(上册),北京人民教育出版社 1998 年版,第 570—576 页。

④ 袁世凯、张之洞等:"会奏请立停科举推广学校折暨清帝谕立停科举以广学校"(1905 年 9 月 2 日)。参见陈学恂:《中国近代教育史教学参考资料》(上册),北京人民教育出版社 1998 年版,第 579 页。

普及。

至于清末民初最发达的法政教育，虽然于《奏定学堂章程》中，尚无法令依据，且《学务纲要》还规定“私学堂禁习兵操”、“私学堂禁习专门政治法律”。原来张之洞等人草拟《奏定学堂章程》时，为排除阻力，同时，曾针对“学堂设政法一科，恐启自由民权之路”的看法，在《学务纲要》中要求“参考西国政治法律宜看全文……学堂内讲习政法之课程，乃是中西兼考，择善而从……除京师大学堂、各省城官设之高等学堂外，余均宜注重普通、实业两途。其私设学堂，概不准讲习政治法律专科，以防妄论空谈之弊”。[①] 这说明，当时清政府一方面不让人们自由研究和讨论“自由民权”等西方的“法理”，另一方面又想垄断正在兴起的法政教育，“成材入仕之人，岂可不知政法？果使全国人民皆知有政治、有法律，决不至荒谬悖诞，拾外国一二字样一二名词，以摇惑人心矣。”[②]但其后法政学堂的兴起，却实与沈家本特别是伍廷芳主张培养“讲求法律之人”有关。光绪二十九年(1903)7月，沈家本、伍廷芳请准颁布《法律学堂章程》，唯以培养已仕人员之法律政治知识为限。光绪三十一年(1905)，沈家本上《删除律例内重法折》，并附奏片提出：“新律修订，亟应储备裁判人才。宜在京师设法律学堂，考取各部属员入堂肄习毕业后，派往各省为佐理新政、分治地方之用，课程比照大学堂奏定学科酌量损益。”[③]光绪三十二年(1906)9月，京师法律学堂正式开学。招收政府各部属员，学制三年。第一年的科目是大清律例及唐明律、现行法制及历代法制沿革、法学通论、经济通论、国法学、罗马法、民法、刑

---

① 参见舒新城编：《学务纲要》，《中国近代教育史资料》(上册)，人民出版社1979年版，第205—206页。

② 舒新城编：《学务纲要》，《中国近代教育史资料》(上册)，人民出版社1979年版，第208页。

③ “学务大臣议覆专设法律学堂并各省课吏馆添设仕学速成科折”，载《大清光绪新法令》(第13册)，上海商务印书馆，宣统元年(1909)排印本，第9页。

法、外国文、体操;第二年的科目为宪法、刑法、民法、商法、民事诉讼法、裁判所编制法、国际公法、行政法、监狱法、诉讼实习、外国文、体操;第三年的课程为宪法、刑法、民法、商法、民事诉讼法、国际私法、行政法、财政通论、诉讼实习、外国文、体操。[①] 同时,为了解决对法政人才的急需问题,开设了速成科,学制一年半,减少了课程,仅设大清律例及唐明律、现行法制及历代法制沿革、法学通论、宪法大意、刑法、民法要论、商法要论、大清公司律、大清破产律、民刑诉讼法、裁判所编制法、国际法要论、监狱学、诉讼实习等,由此可以看出,当时的课程专业设置已经非常全面。这是中国近代第一所由中央官办的法律专门学校。其章程规定学堂以"造就已仕人员,研精中外法律,各具政治智识,足资应用为宗旨。并养成裁判人才,期收速效。"[②]此外,当时直隶总督袁世凯亦曾奏请设立法政学堂,清政府认为他的奏议"颇为详备","饬令通行各省",袁世凯受此鼓励,进而于 1906 年 12 月在天津创办一所"为教授法律、政治、理财专门学术"、"造就完全政法通材"的北洋法政专门学堂。该学堂"仿现在京师大学堂办法",定预科三年,为正科之阶梯。正科分政治、法律两门学科。再以后,随着情势逼人,政府不得不在宣统二年(1911)4 月,准许私立学堂专习法政。并于同年 10 月,改订《法政学堂章程》,以养成专门法政学识,足资历用之人才为宗旨,法政学堂于是蓬勃发展。[③]

尽管前述两个具有指标性的意义的学制章程,代表着官方对于西式(主要是日本)教育体制的认可,意味着晚清政府全面推动兴学的开

---

① 《大清新法令·教育部》,第 15 卷《法律法政学堂》之《法律学堂章程》,高雄考证出版社 1972 年版,第 1442 页。

② 载《东方杂志》1906 年第 10 期。

③ 参见苏云峰:《中国新教育的萌芽与成长(1860—1928)》,北京大学出版社 2007 年版,第 99 页。另参见王健:《中国近代法学教育》,中国政法大学出版社 2001 年版,第 211—216 页。

始。然而,这一西式教育体制,正如日本当时著名的教育官员泽柳正太朗(1865—1927)所说的那样,与日本现行制度“没有一点”不同——“实在是毫无顾忌地大胆全盘采用日本制度”的结果。[①] 1906年,王国维所写《奏定经科大学文学科大学章程书后》里也讲到,“大学中若医、法、理、工、农、商诸科,但袭日本大学之旧,不知于中国现在之情形有当否,以非予之专门,亦不具论,但论经学科文学科大学。……不可分为而二”,[②]此时,壬寅学制、癸卯学制已昭示天下,并着手实施。王国维并没有不同意引进日本学制的意思,这也说明20世纪中日关系的经眼人物,对当时中国学习日本与模仿日本学制的做法是非常清楚的。正是在借鉴和模仿日本现成而有效的学制背景下,法学科目、主课的制定,以及各种法律名词概念及其相应内容,也都顺理成章地来自日本。

值得特别指出的是,清季兴学所面临的三大难题,一开始就存在。一是教育经费的欠缺,二是师资不足,三是没有合适的教科书,其中教科书的欠缺更是直接影响教学成效的关键。[③] 这种现象一直持续到光绪三十二年(1906)学部成立后。反观民间编译教科书的情形,便可与官方形成对照。早在光绪二十三年(1897)南洋公学外院成立时,张元济等人便带领师范生开始编纂课本。次年,在无锡三等学堂任教的吴稚辉、丁宝书、杜嗣程等人亦着手编辑教科书以应教学之用,并因此创办了文明书局。[④] 学堂章程颁布后,民间各书局翻译日文书籍的风气

① 参见[美]任达:《新政革命与日本:中国,1898—1912》,江苏人民出版社2006年版,第139页。

② 原载《教育世界》第118、119期,光绪三十二年(1906)正月及二月,载舒新城编《近代中国教育史料》第二辑上册,华东师范大学出版社1987年版,第823—829页。

③ 郑鹤声:《三十年来中央政府对于编审教科图书之检讨》。转引自刘龙心:《学术与制度》,新星出版社2007年8月版,第74、69页。

④ 蒋维乔:《编辑小学教科书之回忆》(手草本,藏上海图书馆),此稿与后来刊行者略有不同。转引自刘龙心:《学术与制度》,新星出版社2007年8月版,第74页。

早已盛行不歇,商务印书馆于光绪二十八年(1902)延揽张元济入馆,成立编译所,专门负责教科书编纂事宜,并聘请南洋公学担任教职的蔡元培主其事。[①] 于是商务印书馆编译所便率先出版了一套按照学期制度编辑的教科书。[②] 更有甚者,1903 年开始,上海会文学社在范迪吉的努力下,陆续将百册日本教科书集合起来,命名为《普通百科全书》,其中就包括日本学者熊谷直太著、范迪吉等译的《法制泛论》。

从表 1-1 和上述情形的介绍,我们大致可以得出,汉译日本《法学通论》教科书,在 1907 年前后出现出版高峰与晚清"法政诸学"的兴起存在着相当的互动关系。

首先,新式学堂以及各省法政学堂的学科体制和课程设置,是汉译《法学通论》教科书出现出版高潮的主要原因。清末的法政教育,主要依附法政专门学校。直隶法政学堂首开各省兴办法政学堂之风,此后,清末各省开设的法政学堂,大多仿照直隶法政学堂或京师法政学堂的章程办理。[③] 课程内容和授课方式完全纳入新学范畴。以京师法律学堂三年课程为例,除大清律例及唐明律、现行法制及历代法制沿革这两门课程外,法学通论、经济通论、国法学、罗马法、民法、宪法、商法、民事诉讼法、刑事诉讼法、裁判所编制法、行政法、监狱学、国际私法、财政通论、大清公司律、大清破产律等,各种近代新学内容应有尽有。其次,新式学堂特别是法政学堂及法科学生的增长,刺激了法学教科书的需求。当时,由于这类《法学通论》教科书的编纂者主要拟想的读者,已从传统士大夫转为新式学堂(当时主要的是法政学堂)的教师学生。内容专攻

---

① 张树年主编,柳和城、张人凤等编著:《张元济年谱》,商务印书馆 1991 年版,第 42 页。

② 张树年主编,柳和城、张人凤等编著:《张元济年谱》,商务印书馆 1991 年版,第 42 页。

③ 王健:《中国近代的法律教育》,中国政法大学出版社 2001 年版,第 268 页。

对象，不再满足于政经或文史。因而以满足法政学堂开设《法学通论》课程需求的教科书，就在晚清新政及其法政教育的展开中应运而生。

不过，也要看到，由于出版《法学通论》教科书有利可图，故而国人竞相翻译这类图书，因此，《法学通论》教科书的翻译十分混乱无序，唯利是图，讲求快速，不求质量，给刚刚起步的法政教育产生了一定的负面影响。但从积极的意义上看，由于新式法律学堂大量聘用日本教习和留日归国学生，而他们讲授的课程，大多以日本法学为内容。他们将业已日本化的西方近代法学，通过各地学堂输入中国，这样，法政教科书基本上采自日本也就顺理成章了。事实上，1906 年后，“法政粹编”、“法政丛编”、“法政讲义”、“政法丛书”以及“早稻田大学政法理财讲义”等几种丛书的大量印行，显然都与国内法政学堂的兴起有关。在这些丛书中，《法学通论》首当其冲地被译介过来，直接与中国法政学堂的课程设置对接。

二、与晚清推行“新政”的关联

早在 1890 年前后，黄遵宪在《日本国志·刑法志》和《日本杂事诗》中，已经开始对日本近代法的翻译和介绍。在“日本刑法志序”中，黄遵宪称誉说：

> 泰西人好论权限，其法律诸书……反复推阐，亦不外所谓权限者，人无论尊卑，事无论大小，悉予之权以使之无抑，复立之限以使之无纵。胥全国上下同受治于法律之中，举所谓正名定分息争弭患，一以法行之。……欧美大小诸国，无论君主民主君民共主，一言以蔽之曰：以法治国而已。

在当时，黄遵宪能提出“法治”的要义在“权限”二字，已是一个了不起的见解，它表明黄遵宪已经透过日本法了解到欧美法的精髓。戊戌维新特别是变法修律开始后，晚清中国“汲汲于对西法的采用，汲汲于对旧法的改造”,[①]不仅注意到日本近代法律文化的先进性和便利性,更以实际输入为己任。但是也要看到,面对整体的日本法,在内容及次第的选择上,清廷似乎并没有统一的计划。事实上,依《清史稿·刑法志》的记载,直到1900年八国联军攻入北京时,清廷在输入域外法律文化上,仍是“取法欧美”。1902年7月,由两江总督刘坤一、湖广总督张之洞联衔发出三折,这就是著名的“江楚会奏三疏”。“会奏”的内容系统详备,特别是关于“兼取中西”的修律主张,通过清廷“旨如所请”,从而正式确定“参酌各国法律,妥为拟议,务期中外通行,有裨治理”的方针。光绪三十年(1904),沈家本、伍廷芳等大臣再次明确提出相同建议,强调日本“集数国之长,裒然成为一代维新之法。中东本同文之国,自当以彼为标准。”[②]同年5月,清廷成立修订法律馆,正式揭开晚清中国输入日本法律文化的序幕。至宣统三年(1911),以商务印书馆和修订法律馆为代表,大量的日文法律书籍和法律术语被译介过来,[③]从而奠定了我国近代法制的语言基础。

在20世纪早期,对于晚清新政时期的中国而言,尽管日本充当的只是一扇通往西方的开放窗口而已。但是,在建立警察制度、发展教育和法律方面,日本的相关制度,的确扮演了主导性角色。正如《译书经眼录》在提及《现行法制大全一卷》(译书汇编本)时说的那样:“日本自维新以来采用西法,法令日备,学者不扼其要,教科难竞其功。”[④]这说

---

① 李贵连:《中国法律近代化简论》,载李贵连:《近代中国法制与法学》,北京大学出版社2002年版,第16页。

② 中国第一历史档案馆存:《军机处录付档》7227卷57号。

③ 自同治三年(1864)到宣统三年(1911),清末共翻译西方法律、法学书籍267部,其中公法类42部,外国法律类46部,法学理论类57部,宪法类52部,其他法律、法规及著作70部。以上参见田涛、李祝环:《清末外国法学引进书目》,载田涛:《第二法门:学术与随笔》,法律出版社2004年版,第153—167页。

④ 顾燮光:《译书经眼录卷之二》(1934),载熊月之编:《晚清新学书目提要》,上海书店出版社2007年版,第266页。

明，上述日本学者的《法学通论》教科书及其书中内容的译介，全是晚清新政所需要的新知识。其中，所有关键性术语也都统统借自日文，以满足日益增长的对新奇术语意涵的了解需要。解释这些术语的法律词典也因此多次得以重印。例如，《新法律字典》、《新尔雅》、《法规解字》等书的出版和重印就属于这一需要。《译书经眼录》关于《新法律字典》(政治学报本)一书的介绍时还说：

日本法律专门字从西书译出，几经审定，大都的当可用，近译法律诸书沿用日本定名，骤难索解，得此书研究之则思过半矣。[①]

事实上，日本的各项法律制度，以及像警察制度这样的政府制度，在清末民初正在大量输入中国。与此相伴随的是，为了满足了解相应新概念的需要，坊间出现了大量的相关解释手册，特别是关于法律领域的说明。因此，可以说明的是，当时汉译日本《法学通论》教科书的大量出现，都是属于晚清推行“新政”、需求“新学”的产物。

1905年前后，随着传统科举制的废除，新的知识需求接踵而来。与此同时，法政学堂之法学教育从零起步，短时间内遍及全国，居各种专门教育之首。很多人原先接受的是传统教育，现在渴求快速掌握精髓的捷径，以便能在政府机关或教育机构谋得一官半职。蔡元培在《就任北京大学校长之演说》中，就对当时法学教育现象做过如此的描述，他说：

今人肄业专门学校，学成任事，此固势所必然。而在大学则不然，大学者，研究高深学问者也。外人每指摘本校之腐败，以求学于此者，皆有做官发财思想，故毕业预科者，多入法科，入文科者甚少，入理科者尤少。盖以法科为干禄之终南捷径也，因做官心热，

① 顾燮光：《译书经眼录卷之二》(1934)，载熊月之编：《晚清新学书目提要》，上海书店出版社2007年版，第270—271页。

对于教员,则不问其学问之浅深,惟问其官阶之大小。[①]

即使在今天,北大法律学人李贵连教授,在援引蔡(元培)师上述演说时,仍感慨不已,他说,“法科为干禄之终南捷径”,道出了官本位传统的中国社会知识人学法的目的心理。这正是20世纪初期,乃至整个20世纪法学教育以及法学研究的致命伤。法学贫困、法学幼稚,其病根大抵在此。[②] 尽管如此,当时“多入法科”现象之事实上的存在,不仅导致进入法政学堂学习“西学”、“西法”,被普遍看作是国家生存发展,以至人生所必需,而且亦促使法政学堂用书量的增加。于是,包括汉译《法学通论》等教科书的大量出版,就找到了属于自己的市场。据表1-1统计,清末专门以《法学通论》为专题的教科书就有30多种。其中有些教科书直接译自日本法政学堂的教科讲义,能否说明晚清新政及其法政教育的兴办与《法学通论》教科书的增多是否有联系?答案都是肯定的。从出版年代可以清楚看出,上述著述的出版大都与1902年至1906年晚清“新政”推进的改革努力有关,这些努力包括废科举、办新式学堂(包括法政学堂)、奖励留学、兴建铁路和发展实业、扩展新式军队、改革司法和巡警制度等举措。近年来许多研究成果表明,晚清新政被大力推行,法律专题的百科全书,包括《法学通论》教科书的出版刊行,不仅得到了广泛的认可,而且在绝大多数方面为后来民国法制建设和发展奠定了基础。

三、结论

综上所述,笔者认为,在清末废科举、推行近代教育制度的背景之

---

① 蔡元培:《就任北京大学校长之演说》,高平叔编:《蔡元培全集》第3卷,中华书局1984年版,第5页。

② 李贵连:《20世纪初期的中国法学》,载李贵连:《近代中国法制与法学》,北京大学出版社2002年版,第222—223页。

下，大量因印刷成本低廉而得以流通的《法学通论》教科书，成为民众普及法律知识的最直接的媒介之一。近代西方法学观念中的核心法律概念，“宪政”、“自由”、“权利”、“三权分立”等，也正是在这一时期开始频繁出现在新式学堂的各种教科书里，由政法讲义、并由日常生活的新闻事实传入中国，从而作为近代“法律知识”的一部分而被社会化。《法学通论》与清末“法政诸学”各门类的初建存在互动的关系，而“法政诸学”的兴起又与国人对“学科次第”、“西学门径”的认识有关。从旧式书院到新式学堂及其法政学科规划与课程设置、师资来源，可以从一个侧面反映西方法理学作为一门新的学术门类在中国近代创建的情况。特别是许多《法学通论》在其“绪论”或“法学编”部分，往往集中阐述西方法学理论和方法等问题。这样，西方法学知识和编纂方法便通过《法学通论》教科书输入到了中国，对中国学人自己撰写《法学通论》提供了范例。晚清士人的法学观念，很大程度上又依赖于《法学通论》教科书的课本或法学课堂的知识传授，清季趋新学人往往通过这些不起眼的《法学通论》教科书，获取了近代西方法学知识，从而引发对中国传统法学的检讨和反省。因此，对《法学通论》教科书在中国法学教育史和法理学学术史上的价值，需要作进一步的发掘和研究。

第二章　王国维翻译的《法学通论》及其关联影响

西方近代法学思想之输入中国，及20世纪初西方法学理论在中国的勃兴，颇得日本思想界、法律界之助。私以为见，欲明了近代中国法理学的来源，有一本《法学通论》教科书不可不细加考究，这就是1902年，由商务印书馆出版的矶谷幸次郎著、王国维译的《法学通论》，这本被认为是"中国近代最早出版的冠名《法学通论》的著作"，[①]在日本学界尚未发现有人专门论及，在中国学界，也只有寥寥几位学者提及，专门论述则付之阙如。然而，较之报刊媒介，教科书自有其特殊的属性。由"教科书"介入清季汉译"法学"、"法理学"相关知识的讨论，当可展示中文世界阐述"法理学"别样的情形，也便于梳理附载于"法学"、"法理学"教材的种种思想资源。这个多少类似于"知识社会学"在研究某种思想方向时所确定的任务，关注社会进程对思想的"视野"的渗透，通过重建它的历史与社会基础，以展示其在整个精神生活中的流布和影响范围。[②] 此外，昆廷・斯金纳(Quentin Skinner)"示范"的对待历史文本的研究和解释的特殊方式，也有特别意义，即"尽量不去专门研究主要的理论家，而是集中探讨产生他们作品的比较一般的社会和知

---

① 何勤华：《中国法学史》(第3卷)，法律出版社2006年版，第145页；何佳馨："点校者序"，载何佳馨等点校：《〈法学通论〉与〈法之本质〉》，中国政法大学2006年版，第7页。

② 章清：《"自由"的界限——"自由"作为学科术语在清末民初教科书中的"呈现"》，载孙江主编：《新史学：概念・文本・方法》(第2卷)，中华书局2008年版，第49页。

识源泉”。[①] 教科书无疑算得上是产生“一般的社会知识源泉”的特殊文本形式的图书，透过此，或可进一步检讨西方“法律”理论观念如何在教育体制中传达其中心旨趣，或可检讨来自法律课堂教科书中的“权利与义务”等法学观念，是如何在整个清末修律过程中得以运用的。由此看来，不仅对矶谷氏《法学通论》有认真研究的必要，就是该教科书对同时代中国的关联影响，也需要有进一步的认识。

第一节　王国维的翻译实践与《法学通论》之时评

在日本近代法学教育史上，相对中国读者熟悉的梅谦次郎、冈田朝太郎等人而言，矶谷幸次郎并不是一位颇有影响的人物。但是，在1902—1911 年期间，清末汉译日本《法学通论》教科书的出版高潮中，矶谷幸次郎的《法学通论》，率先由王国维 1902 年译出，由上海商务印书馆正式出版，可谓拨了头筹。这本《法学通论》实际上是矶谷幸次郎“教授生徒时所讲演者也”的讲义，这种讲义版本，在当时可能仍属于内部出版物，以至于这本《法学通论》和这一时期类似的《法学通论》教科书、讲义等，长期未能引起中日学者的重视。时至今日，当我们重视审视这本法学教材时，居然连作者矶谷幸次郎具体生卒年月都不清楚，而有关王国维的众多传记、年谱资料对其翻译这部《法学通论》的情形，多数语焉不详，所有这些，都令人颇感蹊跷。

矶谷幸次郎在讲授《法学通论》之时，正值中国“新思想之输入，如火如荼”（梁启超语），其主讲的《法学通论》自然受到了吸收新思想如饥

---

① ［英］昆廷·斯金纳：《近代政治思想的基础》（上卷），奚瑞森、亚方译，商务印书馆2002 年版，第 3 页。

似渴的一些中国学者和中国留日学生的注意。到1911年,晚清中国先后出现了近30种日本《法学通论》教科书、讲义的中译本,从而形成了近代中日法律文化交流史上罕见的一幕。而矶谷幸次郎这本《法学通论》教科书,也藉中国学界的译介、宣传和随后的法政课堂的采用而流传开来。由于各种《法学通论》中译本,大部分是中国学生留学日本期间编译的,然后在日本或国内印刷、发行,在当时的条件下,发行量不可能很大,加上,它们一般都是用廉价的纸张印刷,图书馆也不收藏,被新的或较好的版本取代后,旧的就完全废弃,或根本就没有复本。因此,现在要找全这一时期汉译《法学通论》教科书、讲义本已经不可能了。有些译本分别藏于不同的图书馆中,有些则已是有目无书。幸运的是,矶谷幸次郎的《法学通论》,目前国家图书馆藏尚存一册,在大陆已属孤本。何勤华教授主持"中国近代法学译丛",以拯救"法学遗产"为宏愿,由何佳馨重新点校、勘校了矶谷幸次郎著述的《法学通论》,并由"关爱学术"的中国政法大学出版社于2006年正式出版,可谓功德无量!

一、王国维早期的日文翻译实践

中国自近代以来,上海文化日益明显地表现出一种独特的现代性(Modernism)而有别于同时代的其他城市,这种独特的现代性表征,不仅有罗振玉创办的东文学社[1],还有汪康年主持的《时务报》,以及崛起于申江的上海商务印书馆等各种新式文化事业机构。正是这些机构汇聚了许多像王国维一样的新型知识分子。王森然在《近代名家评传》(初集)中说:

---

① 1898年夏,在藤田丰八(字剑峰)的倡议协助下,罗振玉及友人斥资创办东文学社,这是领风气之先的沪上乃至全中国最早的由私人开办的日语学校。东文学社不仅教授日语,且用日语教授近代科学、文化。

> 光绪丙申(1897),钱塘汪穰卿舍人康年,创设《时务报》于上海,以文章鼓吹天下,人心为之震动,异日乱阶,遂兆于此。先生(王国维)时方冠,思有以自试,且为菽水谋,乃濮被至沪江,顾无所遇,适同学许默斋[①]孝廉为舍人司书记,以事返乡里,遣公为之代。明年,上虞罗振玉,与吴县蒋伯斧学部黼,结学农社于上海,迻译东西各国农学书报,以乏译才,遂以戊戌夏立东文学社造就之。社置新马路之梅福里。聘日本藤田剑峰博士为教授,先生时年二二岁,以余时往受业。[②]

据上文和《王国维年谱新编》、《王国维传》等资料介绍,大约在东文学社开学时,矶谷氏《法学通论》的译者王国维来到上海,任汪康年主持的《时务报》社书记员(相当于现在的文字编辑),经"馆主"汪康年"许之",王国维利用午后三小时,在东文学社补习日语"二年有半",并在上海、武昌等地"迻译东西各国农学书报"。王国维翻译矶谷氏《法学通论》[③]之际,正是中国社会发生重大变化的世纪之交,时代的变化要求语言也随之变化。王国维说:"言语者,思想之代表也,故新思想之输入,即新言语输入之意味也。十年以前,西洋学术之输入……于是日本所造译西语之汉文,以混混之势,而侵入我国之文学界。好奇者滥用之,泥古者唾弃之,二者皆非也。"[④]依王氏上述观点,我们大致可以得出,清末民初,来自日本的新词急剧增加的主要原因是中外文化交流以及西方近代新知识的传入的结果。事实上,世纪之交,随着日本途径的开通,新名词强烈冲击中国社会传统的语言生活,而所谓"新名词"几乎

---

① 许默斋,即许同蔺,又名家惺,字仲威,号默斋,浙江上虞人。

② 王森然:《近代名家评传》(初集),生活·读书·新知三联书店 1998 年版,第 209—210 页。

③ 窦忠如:《王国维传》,百花文艺出版社 2007 年版,第 71 页。

④ 王国维:《论新学语之输入》,《教育世界》第 96 号,1905 年 4 月。收于《王国维遗书》卷 5《静安文集》,上海古籍书店 1983 年版,第 97 页。

无一例外地是指来自日本的词语。柴萼的《梵天庐丛录》卷二十七中有一篇名为《新名词》的文章,从一个守旧文人的视角对由甲午战败至"五四"前后新名词进入汉语的过程作了较详细的回顾,为我们提供了不可多得的背景材料:

数十年来。吾国文章。承受倭风最甚。向者侯官严复译书。务为高古。……新会梁启超主上海时务报。著变法通义。初尚有意为文。其后遂昌言以太、脑筋、中心、起点。湘报继起。浏阳唐才常、谭嗣同和之。古文家相顾惶恐。……及留日学生兴。游学译编。依文直译。而梁氏新民丛报。考生奉为秘册。务为新语。以动主司。吴士鉴典试江西。尤喜新词。解元熊生卷上士鉴批语。直奖其能摹梁文。……宪政论起。法政学生多主自治。所拟章程。召绅士讲习。于是手续、目的、机关、规则、场合、但书、成立、取消、经济、社会、积极、消极、有机、无几种种新语。学官捂绅。颇能言其意义。时或误会。亦足解颐。如樊樊山判牍所引者是也。……夫文字应时代而生。学术开海禁而变。日本译名,有出于吾书者。长沙杨树达考之最详。其定学名,有雅确于吾国者,海宁王国维称之最甚。……及至梁启超长法部。乃改取消为撤销。手续为程序。目的为鹄的。然大势所趋。不可挽救。学者非用新词。几不能开口、动笔。不待妄人主张白话。而中国语文已大变矣。……①

柴萼文在上文中专门提及王国维:"日本译名,……有雅确于吾国者,海宁王国维称之最甚。"事实上,当时在日译术语厘定多有建树的王国维,对于新名词持极开放态度,同时他也是最早从学术的角度讨论新

---

① 柴萼:《梵天庐丛录》,中华书局 1926 年版。转引自沈国威:《近代中日词汇交流研究:汉字新词的创制、容受与共享》,中华书局 2010 年版,第 287—288 页。

名词的人。王国维认为,“日人之定名、亦非苟焉而已、经专门数十家之考究、数十年之改正、以有今日者也。”[①]王国维举国人推崇严复的例子与日制译词相比较说:Evolution 严译“天演”,日译“进化”;Sympathy 严译“善相感”,日译“同情”,“孰得孰失、孰明孰昧、凡稍有外国语之知识者、宁俟终朝而决哉”。王国维的结论是明快的,“处今日而讲学、已有不能不增新语之势、而人既造之、我沿用之、其势无便于此者矣”。他认为直接借用日本译词有两个优点:即一、借用要比自己造容易;二、使用相同的术语有利于中日间的学术交流。王国维也承认日本人创造的译词未必“皆精确”,他举例说:

> Intuition 之为直观,其一例也。夫 Intuition 者,谓吾心直觉竞五官之感觉。故听嗅尝触,苟于五官之作用外加以心之作用,谓之 Intuition,不独目之所观而已。观念亦然。观念者,谓直观之事物。其物既去,而其象留于心者。则但谓之观,亦有未妥,然原语亦有此病,不独译语而已。Intuition 之语源出于拉丁之 In 及 tuition 二语,tuition 者,观之意味也。盖观之作用,于五官中为最要,故悉取由他官之知觉,而以其最要之名名之也。

沈国威先生说,王国维的上述议论是最早对日本的译词进行语素层面分析的一段文字。[②] 如前文所述,要求新名词具有令人信服的理据是汉语和汉语使用者的一个显著的倾向。王国维的分析表明中国人已经尝试着把对日制译词理据的探索推进到原词的语素层面。可以说,王国维在当时的日文翻译实践中,已经准确地把握了汉语词汇近代

---

① 在沈国威先生看来,王国维将日人造词和国人造词完全等同看待了。其实两者之间有较大的分歧。这是需要我们认真分析的。参见沈国威:《近代中日词汇交流研究:汉字新词的创制、容受与共享》,中华书局 2010 年版,第 304 页。

② 沈国威:《近代中日词汇交流研究:汉字新词的创制、容受与共享》,中华书局 2010 年版,第 304 页。

化的演进方向。[①]

二、王国维译《法学通论》及清末时人的论评

对王国维译自矶谷幸次郎的《法学通论》教科书,国内学术界和出版界多有论评。例如,当时力主君主立宪的著名人物汪狸照(汪允宗)[②],在为该书写叙论时,就借题发挥,他说:

> 自民政立宪,诸国司法莫不独立、不屈挠于位势,以保国民权利。去断制之治益而文化益休明。一群之内强弱不侵逼人,人完全于自由之域,精气疏曜、体魄蟠固,卓然存立,为世界完全之人,完全之国。若英、若美、若法、若德、若荷、若意、若奥,莫不皆然。[③]

在这篇叙论中,汪允宗表达了要榜样日本"汲汲以图"的精神,并用向往的口吻说,"新事新物有益于国家者,不得法律持护而归于摧丧也。若此者皆为国家菀枯之绝大关系,彼汲汲以图,我冥冥以置其存亡不待智者而后知矣"。同时,汪允宗还从进化论的观点出发,主张未来中国革新时政必须通过制定法律,"蕃变纷纭,日新月异",[④]他说,"法律之于国家,亦当如培植者顺应树木,以助人蕃(繁)荣为标准也",因此,法律"应当曲变","锢滞不宜",[⑤]"若乃姝于成心,竺于成势,以其蹙隘用

① 参见沈国威:《近代中日词汇交流研究:汉字新词的创制、容受与共享》,中华书局2010年版,第304—305页。

② 汪允宗(1872—1918),名德渊,以字行,笔名狸照、寂照、寂音、胜因等,歙县富竭大里人。光绪二十八年(1902)游学日本,其间所接触的政法知识,为他日后担任《警钟日报》、《神州日报》主笔奠定了基础。汪允宗曾为许多报刊包括《东方杂志》撰稿,抨击时政,笔锋犀利。

③ 汪狸照:"叙论",载何佳馨等点校:《〈法学通论〉与〈法之本质〉》,中国政法大学出版社2006年版,第20页。

④ 汪狸照:"叙论",载何佳馨等点校:《〈法学通论〉与〈法之本质〉》,中国政法大学出版社2006年版,第21页。

⑤ 汪狸照:"叙论",载何佳馨等点校:《〈法学通论〉与〈法之本质〉》,中国政法大学出版社2006年版,第21页。

于法律，必为进化之绝大厄运，人群之不幸未有愈于此者也”。[①] 故为法学者，当以法律为专门之学，“发其原理”，以助“国家文物之要具”（即法律）的滋长，而“关于本书所论，英国衡平法可以知矣”。[②]

后世如顾燮光在《译书经眼录》“政法第二”中，亦对该书作了如下评论：

> 本书分绪论、本论2卷，各为章目，盖矶谷幸次郎教授生徒时所讲演也。按法律为人群进化之原，国家、文物之要，故凡刑法之分，公法、私法之别，莫不具有纲领，使国有独立之精神、人有完全之权利。日本步武泰西，法律竟尚西制，迂者多病之，然其能保于国粹之中寓采撷欧化之旨，读书中各篇知日本之强由于法律之改良，而本书所论英国衡平法者可以鉴拘泥顽固之失矣。[③]

可见，当时及后世国人对这本《法学通论》的评价是非常之高的。从这些评价中，我们可以看出中国学界对来自日本的西方法学理论的渴望。

第二节　王国维翻译的《法学通论》在内容上的特色

王国维译自矶谷幸次郎的《法学通论》教科书，既然如此受到今天中国学人的青睐，则此书在内容上必有其特色。分析此特色，不仅为认识矶谷氏此书价值所必须，而且为深入认识此书对中国法理学成长的

---

① 汪狸照：“叙论”，载何佳馨等点校：《〈法学通论〉与〈法之本质〉》，中国政法大学出版社2006年版，第21页。

② 汪狸照：“叙论”，载何佳馨等点校：《〈法学通论〉与〈法之本质〉》，中国政法大学出版社2006年版，第21页。

③ 顾燮光编：《译书经眼录卷之二》“政法第二”，载熊月之编：《晚清新学书目提要》，上海书店出版社2007年12月版，第268—269页。

影响所必须,那么,王国维译的这本《法学通论》教科书究竟有何特色?我以为主要有以下几点:

一、博引欧美各名家之说,探究法学理论诸问题

这本矶谷幸次郎《法学通论》的中译本,虽然篇幅并不大,但内容非常丰富。全书分绪论和本论两大部分,绪论共有七章,分别讲述研究法学之必要及方法、习法律者必须之资格、法律家于社会上之势力、法律与道德关系、法律与其他学科之关系、法学之性质、法学与法术;本论共分九章讲述,依次为"法律本义"、"法律种类"、"法律之渊源"、"法律之制定发布"、"法律之适用"、"法律之解释"、"法律之制裁"、"法律之变更、废止"和"法律之宗旨"。全书所论皆当时欧美法律思想界、学术界所关注、所讨论的重要问题。矶谷氏以区区篇幅囊括如此丰富的内容,言简意赅,诚为不易。

矶谷幸次郎每讨论一重要问题,都要博引欧美名家的观点、学说,以为讨论的基础。如讨论"法学之性质",引用了霍兰德(Holland)、边沁(Bentham)、奥斯丁(Austin)、萨维尼(Savigny)、梅因(Maine)、维科(Vico)、孟德斯鸠(Montesquieu)、康德(Kant)等人的观点。对其他问题,矶谷幸次郎同样通过大量援引欧美学者的观点来展开讨论。总计全书提及的欧美学者,达数十人之多。

大量征引欧美学者的观点来讨论问题的做法,使得这本《法学通论》不仅成为当时中国知识界了解西方近代法学理论的重要著作,而且使得中国人能够在很短的时间内透过此书了解众多西方法律思想和学说的精华,尽管这种了解远谈不上全面、系统、深刻。

二、以进化史观为指导,强调法律家于社会上之势力

进化观念是19世纪最流行的社会思想之一。此种观念对矶谷幸

次郎影响至深，从他给法学所下的定义，可以清楚地看到这一点。他说："法学者，非立法论，又非释明现在之法律者，惟各国古来所行之法律，为法学主要之材料。法学基础，在就此等法令而考究之，此等法律，随社会之文化进步，而与之俱进，绝非停滞者也。"①在言及研究法学之必要及方法时，矶谷氏认为，社会渐进，至于近世，文明之利器，益行于天下。诸种法律，日趋繁杂，乃自然之势也。因此，"则必研究法学"。② 然天下愈开通，则事物愈烦多，人口愈增殖，生计愈发达，有些诸种原因，民众之间，愈赖信实。而诈伪盗窃者，亦乘间接踵而起，于是徒藉宗教道德之力，不足以治天下，不得不制法定律，以为制裁。

正是因为社会进化，以至"法律为治社会之一大要具"，所以矶谷幸次郎辟专章论"法律家于社会上之势力"。他说，"英国政治社会，律师之势力，盖不及美国，然政治家亦大半为法律家也。法律家之势力，岂不可惊乎？苟法律家知其于国家之责任，有极大之势力，则须慎其言行，以保全法律家之面目，为急务矣"。③ 矶谷氏也对比了日本法家进用之势，认为近年来日本之所以需用法律家寥寥，"是盖我国（日本）法律家之价值，人未尽之，以后势力，必年胜一年，法律家之前途，正未艾也"。这样的认识无疑是符合历史发展趋势的。

对未来法律家之于社会之势力，矶谷幸次郎亦充满信心。他说，"今我邦（日本）现时之社会，法律尚属初步，然由维新后历史与情实观之，我一部人士之势力，已有风靡朝野之概。今后社会之事，纪律渐整，

---

① ［日］矶谷幸次郎：《法学通论》，王国维译，载何佳馨等点校：《〈法学通论〉与〈法之本质〉》，中国政法大学出版社 2006 年版，第 48 页。

② ［日］矶谷幸次郎：《法学通论》，王国维译，载何佳馨等点校：《〈法学通论〉与〈法之本质〉》，中国政法大学出版社 2006 年版，第 21 页。

③ ［日］矶谷幸次郎：《法学通论》，王国维译，载何佳馨等点校：《〈法学通论〉与〈法之本质〉》，中国政法大学出版社 2006 年版，第 29—30 页。

所需法律家这处,亦必有增无减”。[1] “法学生之前途,岂不大有望乎?言法学生之逾数者,由一时现况立论,实未深思也”。[2] “我国(日本)法律家须勤勉忍耐,此今日最宜留意者,大器晚成。法律家宜自重,以期他日之大成可矣”。[3]

在矶谷幸次郎《法学通论》的最后一章里,他再次从其主张的进化论观点出发,认为,法律与国家,有不可分离之关系,无国家则无法律,法律是国家一日不可废之要具也。而国家,依物竞之原理,由国民相集,以进化为宗旨。而法律亦负此责任,并为国家之生存而设。“故千差万别之法律,或为制限国民之自由,或图进其福泽,或奖正禁邪。要之,其大宗旨,皆为国家之生存安宁而设也”。[4] 然而,法律如何得行此宗旨?矶谷幸次郎坚定地说道,“即在创设权利,及使人负担之义务。故云权利之观念,为法律之基础,非过论也”。[5] 这种议论,全书均一以贯之,而这种有进化论为依托的坚定的法律观,很容易使晚清中国知识分子在接受像《法学通论》等“西学”知识时,引起共鸣。

三、不为欧美众家之说所囿,而能自为中肯之论断

矶谷幸次郎虽然大量引用了西方学者的观点,但他并不是简单地表示赞同或反对,肯定或否定,而是能够给予客观的评价,并常有独出

---

① [日]矶谷幸次郎:《法学通论》,王国维译,载何佳馨等点校:《〈法学通论〉与〈法之本质〉》,中国政法大学出版社 2006 年版,第 29 页。

② [日]矶谷幸次郎:《法学通论》,王国维译,载何佳馨等点校:《〈法学通论〉与〈法之本质〉》,中国政法大学出版社 2006 年版,第 30 页。

③ [日]矶谷幸次郎:《法学通论》,王国维译,载何佳馨等点校:《〈法学通论〉与〈法之本质〉》,中国政法大学出版社 2006 年版,第 31 页。

④ [日]矶谷幸次郎:《法学通论》,王国维译,载何佳馨等点校:《〈法学通论〉与〈法之本质〉》,中国政法大学出版社 2006 年版,第 129 页。

⑤ [日]矶谷幸次郎:《法学通论》,王国维译,载何佳馨等点校:《〈法学通论〉与〈法之本质〉》,中国政法大学出版社 2006 年版,第 129 页。

已见,加以论断。

例如,关于公法、私法区别之标准,自罗马法时代以来,今古学者,“犹论难不绝”。[①] 矶谷幸次郎则举三种学说,并一一加以评判。第一说系罗马法学者的学说:“公法为关公益之法律,私法为关私益之法律”,对此,他结合耶林“法由社会而存,故若舍国家,舍公益,无所谓法律”的观点,认为“以公益、私益,区分法律者,甚不当也”。[②] 第二说,公法规定于国家于人民之关系,私法规定人民与人民之关系。矶谷幸次郎评论道,“此说最盛于学者间,亦较妥也”。[③] 第三说为德国学者所倡,公法为规定权力服从之关系,而私法则规定人人平等之关系也,对这一学说,矶谷幸次郎既寄望诸群他日之研究,又谆谆告诫道,“但有当注意者,国家与人民间所有关系,不可即断公法上之关系为公权也,国家虽有最高之权力,然有时固当不用其权力,自居于平等地位,与人民为契约之事者亦不少矣,譬如官厅雇役工等,此虽以国家雇之,然与受雇人之关系,全居平等地位,其关系为私权,当受私法上之制裁也”。[④] 在评判诸家定义的基础上,矶谷幸次郎给出了自己的定义,“公法规定国家与人民之间所生之公权之关系者,而私法规定人民相互所生之权利之关系者也”。[⑤]

---

① ［日］矶谷幸次郎:《法学通论》,王国维译,载何佳馨等点校:《〈法学通论〉与〈法之本质〉》,中国政法大学出版社 2006 年版,第 59 页。

② ［日］矶谷幸次郎:《法学通论》,王国维译,载何佳馨等点校:《〈法学通论〉与〈法之本质〉》,中国政法大学出版社 2006 年版,第 60 页。

③ ［日］矶谷幸次郎:《法学通论》,王国维译,载何佳馨等点校:《〈法学通论〉与〈法之本质〉》,中国政法大学出版社 2006 年版,第 60 页。

④ ［日］矶谷幸次郎:《法学通论》,王国维译,载何佳馨等点校:《〈法学通论〉与〈法之本质〉》,中国政法大学出版社 2006 年版,第 61 页。

⑤ ［日］矶谷幸次郎:《法学通论》,王国维译,载何佳馨等点校:《〈法学通论〉与〈法之本质〉》,中国政法大学出版社 2006 年版,第 61 页。

又如,在法律的渊源一章中,矶谷幸次郎先举荷兰氏关于法律之渊源有:惯习、宗教、条理、学说、判决例、立法共六种,然后直言,如立法则为制定法律或发布之事,入之法律渊源中,“不妥洽”。[①] 接下来,就古代种种惯习之性质的学说,一一加以评判。首先是“永续惯习之说”。“所谓永远续行,指几年乎?且其间不含主权者之意,不由主权者制定,终不能使人承服也”。[②] 第二是“法庭承认说”。尽管此说学者多辟之,谓裁判所不过行用现有之法律,未有适用未著之法律之权限,此立法官与司法官所以有别。如此等等,矶谷幸次郎也尽量加以陈述,但他仍坚持已见,认为“第二说最合实际”。[③] 第三说是“权利之确信说”(又云“法律之确信说”),他评论道,“此学说之当否,不敢轻论断,要之此论不但为学者所排击,且人民确信权利之时期,亦甚茫漠无由知也”。[④] 第四种观点是“主权默许之说”,矶谷幸次郎点评到:“此说与第一说及第三说异,以有主权者之思想,似稍优于前者。”[⑤]第五说即“定法要件之说”。“此说为本邦学者所采用,为最有势力者。然所云条件为何,各国亦不免略有相违之处”。[⑥] 在胪陈英、法、日本诸国的惯习之后,矶谷幸次郎得出这一问题的法理结论,“故现在我国新定民法商法、皆认许惯

---

① [日]矶谷幸次郎:《法学通论》,王国维译,载何佳馨等点校:《〈法学通论〉与〈法之本质〉》,中国政法大学出版社2006年版,第74页。

② [日]矶谷幸次郎:《法学通论》,王国维译,载何佳馨等点校:《〈法学通论〉与〈法之本质〉》,中国政法大学出版社2006年版,第77页。

③ [日]矶谷幸次郎:《法学通论》,王国维译,载何佳馨等点校:《〈法学通论〉与〈法之本质〉》,中国政法大学出版社2006年版,第77页。

④ [日]矶谷幸次郎:《法学通论》,王国维译,载何佳馨等点校:《〈法学通论〉与〈法之本质〉》,中国政法大学出版社2006年版,第78页。

⑤ [日]矶谷幸次郎:《法学通论》,王国维译,载何佳馨等点校:《〈法学通论〉与〈法之本质〉》,中国政法大学出版社2006年版,第78页。

⑥ [日]矶谷幸次郎:《法学通论》,王国维译,载何佳馨等点校:《〈法学通论〉与〈法之本质〉》,中国政法大学出版社2006年版,第78页。

习，凡无成文者，可依惯习裁判”。[①]

在《法学通论》中，诸如类似的评判与诊断随处可见，虽不能说“语语精确”，但就其立论而言，是很公允的。当然，矶谷幸次郎《法学通论》的观点并不全都是正确的。例如，“使无法律，即不能有政治”，笔者以为，言之太过矣。又如，将法律学与政治学之关系譬喻为骨肉关系，[②]亦失之精当。

四、注重立法理论与法律解释

在立法理论方面，矶谷幸次郎特别强调了法律之制定发布。从法理上指出，凡一成文法之制定发布，必经法律起草、议决、裁可、公布等阶段。在法律解释这一章中，矶谷幸次郎分析了立法解释之效力，认为有轻重之别。对司法上的解释，还特别总结了司法解释的 14 条原则。在此基础上，矶谷幸次郎还从方法论的高度予以总结说，“然用以上之原则，以解释法意，不免有扩张或收缩或更正其意义之结果也。以其能生此等结果，故又可区论理解释为三种，第一种匡正解释，第二种扩张解释，第三种收缩解释是也”。[③]

在法律制裁这一章中，矶谷幸次郎不仅从法理上解释了制裁的定义及其意义，而且对法律制裁之定义及意义，作了说明，“法律之制裁者，亦谓国家所加于背法律者之恶报也”。[④] 在这里，亦可以看出矶谷

---

① ［日］矶谷幸次郎：《法学通论》，王国维译，载何佳馨等点校：《〈法学通论〉与〈法之本质〉》，中国政法大学出版社 2006 年版，第 80 页。

② ［日］矶谷幸次郎：《法学通论》，王国维译，载何佳馨等点校：《〈法学通论〉与〈法之本质〉》，中国政法大学出版社 2006 年版，第 47 页。

③ ［日］矶谷幸次郎：《法学通论》，王国维译，载何佳馨等点校：《〈法学通论〉与〈法之本质〉》，中国政法大学出版社 2006 年版，第 112 页。

④ ［日］矶谷幸次郎：《法学通论》，王国维译，载何佳馨等点校：《〈法学通论〉与〈法之本质〉》，中国政法大学出版社 2006 年版，第 113 页。

幸次郎国家主义法律哲学观的立场。除此之外,矶谷幸次郎区分了刑事上与民事上的制裁,在这一内容上,包括对"法律之变更、废止"一章的说明,都结合日本法律发展的实际情形予以说明,对法律实践提出了合理的建议。

五、强调法律与道德的进步发展

在矶谷幸次郎的《法学通论》中,法律与道德关系始终是一大命题。不仅认为,"法律与道德相待,为社会之两翼",而且主张"法律与道德,均为裁制人间行动之规则,皆不外奖善惩恶,以保持社会之秩序安宁者也"。① 他引用罗马皇帝查士丁尼的话加以说明:法律之原则无他,在处世正直,不害他人,人人尽已之责而已(今译"为人诚实,不损害他人,给予每个人他应得的部分")。② 在强调法律家应具备的道德素养上,矶谷幸次郎十分敬佩英、美法律家,"重正义、尚节操,超然浊世之外,而为社会之模范",③在他看来,"法律者,非召讼之具,在于善善恶恶,以维持世之平和"。④ "近世法律家,往往弄法,受世嘲讪,是皆由于德义欠缺也。就余所闻,以司法制度完美而鸣万邦者,首推英国。此国判事,不断学识拨群,即品行亦方正谨直,尚公义,重信实,但有法律,不知名利之为何,故世目英国裁判所为智识道德这渊薮。而人民之见公庭,

① [日]矶谷幸次郎:《法学通论》,王国维译,载何佳馨等点校:《〈法学通论〉与〈法之本质〉》,中国政法大学出版社 2006 年版,第 31 页。

② [日]矶谷幸次郎:《法学通论》,王国维译,载何佳馨等点校:《〈法学通论〉与〈法之本质〉》,中国政法大学出版社 2006 年版,第 31 页。

③ [日]矶谷幸次郎:《法学通论》,王国维译,载何佳馨等点校:《〈法学通论〉与〈法之本质〉》,中国政法大学出版社 2006 年版,第 26 页。

④ [日]矶谷幸次郎:《法学通论》,王国维译,载何佳馨等点校:《〈法学通论〉与〈法之本质〉》,中国政法大学出版社 2006 年版,第 25 页。

如赤子之投慈母之怀”。[1]

矶谷幸次郎还承认法与道德两者的区分是相对的，这种相对性首先表现在，“法律上之善恶”，与“道德上之善恶”的标准不同，“故法律比道德，不但其区域狭隘、且厚薄亦殊。法律所谓有效也，适法也，非必皆善行美德也”。[2] 因此，法律家要以重德义为必要。其次，法律与道德两者的效力是相辅相成的。在矶谷氏看来，法律与道德有时是相矛盾的，在对这一疑问“述其概略”后，矶谷幸次郎持论通达。他说，“泰西法律，不必适于我国；我国道德，不必合于泰西。随时变动可也。若道德而不为一定不变矣，则岂有与法律相矛盾。如奥斯汀氏之说，背戾法律可为道德上之义务者乎？颇不能无疑，但此疑问，不可轻断。且于《法学通论》论究之，亦终无大益，故但明法律与道德非背驰之事，相助相持以全其用足矣”。[3]

在该书的结尾处，矶谷幸次郎要言不烦，娓娓道来：“如本书诸论所细陈者，法律本非待贤人君子之具。盖不过为保全国家之生存安宁，而智识道德在中人以下者，即不能无浅暗以害安宁之事。故法律以制裁此等为标准，以供经国之具而已，是法律之善行美德，不过道德上普通之行，所谓非行恶德，不免为道德上极恶之罪”。[4] 这种由法论而言及法意的议论，如春风化雨，滋育一代又一代凡读过此书的人的心田：

---

① ［日］矶谷幸次郎：《法学通论》，王国维译，载何佳馨等点校：《〈法学通论〉与〈法之本质〉》，中国政法大学出版社 2006 年版，第 24—25 页。

② ［日］矶谷幸次郎：《法学通论》，王国维译，载何佳馨等点校：《〈法学通论〉与〈法之本质〉》，中国政法大学出版社 2006 年版，第 34 页。

③ ［日］矶谷幸次郎：《法学通论》，王国维译，载何佳馨等点校：《〈法学通论〉与〈法之本质〉》，中国政法大学出版社 2006 年版，第 37 页。

④ ［日］矶谷幸次郎：《法学通论》，王国维译，载何佳馨等点校：《〈法学通论〉与〈法之本质〉》，中国政法大学出版社 2006 年版，第 129 页。

修法学者，当深注意于此。若不知法律之意，而视与道德相等，一切人事，以法律为规矩。法之所不禁，即以为善行，谓法律所不言，我不妨行之，则国家将有不堪法律之弊，非法律之本意矣。[①]

要而言之，矶谷幸次郎的《法学通论》可以说是一部广征博引西方诸家之说，同时又有自己识断的，以进化史观为指导的比较系统的新法学理论著作。也有涉及面广，注重法律与道德，持论通达之优点。从撰写体例上，也为此后孟森等编撰中国人自己的《法学通论》时开创了传统。应该注意的是，在《法学通论》传入中国之前，中国知识界已经通过严复等人的译介，对西方近代进化的法律理论和法学观念有了一定的了解。然而，中国人接受来自西方的进化论的思想，包括带进化思想的法学观，主要是把它作为一种鼓吹社会变革的理论依据。当时的中国学术界，并没有依据进化思想来建构起系统的新法学理论。于是，矶谷幸次郎的《法学通论》作为一部有特色的新法学理论著作，就自然而然引起了中国学者和中国留日学生的注意，随着晚清“新政”开始，特别是教育领域中的改革，新式学堂的兴起的需要，清末中国出现了一个译介日本《法学通论》教科书的热潮。而矶谷幸次郎的《法学通论》也因此成为当时中国学术界所接触的第一部较为系统的新法学理论著作，它的翻译介绍对正致力于“法政教育”改革的中国教育界、学术界，可谓恰逢其时。

---

① [日]矶谷幸次郎:《法学通论》，王国维译，载何佳馨等点校:《〈法学通论〉与〈法之本质〉》，中国政法大学出版社 2006 年版，第 129 页。

第三节　日译法学名词在中国初期引入

教科书是课程内容的载体，包括矶谷幸次郎《法学通论》在内的法理学教科书，一些现代日本法学理论的主要课题，在教材内容中都有反映，当然，这些主题也是近代中国法理学的主题：如法与政治、法与道德、法与正义、权利与义务等等。从清末推行新政、废科举、推行近代教育制度的背景之下，大量因印刷成本低廉而得以流通的法律教科书成为民众普及知识的最直接的媒介之一。但是，正如上文所分析，这些译本的发行量不大，译者当时也不过是一名普通的留日学生。因此，如果没有思想界、学术界有影响的人物推崇，即使是第一部汉译《法学通论》教科书公开发行，对中国法理学的开启是很难发生大的影响的。就目前掌握的材料来看，汪狸照（汪允宗）曾对矶谷幸次郎《法学通论》有过赞赏之语，但仅此而已。为便于深入分析，在本节中，笔者拟通过《新尔雅》为中介，分别建立矶谷幸次郎《法学通论》和孟森《新编法学通论》与“法律”和“权利”等法律概念群的关联，同时对部分日译法学名词略加一些说明。

一、建构“法律”概念群的关联及其说明

在清末，许多法律专业术语已经流传很广，被列为辞典、百科全书等工具书的条目。如 1903 年，上海明权社的《新尔雅》[①]里，就有“释

---

① 汪荣宝、叶澜编纂：《新尔雅》，载沈云龙主编：《近代中国史料丛刊续编第 44 辑》，台北：文海出版社 1977 年版；按：原书出版时间不详，陈旭麓谓出版于 1903 年。参见陈旭麓：《戊戌时期维新派的社会观群学》，收入熊月之、周武编：《陈旭麓文集》（第二卷），上海：上海人民出版社 1997 年版，第 390 页。王健提供的版本是：上海明权社，日本东京并木活版所印刷，1903。参见王健：《沟通两个世界的法律意义——晚清西方法的输入与法律新词初探》，中国政法大学出版社 2001 年版，第 289 页。

政”、“释法”等内容。沈兆伟在1904年出版的《新书书目提要卷四》中，对这本《新尔雅》(上海国学社本)，有比较详尽的介绍。[①] 接下来，笔者将以汪荣宝[②]、叶澜[③]编纂的《新尔雅》为中介，建构一个“法律概念”群，从而建立起《法学通论》和《新编法学通论》的联系并说明其影响。

《新尔雅》编纂者之一的汪荣宝(1878—1933)，小王国维一岁，早年在上海，“与章太炎同投稿于《时务报》，每论文出，时流惊异，一时有汪章之目”。[④] 1902年，汪荣宝在日本早稻田大学留学，习政法专业，并有编译作品《史学概论》[⑤]在留日学生刊物——《译书汇编》上发表，该刊物主张“宜取法欧美、日本之制度”，“汇辑成编”，“尤足为研精西学者之助也”。[⑥] 从时间上判断，汪荣宝有可能知见过矶谷幸次郎《法学通论》的讲义传抄本或听课笔记，也有可能已经注意到王国维的这个译本。通过《新尔雅》编撰的条目内容，我们可以印证，1902年王国维译介的这本《法学通论》，对法律术语的翻译大都还是比较准确的。接下来，笔者以《新尔雅》的“释法”内容为坐标，参照矶谷幸次郎《法学通论》中的“法律术语”释义，并对其关联关系略加说明(参见表2-1)。

---

① 参见沈兆伟:《新书书目提要卷四》(1904)，载熊月之编:《晚清新学书目提要》，上海书店出版社2007年版，第543页。

② 汪荣宝(1878—1933)，字衮甫，一作衮父，号太玄，江苏吴县(今苏州)人，汪风瀛之子。近代著名学者。早年肄业上海南洋公学，后游学日本庆应义塾、早稻田大学，回国后任京师译学馆教习，民政部右参议、左参议，兼宪政编查馆、修订法律馆及资政院事，清末筹备立宪文件多出其手。

③ 叶澜，留日学生，叶翰的弟弟，与汪康年有交往。

④ 朱德裳:《谈汪荣宝》、《三十年闻见录》，岳麓书社1985年版，第143—144页。

⑤ 《译书汇编》第2年第10期，1902年12月27日。署名为衮父辑译。是书“所采皆最近史学界之学说，与古史学有异，然其立论近于偏宕，盖论社会、历史之类也”。参见顾燮光编:《译书经眼录卷之七》“议论第二十三”，载熊月之编:《晚清新学书目提要》，上海书店出版社2007年版，第343页。

⑥ 《中国近代出版史料》初编，第77页。转引自李喜所:《中国留学史论稿》，中华书局2007年版，第270页。

表 2—1　《新尔雅》与王国维译《法学通论》中关于部分法律术语之对应比较

法律术语	《新尔雅》(1903)	法律术语	《法学通论》(1902)
法	规定国家生存必要之条件以国家之强力而履行者，谓之法。	法律	法律者，由主权者附以制裁，强行之于人间一切行为规则也。
公法	规定国家与国民之关系者，谓之公法。	公法	公法规定国家与人民之关系。
私法	规定人民相互之关系者，谓之私法。	私法	私法规定人民与人民之关系。
成文法	据宪章而生法律之效力者，谓之成文法。	成文法	成文法，为主权者载之文书，附与法律之效力者。
不文法	据习惯而生法律之效力者，谓之不文法。	不文法	不文法，虽未经主权者记之文书，而由主权者之默许，亦得法律之效力者也。
通法	行于全国者谓之通法（如普通刑法是）。	通常法	通常法者，国内一切所通行，其法律所管辖区域无制限者也。其效力及于一切国民之法律，谓之通常法。
特法	行于一部者谓之特法（如陆军刑法、海军刑法是）。	特别法	只行于国内一部有效力者，即特别法也。适用于一部人民者，为特别法。
主法	确定权利义务者，谓之主法。	主法	所谓法律者，谓之创定权利，且规定保护之方法也。而创定权利之法律，称为主法。
助法	保护权利义务者，谓之助法。	助法	规定保护权利之方法，称为助法。
强行法	法律之标准范围内，不容个人之意志者，谓之强行法。	强行法	强行法者，一切不许国民选择，不论其意如何，必令遵奉也。

听许法	法律之标准范围内,容个人之意志者,谓之听许法。	任便法	任便法者,预制一定范围,人之与否,悉任人民之意也。
固有法	基古来风俗习惯之根源者,谓之固有法。	固有法	固有法毫不受他国之感化,自气候、风土、人情、习惯上所发生者。
继受法	以直接间接采用他国之法律者,谓之继受法。	继受法	继受法则采用他国法律、或模仿之而制定者也。
子法	模范他国法律而制定者,谓之子法(本继受法而来)。	子法	所模效之法律云子法。
母法	被模范者,谓之母法(本继受法而来)。	母法	为其模范之法律称母法。
法之渊源	依习惯、宗教、条理、学说、外国法而制定者,谓之法之渊源。	法律之渊源	法律渊源,或解之曰:法律必如何始有效力,始得成为法律也。就惯习、宗教、条理、学说、判决例之五者,为法律渊源。
法之解释	凡适用法律,必先判明确定其意义者,谓之法之解释。	法律之解释	法律之解释者,谓释明法意而发表其真意。
有权的解释	解释之意义公认为有效力者,谓之有权的解释。	司法上解释	司法上解释,一言以蔽之,非立法者之解释也。
无权的解释//学理解释	解释之意义由学者一己之私见者,谓之无权的解释,亦谓之学理解释。	学理上解释	非必谓司法官之所解释也,或称之为学理上解释。

文理解释	由法律之语句解释法律之精神者，谓之文理解释。	文理解释	文理解释者，谓就表发法律之言语文章，而解释其法意，即以文法释明法文之字句也。故文理解释，以其法文之言语、文章为基础，而用之为解释者也。
论理解释	参酌法律全体这旨趣及制定之目的而解释者，谓之论理解释。	论理解释	论理解释者，就其法令发布之原因，及其沿革等事，以讨究法律之真意。不以法文之字句为基础，而以法律制定时社会政治历史事实为材料，以发表其法律真意者也。
补正解释	因法文之用语不能明达法律之目的的，须更正者，谓之补正解释。	匡正解释	谓立法者因不熟习或不经心，而用意背于法律，或法律有相反意之文字，致不能表发其真确之情。
补充解释	因法文之用语狭隘，不适法之真义，须扩张其意义者，谓之补充解释。	扩张解释	谓立法者因不经意，于法文所用文字之意义，失之狭隘，不能将其应包含之意义，包含周到。于此等处，当用扩张其法文之意义。
补缩解释	因法文之用语广阔须缩少其意义者，谓之补缩解释。	收缩解释	谓法文所用文字之意义，失之广阔，致混于立法者意外之事。于此等处，当收缩其法文之意义。

说明：第一，《法学通论》教科书涉及法学学科的基础知识，往往承载编著者的理念及其所令人欲传达的思想。20 世纪初期，成千上万的留日学生在日本接受了西方政治、法律和其他社会科学知识，通过听讲和阅读等方式，在头脑中灌注了大量西方的自由、平等、民权、法制的名词概念。以上亦说明作为法律概念的“主权”①、“法律行为”、“公法”、

① 1899 年的《清议报》已出现“主权”这一语词。例如：“凡改革如此，谁能行之？余思行之者有二：曰主权者也。曰革命之军也。”转引自《近现代汉语新词词源词典》，汉语大词典出版社 2001 年版，第 350 页。

"私法"、"权利"、"法律之效力"等，正是在这一时期开始频繁出现在新式学堂的法律教科书里，通过夹注式的解说方式加以传播，从而作为近代"知识"的一部分而被社会化。表2-1中，王国维翻译矶谷幸次郎《法学通论》中所用法律名词，在稍后(1903)出版的《新尔雅》一书中，基本都有涉及。事实上，正是《新尔雅》一类的辞书有助于一些像《法学通论》教科书中的"法学名词"的知识传播和日常表达，甚至强化了这些"法学名词"概念的普及和流行，同时，也记录了这一变化过程。沈兆祎在其《新书书目提要卷四》中，还专门论及《新尔雅》与"和文之盛倍于昔日"的情形：

> 按近者中国开新民智之用，不得不有赖于重译之书，故和文之盛倍昔日，而通行之弊则习用名辞不能取而代之是也。大凡译欧文者，文字演换即意义随文字而可通，从事和文者以汉字易诸名而学理未必随文字以冰释，盖欧文与汉文悬异，译者犹会其意以说之，和文与汉文合源，译者直改为汉字而已，推此之故，其受惟于学说者尤深日本书，于科学、政法诸端定名必取雅切，就西文之本义酌东邦之谊言，所以标号至安，而中国之初读译本者往往艰于摘索。……作者之为此书，固将有鉴于此，篇中所释皆举近译书中所恒见者以析言之，自有此书而读译本者若顺腠理而逆之，更无扞格之虑，其于学界之幸，犹照以烛龙之炬也。或谓书名《新尔雅》而属辞重复，已乖《尔雅》，之例，顾作者取名《尔雅》，不过托始之意，以为定物之归，名物既异则格调方新，必以故体相绳，犹是胶柱之见。①

第二，"法律概念是法律制度的载体，翻译往往是从无到有的过程。

① 沈兆祎：《新书书目提要卷四》(1904)，载熊月之编：《晚清新学书目提要》，上海书店出版社2007年版，第543—544页。

用目的体系(本土的)法律术语对译出发体系(比如英美法系)的法律术语,意味着把它不完全相同的两种制度牵强地叠合在一起,即使二者所代表的制度内涵有着共同的'精魂',但细致的差别也可能影响移植制度的功能。"[①]略而言之,法律概念的译介,是我们认识西方法学观念和制度的第一步,由此,也可以看出法律术语翻译方法在以法律移植为主要立法渊源的我国具有怎样特别的意义。这一问题至少在理论法学的比较研究中需要引起足够的重视。在这里,我们可以通过探讨这一时期的像《新尔雅》之类的辞书,对当时流行的教科书的反映。《新尔雅》等类型辞书对流行于法律学堂的教科书语言、概念和知识即时跟进,既能说明这些法律知识或法律概念出现的时期、频度和意义变化,同时,又有助于我们来观察这些法律知识或法律概念是怎样经由知识人之手,越出知识界的范围而普及民间的。

事实上,这一时期的留日学生回国后,很快都成为当时立宪共和时代的主角,甚至成为清末变法改制的思想鼓动家和实践家。他们凭借着刚刚从日本模仿而来的法言法语,或成为修订法律馆转述诸国法典或各种权威性法律文本的主角,或成为遍布全国法政学堂讲台上的教员,或成为各种法政教科书、辞典、报章杂志的编纂者。于是,他们的话语遂成为满足社会变革时代需要的主流话语。随着负载着西方思想、观念、理论和学说的日本式的语词以及表述方式的普遍流行,一个"东洋化"的近代世界的概念被缔造出来,这是后来人们往往以为中国近代法政名词、术语和概念皆自日本而来的重要原因。[②]

---

① 傅郁林:《法律术语的翻译与法律概念的解释》,载《北大法律评论》第2卷第1集,法律出版社1999年版,第252页。

② 王健:《沟通两个世界的法律意义——晚清西方法的输入与法律新词初探》,中国政法大学出版社2001年版,第249页。

二、建构“权利”概念群的关联及其说明

孟森(1868—1938)要比王国维年长9岁,但与王国维一样,不仅有南洋公学译书院译书的经历,[①]而且也有留学日本的经历。甚至赴日都时间一样,均在1901年。所不同的是,王国维在日本入东京物理学校,回国后基本没有从事政法事业,先在上海等地从事教学和编译工作,废科举制后,王国维开始供职于学部。而孟森在日本入法政大学,接受了系统的法政教育,受梅谦次郎《法学通论》及其民法著作影响较大(这一思想脉络关系,笔者将在下章中再详加讨论)。孟森于1904年返国,先供职于郑孝胥幕,后入商务印书馆主持《东方杂志》,参加宪政公会,活跃于上海、北京等地。其《新编法学通论》(1910)就是这一时期写的讲义,该书内容简明扼要、文字典雅,可说是中国人编撰的第一本法学通论教科书,也是第一部法理学著作,该书还注重实用和中国实际,循序渐进地编入了法的基本原理,应该说,由于孟森这样的努力,这本书对后来中国高等学校的基础法学理论教育逐步建立了体系。以上说明,孟森撰写《新编法学通论》时,不仅有可能参考矶谷氏的《法学通论》,也有可能吸收汪荣宝、叶澜编纂的《新尔雅》的法律术语。因此,笔者拟再以这一时期“权利与义务”之法律术语和概念为载体,通过《新尔雅》的中介,建立矶谷幸次郎《法学通论》与孟森在《新编法学通论》教科书上的某种联系(参见表2-2)。

说明:第一,传统观点认为,“我国在西洋法律侵入以前,仅有义务观念,而无权利观念”。据民国学者燕树棠的考证,“权利名词来自日本”,他说:

---

① 孟森曾于戊戌年(1898),受何嗣焜之聘出任上海南洋公学教员,后调至译学馆主持译书,有日人为助手,因此得略通日文。参见张惟骧:《孟森小传稿》,载何龄修编:《孟心史学记》,生活·读书·新知三联书店2008年版,第142页。

表 2—2　《新尔雅》与孟森《新编法学通论》关于“权利”等法律术语之对应比较

法律术语	《新尔雅》(1903)	法律术语	《新编法学通论》(1910)
权利	人之生存为法律所保护者，谓之权利。	权利	权利者，法律之所认许，对于他人某行为之界限也。
人身权	如荣誉自由之权利由人身份地位而得者，谓之人身权(不能由人意为之)。	身分(份)权	身份权为以此人之身份，凌驾彼人之权。身份权乃亲权及亲权所推广之亲族权耳。
财产权	财产所有者之权利，谓之财产权(能由人意为之)。	财产权	财产权之意义，谓自由处置此财产之权。凡民法中分物权、债权两编，皆为财产权之关系。
物权	属我之物而我有直接管理之权利者，谓之物权。	物权	役使他人、责望他人，皆有一方为要约，一方为承诺，而后生此役、责望之事。物权中除所有权外，皆属此项性质。
债权	债主有要求负债者偿还之权利，谓之债权。	债权	非所有而因要约、承诺之故，得的处分某财产之权利，是盖合对人、对物而言，并合可以估价、不可估价者而言。如医士教员，皆以知(智)能受人酬报，则智能即其财产。而就医求教之人，以要约而得承诺，即受其诊察，受其讲授之权。此即处分其财产之权利，盖皆债权之流别也。
智能权	由知识学艺上而得之权利，谓之智能权。	知(智)能权	如医生教员，皆以智能受人报酬，则智能即其财产。

公权	由公法上享有之权利,谓之公权。	公权	公权者,国或国之一部分,以其资格,所享有之权利,及人民以其为构成国家之一分子之资格,所享有之权利。得享公权之公法人,所享有者亦不尽系公权。如国有之营业或不动产,或募国债,省与厅州县或城镇乡所有之营业或不动产,或募公债,此为公法人之私权,不得因公法人所而混作公权也。
私权	由私法上享有之权利,谓之私权。	私权	私权者,国或国之一部分,不以其资格,而以其同于私人之资格,所享有之权利,及人民不以构成国家之一分子之资格,而以其私人之资格,所享有之权利也。
国民权	私法上不许外国人所有者,谓之国民权。	国民权	限制外人,不得与国民享同等权利之法律。
个人权	私法上不论内外人皆得享者,谓之个人权。	人类权	除法律所限制,不与外国人之特权外,一切公、私法所与人类之权,无内、外国人之界限,凡人类皆得享有之,故曰人类权。
义务	定人民应为不应为之责任者,谓之义务。	义务	义务者,法律之所强制,各人为某行为或不为某行为之责任也。法学中所谓义务。乃对权利而言,法律能认许在彼之权利,即必有所强制其在此之义务以应之。

先前日本法律,取自华夏,大致相同,当然亦无法律观念,逮至权利观念,由西洋输入日本之时,日本无适当之字以译之。其势不

> 得不新造名词,以表示新输入之观念。当是时,曾留学荷兰之日本法家须田博士(Dr Tsuda)著《西洋公法论》(*A Treaties on Western Public Law*)(1868)始用权利二字,表示西洋之权利观念。盖连合“权力”(Power)、“利益”(Interest)二意以构成“权利”。自兹以后,权利二字遂成为表示权利观念之通用名词矣。[①]

上述观点,流传甚广,多有认“权利”一词为东洋之译词。[②] 李贵连教授鉴于“权利”与法学关系甚重,且学界对其源流持说各异,亦著有《话说“权利”》一文,对“权利”的近代形态作了详尽的考察。在这篇文章中,李贵连令人信服地指出,1864 年,美国传教士丁韪良(William Martin,1827—1916)翻译出版的《万国公法》,不仅是近代“权利”之源,而且与此相关的或派生的“权”、“自主之权”、“主权”、“公权”等等,几乎涵盖了《万国公法》的所有卷和章。[③] 正是这本《万国公法》,丁氏将原作者惠顿使用的“自然法”(Nation Law)和“权利”(Right)等观念介绍进了中国。此外,丁韪良亦译有《公法便览》,在该书的“凡例”中,特别解释“权利”(right)一词的中文定义:“凡人理所应得之分,有时增一‘利’字,如谓庶人本有之权利,云云。”这可能是中国近代关于“权利”概念的最早阐释。通过上述两书的例举,李贵连强调,近代“权利”一词,不可能由“日本传入”,“是日本借用《万国公法》中的权利”。[④]

---

① 燕树棠:《权利之观念》,载《北大社会科学季刊》第 1 卷第 1 期,1922 年 11 月。

② 李复甸:《权利辩证》,载《法令月刊》1995 年第 10 期。转引自李贵连:《话说“权利”》,载李贵连:《近代中国法制与法学》,北京大学出版社 2002 年版,第 445 页。现代日本法学学者大木雅夫也认为,“在继受西洋法之前,日本人不但不知道权利一词,而且也不知道义务一词。”参见[日]大木雅夫著,华夏、战宪斌译:《东西方的法观念》,北京大学出版社 2004 年版,第 155 页。

③ 李贵连:《话说“权利”》,载李贵连:《近代中国法制与法学》,北京大学出版社 2002 年版,第 439 页。

④ 李贵连:《话说“权利”》,载李贵连:《近代中国法制与法学》,北京大学出版社 2002 年版,第 441 页。

在李贵连研究的基础上,俞江等学者进一步认为,丁韪良对中国近代法学史的贡献在于,在已有的理解平台上,由于他的劳动,一些重要的法学语词如"权利"等词在汉语系统中被切分出来。如果没有这种切分,观念将始终处于混沌状态,不可能有凸显的机会,而一切对观念的定义、诠释、比较和思想的进一步阐发也都无法展开。[①] 也有一些现代学者如程燎原则认为,中国近代知识分子是基于救亡、强国的现实要求,从认识西方的政治制度开始认识"权利"概念的,其认识路径是:政治权利——法律权利——现实权利。这一路径使得近代中国对"权利"概念的认识一开始就存在不完整的缺陷,有着鲜明的中国近代时代特色,形成近代独特"中国化"的权利观念。[②] 中国近代的知识分子们并没有直接从丁韪良那里承接"权利"的概念,而是创造了"民权"概念。不过,也有一种说法,认为"民权"是在19世纪70年代日本自由民权运动高涨之中首次得到提倡的,是一个日制汉语。明治三年(1870),日本太政官制局制定的《民法决议》首次出现了"民权"一词。传说在那时的会议上,有个委员对该语提出异议,认为"人民有权,成何体统"。[③] 这说明"民权"的"权"被理解为power而不是right,这也表明,当时的日本人无法理解有着自然法背景的right,而是通过将其解读为具有权力

---

① 俞江:《近代中国法学语词的生成与发展》,载《近代中国的法律与学术》,北京大学出版社2008年版,第6—7页。

② 在这里,所谓"权利"认识"缺陷说",吾以为不甚妥当。当年,燕树棠先生曾著文说,"我国以前不知权利观念,似是文化之缺点。然英国法学Maine则谓罗马法家普遍则以Jus解为法律而不以之为权利;罗马人虽无权利观念之帮助而亦能建立其伟大之法律事业。是一个民族虽无权利观念,亦不必引以为憾也。大抵法律进化,其规则由义务之规则而变为权利之规则,其始,法律使人民担负义务而不赐与权利,渐进,始觉因人人担负义务所得之好处,较诸义务本身,实为重要;于是权利观念遂从好处之中而发生,权利遂为法律所重视矣"。参见燕树棠:《权利之观念》,载《北大社会科学季刊》第1卷第1期,1922年11月。

③ 《明治文化全集》法律篇,第40页,转引自川尻文彦:《"民主"与Democracy——中日之间"概念"关联与中国近代思想》。转引自孙江主编:《新史学:概念·文本·方法》(第2卷),中华书局2008年版,第49页。

之意的 power，使“民权”概念更容易为人理解。

在中国，驻英公使郭嵩焘于 1878 年 5 月的日记中已经使用了“民权”一词。“西洋政教以民为重，故一切顺民意。即诸君主之国，大政一出自议绅，民权常重于君。”[①]随后黄遵宪、薛福成分别于 1879 年、1890 年也开始使用来自日本的“民权”一词。因此，19 世纪 90 年代，“民权”一词为中国知识人所关注，围绕“民权”展开的各种议论逐渐增多。到戊戌变法时，“民权”成为当时社会中最积极的词汇之一。梁启超认为，他的老师康有为是最早提倡“民权”的人，[②]他指出，康有为成书于 1891 年的《实理公法全书》中业已说到了相当于“民权”的“人各具有一魂”，“人有自主之权”。但据现代学人熊月之先生的考证，最早使用“民权”这个词的是郭嵩焘，熊月之甚至认为，“日文中的‘民权’来自西方，即‘民主’的一种日译。”[③]俞江则在他的研究中指出，“民权”与“民主”二词的变迁，是近代思想史上的一个重大课题。[④] 作为对应西方“权利”概念的中文概念，“民权”被广泛地运用于中国近代社会，形成独具特色的中国式“权利”观念。

在俞江看来，在近代中国，“民权”一词被有意无意地误读了。[⑤] 不过，在笔者看来，晚清对中国影响颇大的“自由民权”，清政府站在当时自身的立场上恰是最恐惧、最反对的。例如，在张之洞等参加制定的《学务纲要》(1903)中，就有这样的“误读”：

---

① 郭嵩焘：《伦敦与巴黎日记》，光绪四年(1878)4 月 18 日。

② 参见梁启超：《康南海先生传》(1901 年 12 月 21 日)。梁启超说：“故先生之议，谓当以君主之法，行民权之意。若夫民主制度，则期期以为不可。”载《清议报》第 100 册。《饮冰室合集·戊戌政变记·南海康先生传》第 8 章“康南海之中国政策”。

③ 参见熊月之：《中国近代民主思想史》，上海人民出版社 1896 年版，第 11—14 页。

④ 参见俞江：《19 世纪末 20 世纪初的民权概念》，载俞江：《近代中国的法律与学术》，北京大学出版社 2008 年版，第 36 页。

⑤ 参见俞江：《19 世纪末 20 世纪初的民权概念》，载俞江：《近代中国的法律与学术》，北京大学出版社 2008 年版，第 65 页。

> 中国今日之剽窃西学者，辄以民权自由等字实之云，变本加厉，流连忘返。殊不知民权自由四字，乃外国政治、法律、学术中的半面之词，而非政治法律之全体。……中国所谓民权者，与法律对待之名词也。法律义务者，臣民当尽之职；权利自由者，臣民应享其福。不有法律义务，安有权利自由？……试问有出乎法律范围外者乎？总而言之，权利必本于义务，能尽应尽之义务，即能享应得之权利。自由必本乎于法律，能守分内之法律，即受分内之自由。①

在这里，晚清政府所说的“半面之词”，即我们常说的片面性。之所以认为“自由民权”是片面性的，是当时晚清中国特定历史条件所造成的。此外，还要看到，由于缺乏其他法学学科的比较，以及现代法学思想的指导，当时国人将“权利”理解为“民权”，就不可能具有现代法律意义上的“权利”的特征，这是19世纪中国法学局限性的一大表现。然而，自1903年《新尔雅》出现“人之生存为法律所保护者，谓之权利”的概念以来，到1910年前后，特别是孟森编撰《新编法学通论》时，理解已经更加全面。孟森说，“权利者，法律之所认许，对于他人某行为之界限也”，“法学中所谓义务，乃对权利而言，法律能认许在彼之权利，即必有所强制其在此之义务以应之。”以上说明，尽管“权利”一词非中国取自日本，但是，中国人从日本那里获得西方法律意义上的“权利”概念，包括对现代法学的认识，却是通过法律辞书和各种汉译《法学通论》教科书，并通过法政课堂而流行开来，逐渐向法学的纵深发展的。

值得注意的是，关于20世纪最初几年，国人对“权利”的认识，李贵连在作了认真介绍后，他说：

---

① 舒新城编：《学务纲要》：《中国近代教育史资料》(上册)，人民出版社1979年版，第207页。

他们当时都不是严格意义上的学理解释。但是，不管怎么说，历经30多年，近代"权利"终于为国人所接受，并成为思想界的流行语。不仅各种报刊杂志连篇累牍述说，阐发"权利"，按今天的说法成了热门话题。甚至，清王朝在光绪二十九年(1903)颁布的《钦定大清商律》，也堂而皇之地把"权利"写进条文。[①]

无独有偶，黄宗智在他的《法典、习俗与司法实践：清代与民国的比较》一书中也指出，权利语汇、扩大也包括宪政语汇，即使在清王朝灭亡前也已大量进入官方话语系统。他引民国学者杨幼炯(1936)的话说：1908年的"宪法大纲"以规定皇帝总揽大权的条款开头，它接着却规定了许多的权利：公民享有法律许可范围内出版和集会结社自由，除非依照法律，他们不得被逮捕、监禁或处罚，他们的财产和住宅不得无故受到侵犯等等。[②]

黄宗智接下来的论述，就更值得读者特别的注意，一方面，他指出，"随着帝国的崩溃，现代西方宪政和个人权利的话语获得更大的影响。"但是，另一方面，"官方话语中的权利语汇确实不完全清楚明确，使得概念长期混淆不清。"他说：

作为权利简写的"权"所隐含的权利(采自现代日本的新特殊意义的用法)与以前的权(有更广泛的权力意义)之间存在根本差别。问题很早就表现出来，1908年有"宪法大纲"在升格到臣民的

---

① 李贵连：《话说"权利"》，载李贵连：《近代中国法制与法学》，北京大学出版社2002年版，第444页。另：梁任公《新民说》之《论权利思想》篇，提出确立和保障权利，必须而且只能依赖法律。"故有权利思想者，必以争立法权为第一要义。""倡议制新法律者，不啻对于旧有权力之人而下宣战书也。"世界各国，无论哪一种新权利、新法律，都由"血风肉雨中熏浴来"。李贵连先生认为，任公上述关于"权利"之解释，不是"学理解释"，在笔者看来，恐怕与梁任公"发出以暴力夺回'权利'的呼喊"有关。

② 黄宗智：《法典、习俗与司法实践：清代与民国的比较》，上海书店出版社2003年版，第51页。

"权利"之前,以规定"君上大权"开始。根据这一前提,随后所跟的无论什么都完全不是权利,而是统治者授予的特惠。于是,"宪法大纲"接着说明"出版集会结社自由"乃是统治者所"准"许的"权利"。……无论如何,统治者权力与公民权利之间的紧张关系妨碍了政治权利的完全表达与制度化。……尽管如此,权利概念在人们心目中还是占据了一定的正当性。①

在这里,黄宗智关于上述"权利"的研究,在笔者看来,其意义远不止是指出一个"表达与实践"的悖论现象:"清代法律系统即使没有在理论上,也在实践中保护了许多非政治的民事权利(如所有权、收债权和继承权),这一事实也为正式采用权利概念提供了有利条件",而是有以下"历史感"的"微言大义":

我们在考虑20世纪中国权利史和权利话语时,最好不要把政治权利视作第一个或唯一的过渡难关,而应把它视作为涉及许多其他的权利的历史故事中最后的难关之一。这正是中国台湾经历过的模式,也可能会变成中国大陆的经历。②

第二,较之报刊媒介,教科书自有其特殊的属性。由"教科书"介入清季汉译"法理学"相关知识的讨论,当可展示中文世界阐述"法理学"别样的情形,也便于梳理附载于"法理学"教材的种种思想资源。这个多少类似于"知识社会学"在研究某种思想方向时所确定的任务,关注社会进程对思想的"视野"的渗透,通过重建它的历史与社会基础,以展示其在整个精神生活中的流布和影响范围。事实上,孟森《新编法学通论》,在矶谷幸次郎《法学通论》和《新尔雅》的基础上,许多法律术语和

① 黄宗智:《法典、习俗与司法实践:清代与民国的比较》,上海书店出版社2003年版,第51—52页。

② 黄宗智:《法典、习俗与司法实践:清代与民国的比较》,上海书店出版社2003年版,第53页。

概念有了相当大的进步和发展。就"权利"等法律概念来说，相对矶谷幸次郎这本《法学通论》教科书而言，如果说《新尔雅》只是跟进，那么，孟森的《新编法学通论》中的"权利"等法律概念的解释，则较《新尔雅》而言已大为拓展，而且法律理论意义更浓一些。

第三，从法律术语和概念传播的深度和广度上，也超过《法学通论》和《新尔雅》。例如矶谷幸次郎的《法学通论》并没有将"权利与义务"专辟一章，但孟森的《新编法学通论》却做到了。而孟森的理论资源又与这一时期大量的汉译《法学通论》教科书有相当的关联，透过这些《法学通论》教科书，在中国构建法律术语与概念的角度，我们发现了这一时期《法学通论》教科书，包括孟森的《新编法学通论》在传播诸如权利与义务等法学观念的近代意义。例如，透过清末对刑律与民律的修订，就会发现，主持修律的沈家本有一个从伦理法走向权利法的趋向。这也是沈家本之所以为后世法学家所看重的原因，因为在他的主导和力辩下，中国法系经历了前所未有的变更，使"权利"、"身份权"、"财产权"、"物权"、"债权"、"公权"、"私权"、"义务"等今天看似无奇的论调，第一次出现在中国法律思维中，并引起轩然大波。在民律草案的总则编中，不断破天荒地将人（自然人）视为一个权利义务的主体，更重要的是，它明确规定"权利能力与行为能力不得抛弃"，"自由不得抛弃"，"人格关系受侵害得请求摒除其侵害"等等，这样的法律修订使近代中国法系发展，开始走上一条以个人权利为主的权利法道路。这个重大改变又使我们不得不思考，导致这一趋向的思想渊源脉络及来源是什么？在这里，我以为，至少不能忽视这一时期，汉译《法学通论》教科书这种特殊的文本形式。

三、结论

《法学通论》是清末法政教育兴起的核心课程，亦是"法学"在中国

“近代化”的一个重要途径。在这方面,矶谷幸次郎和王国维无疑是最大的功臣,连同此后清末汉译《法学通论》教科书出现的整个过程,其影响之巨大,无可置疑。

本章通过以《新尔雅》为中介,建立与汉译日本《法学通论》教科书的某种关联,意在回应笔者极其敬重的北大法律学人——李贵连教授的一个重要的判断:“20 世纪法学,从一开始,一直到现在,都在不断地对应西方法律词汇,创制中文(汉文)法律新词。”[①]李贵连还指出,在20世纪初的短时间里,几乎把日本创制的新词全部西运中国。沈家本所言今日法律名词,大抵出于西方而译自东国,真实地反映了当时的情况。[②] 这一时期(1902—1911)对法律名词的解说方法,大体采用了三种方法,一种是编纂翻译来自日本的法律辞典。例如,《新尔雅》(1903)、《汉译新法律词典》(1905)、《日本法规解字》(1907)、《法律经济辞解》(1907)、《法律经济辞典》(1907)、《法律名词通释》(1908)、《汉译日本法律经济辞典》(1909)、《四大法典法律顾问》(1910)等法律字典类书籍,里面充斥着直接从日本拿来的法学词语。另外两种法律名词的解说方法,从这一时期汉译《法学通论》教科书中,亦可以获得求证。一是夹注式的解说方式,二是通过汇编出版日本法学专家讲义,然后,在书后出现对全部讲义中的法律名词集中解说的方式。例如,1911 年由汪庚年编辑的《京师法律学堂讲义》,最后专列《名词解》,对讲授的法律新词进行解释,这种解释,相对夹注式解释更详细、更准确。从中国近代法理学之学科诞生的意义上看,构成法理学学科体系的众多法律名词、法律术语,正是通过日本学者在《法学通论》教科书的解释和消化解

① 李贵连:《20 世纪初期的中国法学》,载李贵连:《近代中国法制与法学》,北京大学出版社 2002 年版,第 202 页。

② 李贵连:《20 世纪初期的中国法学》,载李贵连:《近代中国法制与法学》,北京大学出版社 2002 年版,第 202 页。

说，直接影响了中国近代法理学这一学科的学术广度和深度。对上述三种法律名词的解说方法与使用，李贵连有如下的评论，他说：

> 在较短的时间里把西方近代法律概念移植到中国，可以说非常顺利地奠定了20世纪中国法学的基础。近现代法学，作为近代社会的一门重要学科，必须有自己独立的、丰富的专门语言系统。否则就无法适应复杂的近现代社会，也无法构建自己的学科体系。从日本移植的这套语言，尽管当时人们对它的使用和解说，处处留下幼稚粗疏浅薄之迹。但是它得到法学界的认同，为国人所乐用，从而中国近现代法学终于有了自己的语言系统。①

① 参见李贵连：《20世纪初期的中国法学》，载李贵连：《近代中国法制与法学》，北京大学出版社2002年版，第206—210页。

第三章 思想脉络的考察：梅谦次郎与孟森

孟森(1868—1938)先生享年70岁，但他的法学活动却整整有38年，是中国理论法学的先驱者。孟森的写作生活从法学开始，在他生命的最后7年，舍弃了法学来写明清史论文。他在明清史方面卓越的成就，使得一般人认为他是一位历史学家，忘记了他曾是一位法学家，甚至觉得他对法学理论有所背离，但实际上，孟森的史学成就更多的是对法律理论的补充。尽管粗心的研究者可能很容易得出相反的印象。[①]在笔者看来，孟森的法律理论是革命性的，他推动了中国立宪改革并对它作了热情洋溢的陈述。日本学者梅谦次郎(1860—1910)，是现代民法权威。早年留学法国、德国，1890年回国后，任东京大学法科大学教授。梅谦次郎在学术上最大特色是赞成日本民法"断然实行"。1893年3月，他与穗积陈重、富井政章一起，担任日本民法典(起草)调查会

---

① 孟森先生将主要精力转移到明清史学研究上面，大致应自南京中央大学任教开始，距离孟森先生去世，前后不过7年左右的时间。孟森政法类文章著述(包括译述)有《孟森政论文集刊》，收录清末以至20世纪20年代，孟森先生发表在《法政学交通社杂志》、《预备立宪公会报》、《东方杂志》、《外交报》、《法政杂志》、《教育杂志》、《申报》、《兴业杂志》(附《改正条约会刊》)等报刊杂志上面的文章，共215篇。虽然个别篇章属于译作，或者专业性、学术性较强，但都是针对时政有感而发。另有《孟森政法著译辑刊》，收录其著作5种，其中有《新编法学通论》，宣统二年(1910)正月由商务印书馆发行初版。译作3种：包括翻译的《日本民法要义》，系日本梅谦次郎原著，宣统二年(1910)12月初版。该书共5册，其中《总则编》和《债权编》由孟森译述。有关孟森生平详情，可查阅何龄修编：《孟心史学记》，生活·读书·新知三联书店2008年版。

委员,到1898年7月,日本民法典正式施行,梅谦次郎发挥了重要作用,并赢得日本"民法典之父"的称号。在本章中,所谓思想脉络的考察,乃是从梅谦次郎《法学通论》的中译本出发,比较孟森撰写的《新编法学通论》。我们发现,孟森的《新编法学通论》,或是梅谦次郎《法学通论》中译本的文字修改,或是节录中译本部分内容的结果,就此而言,梅谦次郎对孟森的影响,其实是"日本化"的梅谦次郎。

第一节 梅谦次郎与近代中国

1896年,梅谦次郎36岁。这一年,梅谦次郎的代表作《民法要义》第一、二卷面世。到1900年,该书的最后一卷出版。这部分总则、物法、债法、亲属法、继承法五卷,总共3000页的巨著,被日本学术界公认为日本民法典的权威解释书、日本民法学的奠基之作,它奠定了近代日本民法学的体系,在梅谦次郎生前已经出了40版,被视为"任何想了解日本民法典的立法精神的人都必须阅读的、永垂千古的名著"。①

而在中国,1896年,孟森28岁。这一年,清政府始往日本派遣留学生,到1900年前,尚未发现有留日学生毕业回国者。② 1898年,上海创办南洋公学,孟森受何嗣焜之聘为教员,"然以顽固自负,对校中课程多所訾议,教务长见之不悦。嗣焜不得已,调森至译学馆主持译务,有日人为助手,因此得略通日文"。1900年,进南菁书院肄业并任教员,"森仍以顽固自负,阴结年长学生多人反对上课。丁叔衡山长为之不

① 东川德治:《博士梅谦次郎》,第193页。转引自何勤华:《20世纪日本法学》,商务印书馆2003年版,第412页。

② 李喜所:《中国留学史论稿》,中华书局2007年版,第248页。

悦,意欲去之。森闻之,先辞职而出”。[①]

十年后,也就是1910年,梅谦次郎在日本英年早逝。而在梅谦次郎去世前的十年间,中国思想和体制的转化都取得了令人瞩目的成就。但在整个过程中,“如果没有日本在每一步都作为中国的榜样和积极的参与者,这些成就便无从取得”。[②] 借用这一观点,梅谦次郎在他生命的最后十年,扮演的正是中国的“榜样者”和“参与者”角色。

而在中国,那位曾“顽固自负”、“略通日文”的孟森,却正在这十年中将“榜样者”梅谦次郎的思想发扬光大。1910年正月,孟森根据梅谦次郎的《法学通论》讲义,编撰有“中国元素”的《新编法学通论》,由商务印书馆发行了初版。这一年12月,孟森翻译梅谦次郎《日本民法要义》的《总则编》,也由商务印书馆发行了初版。梅谦次郎对孟森的影响,亦由此可见。然而,从宽广的思想脉络来考察,梅谦次郎的影响力不仅只限于对孟森个人而已。

一、法政知识中的日本因素

梅谦次郎不仅是一位日本民法学者,而且还是一位出色的法律教育家。他主持了法政大学教学内容和教育管理体制的改革,为中国留日学生的法政教育多有贡献。梅谦次郎走上日本教育行政岗位始于1897年,这一年,他担任东京大学法科大学校长,兼任法制局长官。两年后,又出任和佛法律学校校长。1903年,和佛法律学校改名为法政大学,梅谦次郎任法政大学总理。到1904年,梅谦次郎适时推出法政大学速成科方案,包括为中国留日学生提供法政科、法律科、政治科、财

---

① 参见张惟骧:《孟森小传稿》,载何龄修编:《孟心史学记》,生活·读书·新知三联书店,2008年版,第142页。

② [美]任达:《新政革命与日本:中国,1898—1912》,江苏人民出版社2006年第2版,第9页。

政及外交的补习科等课程。这一庞大方案的构思,可以回溯到1903年近卫笃麿公爵(1904年1月去世)和东亚同文会副会长长冈护英子爵(1906年去世),与留日学生首席监督汪大燮之间的商谈,出使日本的杨枢还将此事上奏给西太后,建议在东京建立一所速成法政学院。这些商谈、建议,都得到法政大学校长梅谦次郎的支持。事实上,法政速成科方案的最后协议就是由梅谦次郎和中国驻日公使杨枢(1844—1917)达成的。①

到1904年5月,梅谦次郎的法政学校接受第一批94名学生开学(其中67人于1905年5月毕业),1906年底接受第五批843名学生结束(其中385人于1908年4月毕业)。② 同时,法政大学还设立了日语速成科,年限开始为一年,后增至一年半。1906年又开设普通科,旨在以升入高等学校的留学生进行预备教育,学制为三年。《清国留学生会馆第五次报告》中记称:"法政大学开设法政速成科五月始开学,十月间复开第二班,入学者已计二百余人,后之来者正未有艾,夫政法乃中国今日最重之急务,自此科目之设,其发达如此之速且盛"。③ 1905年,在日本出版的《法政速成科讲义录》中也称,"日华学生相集于一堂,互相勉学,诚盛事也。"④

开始时,中国各省在清廷催促下,官费派送日本的学生学识极高,堪与高水准的法政大学教职人员相匹配,不少人是举人或进士。就此

① 参见[美]任达:《新政革命与日本:中国,1898—1912》,江苏人民出版社2006年第2版,第56—57页。

② [美]任达:《新政革命与日本:中国,1898—1912》,江苏人民出版社2006年第2版,第57页。

③ 《学界纪事》,《清国留学生会馆第五次报告》。转引自李喜所:《中国留学史论稿》,中华书局2007年版,第215页。李喜所先生据这一报告,统计了中国留学生的分布情况,仅1904年,法政大学速成科就有295人。参见李喜所:《中国留学史论稿》,中华书局2007年版,第212页。

④ 《法律速成科讲义录》,东京,法政大学1905年出版发行。

可补充说明两点,一是当时出洋留学成为有传统功名的士绅们的热衷之途,二是当初日本法政大学速成科的开办,有为中国留学官绅特设之宗旨。此外,经法学博士、京都帝国大学教授严谷孙藏(1867—1918)安排,中国京师大学堂进士馆(其后单独成立京师法政学堂)95名1906年毕业生到日本进修,又是梅谦次郎的法政大学为中国一流的大学生提供先进教学,也为塑造中国"士绅"的"学识和社会形象"提供了机会。据《法政大学史料集》统计,日本法政大学速成科,四五年间接纳中国留学官绅1868人,其中10%是有进士功名的,甚至还有3名状元。[①]

当时,法政大学还汇集了日本最主要的政法学者,许多给中国学生上课的教师"皆日本最有名之学士、博士"。[②] 这一优秀教师群体的组成,离不开梅谦次郎的努力。值得注意的是,这支主要来自日本东京帝国大学的教师队伍,也是法国、德国"大陆法系"法学在日本的代表人物。而中国众多习法政者,直接从他们那里获取了思想资源。由此亦可以断定,中国法学发生之初,深受法、德"大陆法系"的影响,实可与包括梅谦次郎在内的法政大学教师有密切的联系。1906年末以后,清政

---

① 法政大学史料委员会编:《法政大学史料集》第11集,东京,1989年。

② 以下是法政大学的教师情况:法政大学总理梅谦次郎,法政大学教头,东京帝国大学名誉教授、贵族院议员、法学博士、法国法律博士富井政章;法政大学教师包括:东京帝国大学法科大学教授、法学博士、法国法律博士梅谦次郎,主讲"法学通论"及"民法";东京高等商业学校(一桥大学前身)教授、东京帝国大学法科大学教授、法学博士志田钾太郎(1868—1951),主讲"商法";东京帝国大学法科大学教授、法学博士笕克彦,主讲"国法学";学习院教授、法学士清水澄,主讲"行政法";东京帝国大学法科大学教授、法学博士冈田朝太郎(1868—1936),主讲"刑法";学习院教授、东京高等商业学校教授、法学博士中村进午(1870—1939),主讲"国际公法";东京帝国大学法科大学教授、法学博士山田三良,主讲"国际私法";东京控诉院判事、法学士岩田一郎及大审院判事、法学士板仓松太郎,主讲"裁判所构成法"及"民、刑诉讼法"。此外,东京帝国大学教授美浓布达吉(1873—1948)、文部省参事官浦镇次郎(1872—1945)、司法省监狱局监狱课长小河滋次郎(1862—1925)分别都在法政大学讲授过"宪法"、"行政法"和"监狱法"等法律课程。参见《法政速成科讲义录》。另参见[美]任达:《新政革命与日本:中国,1898—1912》,江苏人民出版社2006年第2版,第57页。

府按梅谦次郎推荐的12人名单,高薪聘请其中3位作为法律顾问,指导中国法律改革。这样现代概念和日语法律词汇进一步以“智力外流”的方式,直接传送到中国。这3位顾问是志田钾太郎、冈田朝太郎、小河滋次郎,他们都曾在法政大学速成科担任讲师,出版过教学讲义。在对中国留学生的致辞中,梅谦次郎说过如下一段话:

> 日中两国自古以来就拥有同文同教的关系,在根本的道德观念上是一致的。而日本先于中国研究西方的文物制度,采其之长补己之短,比较研究中西的得失利弊,将其折衷调和,编纂出自己的法典。因此,中国在编纂新法典时,以日本的法典为模式是合适、合算的。希望学生诸君体察此意,完成学业,为自己的国家作出贡献。[①]

由于梅谦次郎博士知识渊博,认真负责,各科办得十分出色,来就学的中国留学生迅速增加。据《学部官报》记载,1906年6月19日至9月17日,法政大学的留学生入学人数为1374人;[②]李喜所据日本文部省统计,辛亥革命前毕业于法政大学的中国留日学生达1364人;[③]何勤华认为,当时直接或间接受到梅谦次郎教育的中国留学生有1042人;[④]美国学者任达据黄福庆的统计和《法政大学史料集》第11集的资料,认为“至1908年4月止,当第五批也就是最后一批学生于法政大学毕业时,毕业人数共计1145人。378人于1905年及1906年毕业于法政科,400人于1907年及1908年毕业于法律科,296人于1907年及

---

① ［日］潮见俊隆、利谷信义编:《日本的法学家》,第90页注6。转引自何勤华:《20世纪日本法学》,商务印书馆2003年版,第422页。

② 《中华教育界》第15卷第9期。转引自李喜所:《中国留学史论稿》,中华书局2007年版,第252页。

③ 《传记文学》第34卷第2期。转引自李喜所:《中国留学史论稿》,中华书局2007年版,第215页。

④ 何勤华:《20世纪日本法学》,商务印书馆2003年版,第422页。

1908年毕业于政治科,71人于1907年修补完补修科”。[①] 此外,在梅谦次郎创办法政速成科的同时,早期留日学生范源濂、曹汝霖等,亦曾会商梅谦次郎,借速成科校址,举办法政速成班,以满足当时留学生的需要。招收学生条件更宽。招生人数,开始是百数十人,后来是四五百人,甚至三千人。学习时间,后来改为一年半,直到两年。[②]

在清末民初中国新的政法知识体系建立过程中,如此之多的毕业于日本法政大学的留学生,起了什么样的重要作用?凡读过舒新城的《近代中国留学史》和日本学者实藤惠秀的《中国人日本留学史》的人,对留日学生的一般情况不会陌生。但这些比较经典的研究对于日本法政大学,特别是梅谦次郎对于中国现代知识体系形成的影响,好像注意不是很够。尚小明《留日学生与清末新政》等书,有专章讲述清末留日学生与清末的法制变革,但也没有涉及梅谦次郎、日本法政大学对中国现代知识体系形成产生的重要影响。美国学者任达《新政革命与日本:中国,1898—1912》可能注意到这一问题,并有简短的论述。对任达的研究而言,留日学生的重要性和对中国的贡献,“在于既是新思想的载体又是新思想的实践者,大多数都与清政府或地方保守改革派联合”。[③] 因此,梅谦次郎及其主持的日本法政大学,对中国法政知识体系中的日本因素之形成,在当时以至今天的汉语世界,实有值得注意的地位。

① [美]任达:《新政革命与日本:中国,1898—1912》,江苏人民出版社2006年第2版,第58页。

② 参见叶龙彦:《清末民初之法政学堂》。转引自李贵连:《近代中国法律的变革与日本影响》,载李贵连:《近代中国法制与法学》,北京大学出版社2002年版,第85页。

③ [美]任达:《新政革命与日本:中国,1898—1912》,江苏人民出版社2006年第2版,第48页。

二、"思想资源"与"想象空间"

何勤华认为,20世纪初叶回国的留日学生中,在政治上最为活跃的大部分与法律(包括法学)有着密切的联系。事实上,这些"政治上最为活跃的大部分",都曾经从梅谦次郎那里,直接或间接汲取过"思想养料"。他们回国后,凭借着刚刚从日本模仿而来的法言法语,有的成为修订法律馆转述诸国法典或各种权威性法律文本的主角(如汪有龄、陈敬第、恩华),有的成为遍布全国法政学堂讲台上的教员(如张知本、沈钧儒、章士钊、程树德),有的成为各种法政教科书、辞典、报章杂志的编纂者(如孟森、杨度),有的成为矢志推翻清政府的革命志士(汪精卫、胡汉民、宋教仁)。于是,他们的话语遂成为满足社会变革时代需要的主流话语。不少留学生后来都成为辛亥革命的骨干,一些则成为清末立宪、法制变革的风云人物。但也必须指出,梅谦次郎等创办的法政大学速成科,对留日学法政之留学生来说,容易造就官僚政客,而难于孕育法律人。[①] 这恐怕是事实,值得另行讨论。此外,如果从彻底研究西方法学观念出发,从探寻西方法律变革的本源出发,从"取法乎上"出发,仅仅到日本去学习那些日本从西方学来的一套"西方法学",加上又是速成的或经过种种中间环节的"西方法学",那就很难学得及时,很难学到西方"法理"之精髓。当然,历史地看,当时的中国留日学生,在日本学习法政的热潮中,许多人随波逐流未必想得如此深远,恐怕也是事实。总的说来,上述所有问题的讨论,都需要我们打开"想象空间"。

就思想脉络的考察而言,梅谦次郎的影响远不止这些。1904年

---

① 参见李贵连:《近代中国法律的变革与日本影响》,载李贵连:《近代中国法制与法学》,北京大学出版社2002年版,第88页。

末,汪精卫考取广东省官费赴日,进入东京法政大学速成科,同时入学的还有胡汉民、朱执信等广东同乡。据汪精卫自述,他在法政大学的课程中,首度获得了西方的政治法律知识,理解了何谓主权在民,于是"从前的所谓君臣之义,撇至九霄云外,固有的民族思想,勃然而兴,与新得的民权思想会合起来,便决定了革命的趋向"。[①] 汪精卫来日本东京的那一年,孟森学成归国,在清末预备立宪运动时期,孟森成为立宪派中重要的一员,活跃于上海、北京等地。除参与众多的政治活动外,孟森还主编杂志,著书立说,阐扬君主立宪、地方自治的道理;介绍域外法学新知,关注国计民生,为近代中国法学的发展作出巨大贡献。[②] 就整体而言,许多像汪精卫、孟森一样的留日学生,即使他们后来的政治主张不一样,一个是革命派,一个是立宪派,目标绝不相同,有趣的是,在那个时代,他们都透过包括梅谦次郎在内的日本"思想资源",共润同享。可以想见在晚清的读书世界里,梅谦次郎不是无名小卒,透过直接或间接受梅谦次郎法律启蒙的留日学生群体作用的放大,梅谦次郎的影响逐渐传播开来,而非孟森独沾一味而已。例如,即使到民国十三年(1924),王凤瀛先生在《说研究法律之方法》一文中,仍引用梅谦次郎观点以强化自己主张。王凤瀛说:

> 善乎日人梅谦次郎之言曰:"社会开化,达于五度,当为适于五度之法律,达于十度,当为适于十度之法律;苟于开化达于五度之社会,而以适于十度之法律强行之,则未见其益,徒受其害。"诚哉是言,不独为立法家之标准,亦可定社会方法之正鹄矣。[③]

---

① 汪精卫:"自述",载《汪精卫先生行实录》,北平中华民国史料编刊会 1943 年版,第 2 页。

② 孙家红:"前言",载《孟森政论文集刊》(上),中华书局 2008 年版,第 4—5 页。

③ 王凤瀛:《说研究法律之方法》,原载东吴法学院《法学季刊》第 1 卷第 8 期。转引自吴经熊、华懋生编:《法学文选》,中国政法大学出版社 2003 年版,第 29 页。

略言之,“西风东渐”以来,如果把中国思想界里热闹一时的各种外来思想观念之间的竞逐比喻成自由市场,有的思想观念得到了热烈的响应,建立了它广袤的“群众基础”,有的则只是昙花一现。自由市场里思想观念之间的竞逐,也受制于中国自身特殊的思想结构、思维模式、社会条件。许多知识人在接受了自己对外在世界的认识的观点,乃至于借着提出改造生活处境的实践纲领,各家弄潮儿争奇斗艳,各擅胜长,引发了不同的历史效果。来自日本梅谦次郎的学说在中国的“接受史”,也可以视为中国人藉由他的学说,为打造中国现代民族国家的法律理论典范的形塑历程的一部分。从比较史的角度而言,梅谦次郎与他的同辈学者提出的《法学通论》、民法原理,对晚清革命派、立宪派包括清末法制变革的参与者的反省,也提供了许多灵感,开辟了相当的“想象空间”。尽管就梅谦次郎提供的“思想资源”而言,并非孟森独沽一味,然而,探讨孟森接受梅谦次郎“思想资源”的个案,仍有相当的“想象空间”。故本章“思想脉络考察”的旨趣仍在梅谦次郎与孟森之间展开。

第二节　思想脉络的考察和多重维度的影响

如前所述,通过法政速成科这种教学方式,大量日本现代行政词汇及法律词汇直接传送给中国。授课内容撮要以讲义录形式,在中国公使杨枢的赞助下,于1905年2月5日首次发行以后,每两周一次定期发行,目前笔者知见的《法律速成科讲义录》(第一号),就是其中的一本。这本书还记录了《法政速成科规则》,从中我们大致可以知道,法政大学之法政学科以教授清国现代应用必要之学科,速成法律、行政、理财、外交之有用人才为目的。梅谦次郎说:

夫以清国时势之蹙,需才之亟,有若今日。欲养成多数新人物,舍斯科其奚由哉。昔我邦明治维新之初,亦尝聘欧美学者,设速成科,以邦语通译,而教在位者及有志者矣。今日枢要之位其出于当年速成科者盖不少。然则本大学此速成科之设,其有补于清国变法之前途者,必匪浅鲜也。①

一、梅谦次郎《法学通论》中译本的综述

梅谦次郎作为日本"民法之父"是广为人知的,他的《民法讲义》,也是日本学者中最早对中国产生影响的民法著作。该书由黎炳文翻译,天津保定官书局于1907年出版。其实,梅谦次郎对于理论法学也有卓越见识。特别是梅谦次郎在法政速成科开设"法学通论"课程及其讲授活动,使法学理论的一般知识传入中国留日学生,从而对中国的理论法学产生影响。目前,笔者知见的几种梅谦次郎《法学通论》中译本,均是梅谦次郎为日本法政大学法学速成班编写的教材,这种讲义教材,除《法律速成科讲义录》外,未见正式公开出版,但已在社会上流传,被称为"讲义录本"。今天已不易见到。以下是笔者整理的梅谦次郎的五种中译本的基本情况。

① 梅谦次郎:《清国留学生法政速成科设置趣意书》,载《法政速成科讲义录》。从这本讲义录中,还附有"法政速成科规则",从中我们可以看出当时课程设置、授课时间、授课教师、入学资格等详细内容。如当时的教学主旨是:"本大学之法政速成科以教授清国现代应用必要之学科速成法律行政理财外交之有用人才为目的"。当时的学科分目是:"法学通论及民法、商法、国法学、行政法、刑法、国际公法、国际私法、裁判所构成法及民刑诉讼法、政治学、经济学、财政学、警察监狱学、西洋史、政治地理"。法学通论由梅谦次郎讲授,讲稿由黎渊译出;国法学由笕克彦讲,周宏业译;刑法总论由冈田朝太郎讲,江庸翻译;国际公法由中村进午讲,嵇镜笔译;经济学由山崎觉次郎讲,王璟芳译;政治地理由士野村浩一讲,陆梦熊译出。从这些译者的名字可以看出,他们基本都是清末新政实施的主力,同时也是中国近代法制史的主角,中国法学的许多学科和专用术语都是在他们手中形成的。今天的相关学科的基本分类和讲授内容,大体包括其中。

表 3—1　梅谦次郎五种《法学通论》中文本版本信息及资料来源

中译本书名	译者，编辑	发行所	印刷者，发卖所	印刷时间，发行时间	版本信息及资料来源
《法律速成科讲义录》（第一号）《法学通论及民法》	吉田左一郎编辑兼行者，（贵州）黎渊笔译	法政大学	松田久次郎//法政大学御用书肆，有斐阁 清国一手贩卖 广智书局	明治三十八年（1905）2月5日	全年24册书价7元2角 每册（定价金30钱）（影印本）
《法政丛编》（第一种）《法学通论》	（江陵）张知本编辑	湖北法政编辑社社员	井止源之丞	清光绪三十一年（1905）7月26日，光绪三十一年7月29日	全书113页 中国人民大学图书馆馆藏
《法学通论》	（仁和）陈敬第编辑	天津丙午社，中国天津河北公园	长谷川辰二郎，中国各省书肆，日本各书肆	清光绪三十三年（1907）6月21日，明治四十年7月31日	全书186页 中国人民大学图书馆馆藏
《政法述义》（第一种）《法学通论》	（益阳）胡挹琪①编辑	政法学社发行	日本东京中版九段，池田辰次，上海四马路中市游艺图书社	清光绪三十三年7月10日（1907年8月18日），光绪三十三年7月15日	全书162页 民国二年（1913）再版
《法学通论讲义》	王焘②译	湖南长沙，石玉麟堂		清光绪三十四年（1908）	铅印本一册，线装，二卷。俞江：《清末法学书目备考》

上述五种汉译本中，均为中国留日学生在日本期间翻译，然后在日本或国内出版，在当时的条件下，发行量不可能很大。当时，梅谦次郎的"讲义录本"与奥田义人、织田万的《法学通论》，在日本法学界特别是

① 胡挹琪：日本法政大学毕业，生平不详。1908 年曾作为湖南代表上京请愿请开国会。

② 王焘：留日学生，生平不详。

法政留日学生中均有影响。而梅谦次郎《法学通论》的“讲义录本”,一些留学生竞相翻译介绍,先后就有四五种中译本,由此可见,留日学生对梅谦次郎《法学通论》的重视,而梅谦次郎的《法学通论》讲义,也籍中国留学生的译介、宣传而流传开来。

《法律速成科讲义录》(第1号)仅收入梅谦次郎“法学通论”及“民法”的部分讲义内容。

在中国人民大学馆藏图书资料库中,笔者知见过(江陵)张知本和(仁和)陈敬第编辑的《法学通论》中译本。其中,张知本编辑的《法学通论》是湖北法政编辑社《法政丛编》的第1种。从内容上看,该《法学通论》的绪论和第一篇法学,是张知本编辑,主要内容来自奥田义人讲授的法学通论。第二篇法律,系监利邹麟书编辑(黄坡刘燮臣提供原稿),主要内容来自梅谦次郎讲授的法学通论。在该书的“例言”也有如下文字说明:本书“综合日本历史派大家奥田义人、理想派大家梅谦次郎两博士之学说,折衷而出。与其他讲义专主师说者不同”。[①] 而陈敬第编辑的《法学通论》中译本,系一单行本,笔者知见时,已缺封面,全书186页。但俞江在《清末法学书目备考》一文中,提及陈氏《法学通论》却有三个版本,一个与笔者知见版本相同,即表3-1提及的光绪三十三年(1907)的那个版本。一个是光绪三十年(1904)的版本,较笔者知见版本提早三年,不太可能,姑存疑。一个是天津丙午社的《法政讲义》丛书的版本,30册合订10册,其中第一册包括《法学通论》、《国法学》、《行政法总论》、《行政法各论》。[②]

至于胡挹琪编辑的《法学通论》,王健在《中国近代的法律教育》书

---

① 张知本编辑:《法学通论》,《法政丛编》(第一种),湖北法政编辑社1905年版。

② 俞江:《清末法学书目备考》,载何勤华主编:《法律文化史研究》(第2卷),第459、461、480页。

中，依据1907年的初版本，对书中的“例言”部分作过一些介绍。[①] 笔者知见胡挹琪编辑的《法学通论》，其实就是俞江、王健提到的1907年版本的再版，时间是1913年。由长沙府正街集成书社发行，长沙织机巷湘鄂印刷公司印刷。该书第一编第一章、第三至六章和第二章内容，分别来自日本学者中村进午[②]和笕克彦博士的法学通论讲义。第二编第一至十三章和第十四、十五章内容，分别译自梅谦博士和中村进午的讲义。

王焘译的《法学通论讲义》笔者没有知见，俞江在《清末法学书目备考》一文中提及此书，基本可以肯定的是，这个版本曾经存在过；

以上五种译本中，国内正式出版、且内容比较完整的，又可以断定有四个译本。即俞先生见过的张、陈、胡、王四种，笔者则见过黎、张、陈、胡四种。黎渊笔述的内容不全，是否出齐亦有疑问，可不论。

据上述资料，笔者基本上可以肯定，自1904年梅谦次郎在法政大学开办法政速成科以来，出自于日本法政大学的《法学通论》教科书、讲义在当时占了相当的分量。其中，渊源于梅谦次郎的《法学通论》，又可分两种不同的版本。一是直接译自日本法政速成班上梅谦次郎讲述的《法学通论》版本。例如《法律速成科讲义录》（第一号）中的《法学通论》部分，系日本梅谦次郎讲述，由留学东京大学法学院的贵州人氏黎渊笔译；又如王焘译《法学通论讲义》，基本上可以断定属于这一时期（1904—1907）梅谦次郎的讲义，只是统译者或笔记者，有不同而已。二是以法政大学梅谦次郎的讲述为主，同时，增补日本法学家的同名著述或相关讲义。例如，综合日本历史派大家奥田义人、理想派大家梅谦次郎两博士之学说，折中而出的张知本编辑的《法学通论》；陈敬第编辑的

① 王健：《中国近代的法律教育》，中国政法大学出版社2001年版，第207—208页。

② 中村进午：《法学通论》，东京早稻田大学出版部1906年初版。

《法学通论》例言,明确提到本书是梅谦次郎口授,更据法政大学讲义,还参考了一些日本各学者著的《法学通论》,他们是,冈村司、奥田义人、织田万、鹈泽聪明、岸本辰雄、中村进午等讲义本;又如湖南益阳人胡挹琪编《法学通论》教材,在例言中也提到:

本书全以政法第四班梅谦博士所讲授法学通论为主,其余梅氏所略而为他家所有者,则按其叙秩采辑以补之。若编中所采中村进午氏、筧克彦氏、织田万氏、奥田义人氏、鹈泽聪明氏诸家之说各随节首章末,誌其氏名,俾易识别。

以下是三种梅谦次郎《法学通论》目次一览(参见表3-2):

表3-2　梅谦次郎三种《法学通论》中译本之目次比较

版本 目次	政法论丛(第一种)《法学通论》(江陵)张知本、(监利)邹麟书编辑(1905)	《法学通论》(仁和)陈敬第编辑(1907)	政法述义(第一种)《法学通论》(益阳)胡挹琪编辑,1907年初版,1913年再版
绪论	绪论		
第一编	法学 第一章法学之本体 第一节总论 第二节法学之职分 第三节法学之范围 第四节法学之位置 第二章法学之材料 第一节总论 第二节因不文法之材料 第三节因成文法之材料 第三章法学之学派 第一节总论 第二节宗教法学派 第三节理想法学派 第四节实验法学派 (以上主要内容来自奥田义人博士)		第一章法学通论研究之必要(译中村进午讲义) 第二章法学通论为国民教育必要学科(译法学博士筧克彦讲义) 第三章法律的字义(译中村进午讲义) 第四章法律之发生及意义(译中村进午讲义) 第五章法律之维持(译中村进午讲义) 第六章法律学之分类(译中村进午讲义)

	以下是第二编 法律 主要内容来自梅谦次郎讲义		以下是第二编 其中，第一章至第十三章译自梅谦次郎讲义
第一章	法律之定义	法律之定义	法律之定义
第二章	法律与国之关系	法律与国家关系内容	法律与国之关系
第三章	法律与道德之关系	法律与道德之关系	法律与道德之关系
第四章	法律与政治之关系	法律与政治之关系	法律与政治之关系
第五章	法律与经济之关系	法律与经济之关系	法律与经济之关系
第六章	法律者学乎术乎	法律者为学与为术欤？	法律者学欤抑术欤
第七章	法律之种类	法律语言之种种之意义	法律一语有种种之意义
第八章	法律之分类 第一节性法制定法 第二节国法国际法 第三节公法私法 第四节实体法形式法 第五节普通法特别法 第六节命令法随意法	法律之分类 第一节性法制定法 第二节国法国际法 第三节公法私法 第四节实体法形式法 第五节普通法特别法 第六节命令法随意法	法律之分类 第一节性法制定法 第二节国法国际法 第三节公法私法 第四节实体法形式法 第五节普通法特别法 第六节命令法随意法
第九章	权利义务及法律关系 第一节权利 第二节义务	权利与义务 第一节权利 第二节义务 附法律关系	权利及义务 附法律关系 第一节权利 第二节义务
第十章	法律与习惯之关系	法律与习惯之关系	法律与惯习之关系
第十一章	法律之解释	法律之沿革 第一节人类法沿革 第二节欧洲法沿革 第三节日本法沿革	法律之解释
第十二章	关于时期之法律效力 第一节法律之施行期 第二节法律效力能及于既往	法律之解释	关于时期法律之效力 第一节法律之施行期 第二节法律之效力应溯及既往与否
第十三章	关于土地法律之效力	法律关于时间之效力	关于土地法律之效力
第十四章		法律关于目的之效力	法律之执行（译中村进午讲义）
第十五章			法律之变更及废止（译中村进午讲义）

二、梅谦次郎《法学通论》教科书影响的多重维度

当时，梅谦次郎《法学通论》讲义，具体地介绍了西方法学理论和方法，故令时人有耳目一新之感。几种中译本出版后，在当时受到广泛的欢迎。例如法政丛编(订正增补)再版禀告中就有如下文字：

> ……敝社同人留学法政大学，该大学各讲师皆法学泰斗，其学说丰富足以风靡一世。同人卒业后，深慨祖国前途，欲一表借献之忱用，就所闻于讲师之讲义，并参考本讲之诸名家之著述，悉心结构，以成此编。视坊间译本当判霄壤。自去岁付梓，陆续出版，今岁三月全部告成。未成之先预约购买者已达初刊数部(五千部)。故全部告成之日，即全书售尽之日。本编价值可谓学界所共认。欣者接奉：直隶总督袁宫保电谕，订购再版壹仟部。此不徒法学昌明当从此始，且祖国前途良可预贺。

从后来流行的情况看，陈敬第译本相对较早并比较完整，全部依梅谦次郎口授译出，并依据法政大学讲义，补入第十一章法律之沿革，民法之范围一章，仍依口授时编入。陈译本在例言中，还说，梅谦次郎的该讲义实为民法总则前之绪论，别曰《法学通论》。而在所有梅谦次郎《法学通论》的汉译本中，胡挹琪的译本最为流行，内容更新更全面，1913年还再版过。在笔者识见的国内学人自己编撰的《法学通论》教科书中，孟森《新编法学通论》可以说是第一部，其许多内容就是引用梅谦次郎《法学通论》的张氏、陈氏、胡氏译本。在这一时期的法学理论传播中，以上诸种与梅谦次郎有关的《法学通论》教科书译本与同期其他的汉译《法学通论》教科书一起，对西方法学思想与观念的传播起了重要作用，并对此后中国法理学的发展有多重维度的影响。

首先，对涉及法律中的一些基本问题都已经有了比较充分的阐述，如关于法律之定义、法律一语有种种之意义、法律之分类、法律之解释、

法律之效力、法律之执行、法律之变更及废止以及法律者学欤抑术欤即法学与法术等。在法的内容以及法与其他社会现象之间的关系方面,对该领域涉及的几种主要关系都已经有了研究,比如对权利义务及法律关系、法律与惯习之关系、法律与国之关系、法律与道德之关系、法律与政治之关系、法律与经济之关系等。关于法系和法学流派问题,也已经开始了探索,例如,在织田万著、刘崇佑译的《法学通论》中,织田氏以"宇宙内法律之变迁"为题目,介绍了世界各大法系,如印度族法系、犹太族法系、回回族法系、支那族法系(中华法系)、希腊罗甸族法系(即罗马法系)、日耳曼族法系六大法系。对法学流派的介绍和研究更加活跃,从自然法学、历史法学到社会学法学、哲理法学、利益法学等都有介绍。尽管上述内容比较简单,却因为是教科书或讲义的原因,显得快捷,整体性也强。

其次,从语词的演变来看,在相当短的时间里,法理学语境中的一整套概念术语,基本确立起来。比如法、法律、法治、法制、法理学、法律学、法律哲学、法学通论、法系、法学流派、法律关系、法律渊源、自然法(性法)、制定法(实定法)、权利、义务、正义、平等、自由、民主以及各部门法学中的概念的术语,如宪政、公法、公权、私权等,大多数都是从汉译日本《法学通论》教科书中转译过来,其中大部分已经成为中国近代法理学的专用语,不用解释也能够理解。当时,日本的许多法学家如岩谷孙藏、冈田朝太郎、织田万、松冈正义、小河滋次郎等被邀请到国内各个法律学校讲习,法学传播的主力也是从日本归国的大批留学生,在京师法律学堂、京师法政学堂、奉天法政学堂等各大法律学堂中讲授的都是日本法学,这种情况下,都加快了日本法学语词充斥中国法学界的速度。可以说,汉译日本《法学通论》教科书在这一过程中,充当了急先锋。它使得中国读者对理论法学体系有了整体性了解,从而避免了法学理论知识的结构性缺陷。除此之外,还应该知道,这套语词大多不再是来源于中国人亲身浸润的话语系统。它们不像19世纪末那样完全依靠传统法文化资源,也不再是比附的产物。就这套语词而言,无论是能指还是所指,都大大超出了原有的知识范畴。事实证明,正是这套理论法学的语词,完成了西方近代法理学在中国的传播工作,并加速了中国移植西方法学的进程。

第三节 梅谦次郎与孟森

孟森是中国法理学开启的最重要的代表人物。留学日本习法政的三年,他的法学修养已经很深厚,这为他日后从事立宪活动和著述打下坚实的基础。1904年归国后,孟森加入郑孝胥广西兵备道幕府并跟郑氏学诗。郑孝胥评价孟森说:“能忘新旧学不俗”,“新故巧吐纳,读书兼读律”。孟森撰写《新编法学通论》的时间应早于出版年即1910年,据孟森自己在《谘议局章程讲义》[①]序中介绍,江苏省教育总会附设法政讲习所,1908年秋季开班,以讲习法政。讲习所主任雷奋(继兴)“令编讲义,以贻同学”。[②] 1909年,预备立宪公会在各省筹设谘议局之际,于上海新马路梅福里开办“法政讲习所”,为各省培训谘议局人员。讲习所主要学习宪政、法律以及有关地方自治知识。[③] 据此可推论,孟森大约于1908—1909年已经开始编撰《法学通论》讲义,适用对象为法政讲习所的同学。可能是无暇授课,故这本《新法学通论》的讲义,最先试用

① 孟森:《谘议局章程讲义》,商务印书馆初版,光绪三十四年(1908)12月付印。

② 孟森:《谘议局章程讲义》序,载《孟森政法著译辑刊》(上),中华书局2008年版,第135页。

③ 其他课程主讲是:《宪法》、《行政法》、《地方自治制》,雷奋主讲;《民法总论》、《民法物权》,杨廷栋主讲;《民法债权》、《商法公司》,张家镇主讲;《财政学》、《刑法》,夏日琦主讲;《选举法》,汤一鄂主讲;《谘议局章程》,孟森主讲;《法学通论》、《地方行政实务》,孟昭常主讲。参见《预备立宪公会附设法政讲习所开讲式》,《申报》1909年2月21日。

于预备立宪公会的“法政讲习所”,并由他的弟弟孟昭常来主讲。

一、孟森法学的思想来源

毫无疑问,《新编法学通论》是孟森接受西方特别是日本法学思想影响的产物,然而这一影响究竟来自何处,很少有人作详细、具体的考察。如前所述,孟森于1901—1904年在东京法政大学学习法政,而这一期间,梅谦次郎已是法政大学总理。孟森毕业的那年5月,法政速成科开始招生,孟森有可能听到梅谦次郎亲自为法政速成科开设的“法学通论及民法”课程。通过比较,我们发现,梅谦次郎在法政速成科的《法学通论》讲义中译本[①],实际上是孟森撰写《新编法学通论》最主要的参考书。在某种程度上,前者是后者的蓝本。孟森对梅谦次郎《法学通论》的内容和观点,作了如下处理:

第一,在文字上,或照录原文,或在不改变原意的情况下,略作改动。例如,在讨论法律与国之关系时,梅谦次郎在《法学通论》中说:“国者何,乃一定之土地与一定人民之团体,从一定主权之谓也。土地、人民、主权谓之三要素,缺一不可以为国。……自理想派言之,自有夫妇小社会时,即有法律,则法律在立国之先。历史派则谓有主权时,始有法律,则法律在立国之后。以余论之,法律固先国而发生者,然先后无足深论。”[②]孟森在《新编法学通论》中说:“国有三要,曰土地,曰人民、曰主权。……学者辨法律之与国,孰为先后,则信其先有法律,而后有国。何也?法律所以范社会,社会始于夫妇,……故法律为束缚社会之物,惟其能受束缚,所以能成社会。迨其名之曰国,已有无数社会包

① 在这里用作比较的版本,主要是政法述义第1种《法学通论》(益阳)胡挹琪编辑,1907年初版,1913年再版。

② 胡挹琪编辑:《政法述义·法学通论》(第1种),政法学社1913年版,第29—32页。

其中，即有无数法律行其际。”[①]两相比较，并无不同，只是略有改动而已。

又如，在法律与政治之关系上，梅谦次郎之《法学通论》说：“政治者，乃图社会的独立团体之发达之最良方法之术也。……盖法律以维持为目的，仅使社会无所损害，为消极的。政治则以发达为目的，必求所以促进社会改良进步之方，为积极的。……政治固优于法律，而终不宜逸出法律范围之外者，……盖规定之法律，无论治者与被治者，皆当遵守。不一律遵守，而欲治人之罪，人必不服。”[②]孟森在《新编法学通论》中说：“以共同之团体，作共同之希望，求达其所希望，而择一最良之方法以致之，夫是之谓政治。……虽然，谓政治之意义广于法律则可，谓政治之作用不受法律之范则不可。……故政治皆遵守法律之动作。或因所求达之希望，以目前之政治为方法，尚未觉其至良，则改正法律，亦政治中之能事。然未改法律以前，不能任政治家之意识有所出入。是故，有更定将来法律之政治，断无蔑弃现在法律之政治也。”[③]两相比较，亦无不同。

类似的情况在《新编法学通论》中尚有多处，尤其是在“法律之定义”、“法的分类”等章，体现最为明显，而孟森《新编法学通论》的主要观点正是通过这部分内容集中表述的。

第二，在观点上，由于孟森于多处照录原文，或只是在文字上作些改动，因此，他关于法律定义的论点实际上主要来自梅谦氏《法学通论》，只不过有的时候，孟森做一点归纳和结合中国古代法史演绎的工

---

① 孟森：《新编法学通论》，载《孟森政法著译辑刊》（中），中华书局 2008 年版，第 406 页。

② 胡挹琪编辑：《政法述义 · 法学通论》（第 1 种），政法学社 1913 年版，第 35—37 页。

③ 孟森：《新编法学通论》，载《孟森政法著译辑刊》（中），中华书局 2008 年版，第 408 页。

作。例如，在论法律之定义时，梅谦次郎之《法学通论》说："法律之定义，约分两派，一理想派，一历史派。……（理想派）其定义曰：法律者，人类为社会一分子所不可不由之道也。……然同一理想派，因时代变迁而立说各殊，名称亦因之而别。始曰性法或自然法。……然有与性法说相反对，而倡为理想法说者，又不一而足焉，爰举三说如下……。"[①] 孟森之《新编法学通论》则认为，法律之学派不一，"由是法律之定义，亦恒不一。……理想派之说曰：法律者，人类既在社会中为一分子，所不可不由之道也。……理想派发达最先，西国自罗马以来，恒有论著及此者，其尤先者为性法，……此论持之甚久，直至近百年来，始有反对者。盖得三种反对之学说，而皆同出于理想一派之内。"[②]这样看来，孟森的表述逻辑上要更严密些。

第三，在体例上，梅谦次郎的《法学通论》基本上为孟森的《新编法学通论》所吸收。尽管有些章节并没有直接与孟森《新编法学通论》相对应，但却被孟森在其他章节所吸收，如"法律一语有种种之意义"一章，孟森在"法律二字之由来"和"法律名词之范围"这两章中加以吸收，结构、材料、观点与"法律一语有种种之意义"完全相同，只是在文字上作了修改、损益而已。此外，梅谦次郎《法学通论》中有些内容，虽然没有被孟森的《新编法学通论》直接保留，但其主要观点却被孟森成段乃至成篇地修改、引用，但其所蕴涵的思想却为孟森所吸收。如梅谦次郎在"法律之定义"一章中，言及法律进化之情状，约分六期。孟森则将这一内容，加以整理、演绎，并放置在其"法律与社会之关系"一章中讨论。

以上讨论，可见孟森《新编法学通论》与梅谦次郎《法学通论》的关系是极其密切的。随着时代的变迁，梅谦次郎《法学通论》汉译本和孟

---

① 胡挹琪编辑：《政法述义・法学通论》（第1种），政法学社1913年版，第18—20页。

② 孟森：《新编法学通论》，载《孟森政法著译辑刊》（中），中华书局2008年版，第401页。

森《新编法学通论》教科书,或许已渐失去其原有的观念、思想价值,而仅具有学术史上的意义与价值,但其在中国近代法理学史的演进过程中的作用,显然不能低估,应予以足够的肯定。

二、孟森《新编法学通论》所关切的中国问题

如前所述,孟森《新编法学通论》可能是中国学者自己撰写的最早的一本法理学教科书。从师承上,受日本学者梅谦次郎的影响较深。但也要看到,1907 年前后出现的汉译《法学通论》教科书高潮,在孟森撰写《新编法学通论》时已经开始退潮,不过,出版高潮所留下的各种《法学通论》教材却足以供其参考,并不是仅仅只参考了梅谦次郎的讲义教材。此时的孟森,“久负经世志,长存报国心”。在上海,他参加预备立宪公会,主编《东方杂志》,参与《商人通例》的起草,主讲朝廷新颁布的《咨议局章程》,为清末立宪运动著书立说、奔走呼号。可以说,在撰述《新编法学通论》之际,中国的问题,孟森已了然于胸。当时,商务印书馆有一书中广告,对孟森《新编法学通论》有如下介绍,广告云:

> 吾国法律尚未完备,故向来各法政学堂、法政讲习所不得已仅传习外国讲义,以求法律学之径途。自钦定自治研究所章程颁布后,其各科目中应行讲授法学通论,自应注重本国,不能复以外国之书暂为之代。本馆特新编本国切用之法学通论一书,凡十二章,近年遂行颁布之各种法律以及旧时沿用之律例无不提纲挈领贯而会通之,诚研究本国法学者宜急读之书也。

正是带着“本国切用”的立宪法治的问题意识,孟森成为中国法理学发展而开启山林的第一人。接下来,笔者以《新编法学通论》的编撰结构为分析框架,提取孟森在该书所关照中国的问题意识,作进一步的说明。

在“绪论”上中,孟森为了构建正确的法学观念,提出了若干基本

点。他首先强调了这个事实："有法然后有学。"[①]并指出，吾国旧时，名为法者，只有刑法。刑法非人人所急，故学法学者，亦只有少数之刑名、钱谷幕友。其次，孟森认为："学法当先学经。"[②]此所谓法亦指刑法，故经义决狱播为美谈，……此又经生之所谓法学也。其别有二。一曰春秋派。……其意盖穿穴圣人笔削之旨，以断是非曲直，说似精微而不成篇段。二曰礼派。儒者多据礼以推律。……又世言出乎礼即入乎法，故以礼为法之反面。法有所疑，以礼通之。因此，在孟森看来，礼与律较多密切之处，未可谓学礼即学法也。在"绪论"中，孟森还指出，自预备立宪以来，朝廷既遣使考察政治，始知今世各国之所谓法，包括甚广。基于这一判断，孟森对"世界各国所谓法"即西方法的概念作了初步的解读。他说：

> 规定在君主与臣民之间，是为宪法。其次定三权分立于主权之下，立法属之议院，是为议院法；行政属之中央及地方各官，是为各种行政法；司法属之裁判所，是为裁判所构成法。定各种违法行为之罚则，是为刑法。定民与民间之相处，是为民法。定民之商业上专法，是为商法。定臣民生有种种争议，所需解决之方式，是为诉讼法。盖合吾国所谓主极，所谓官常、所谓礼制、所谓法纪、所谓国体、所谓民生，一切范之以法，于是朝野上下，尽识法之有学。顾前数年之法学，乃外国之法学，尚未能按合本国也。[③]

在上述解读基础上，孟森结合当时中国立宪新政的实际情形，来关照中国《法学通论》研究。他说：

---

① 孟森：《新编法学通论》，载《孟森政法著译辑刊》（中），中华书局 2008 年版，第 381 页。

② 孟森：《新编法学通论》，载《孟森政法著译辑刊》（中），中华书局 2008 年版，第 381 页。

③ 孟森：《新编法学通论》，载《孟森政法著译辑刊》（中），中华书局 2008 年版，第 381—382 页。

吾国以法学名书,见之功令者,自《钦定自治研究所章程》,所揭研究课目,有所谓“法学通论”者始。……虽然,“法学通论”之范围,恒兼总论、各论而言,总论举法律之公共原理,各论乃提各种法律之要义。今吾国六法无一颁布,仅有行政法范围内单行之数种章程,无从析为各论,止能示拟定六法之名,并现有及将来各行政法之种数而已,此已详于总论中,不另列专篇。至现行各法,不尽合法学统系,谨照钦定自治研究课目,别为现行法制大意,不以列入通论云。[①]

这一段议论文字,亦可见孟森当年的宪政法治思想与他关于对《法学通论》的认识,已经纠结于中国问题意识之中。

在“绪论”下中,孟森着力解决的是,法学通论之成一课目,其效力较各种法学如何,他分三层意思加以说明。

第一,法学通论之有益于专修法学者。“法学通论者,法学之方向部位也,故为专修法学者计,不可无此一课目。”[②]

第二,法学通论之有益于普通学科。孟森认为,盖学理之推究,自待专修法学之人,但人人期有守法之知识,亦必于法律之语句、法律之名目、稍稍通其要旨。欧洲各国,固恒以法律大体,列为学堂中普通课目。即吾国《奏定学堂章程》,亦于中学堂即有“法制”一科。[③] 孟森议论道:“西国以法学为普通学而强,吾国虽亦取法于彼,然学堂本不发达,即有已设中学之处,亦多缺此一科,盖缘本国所立之法,尚未完备

① 孟森:《新编法学通论》,载《孟森政法著译辑刊》(中),中华书局 2008 年版,第 382 页。

② 孟森:《新编法学通论》,载《孟森政法著译辑刊》(中),中华书局 2008 年版,第 383 页。

③ 孟森:《新编法学通论》,载《孟森政法著译辑刊》(中),中华书局 2008 年版,第 384 页。

故也。"[①]正是基于这样的认识,孟森强调说:

自今以后,法律日完,遵照功令。凡有学子,自中学以上,即授"法制"一课,以其为普通学也。……有"法学通论",恰为各法告成后,作一提纲挈领之书……盖今之法制尚难悉合六法统系,而卓然成一科学,故以"法学通论"与"法制大意"并授。若各法统系既合,则"法制大意"即"法学通论"之变名,繁简或殊,取材则一,故为普通学科计,更不可缺此一课目。[②]

第三,法学通论之有益于普通国民。当时,孟森一方面已经看到,"惟法学为年长者所易领解,而于预备为立宪国之国民,尤为刻不容缓",另一方面,孟森也认识到,"法学精深浩博,未易公余自习,亦未易集众讲习",因此,他对《法学通论》之有益于普通国民,充满着期待。他说:

以法学通论为诸法之基础,使人人知法律所以为人保障之故,则人格于是大进。……得言简意赅之通论,虽一览可尽,而法学之体例门径,人生之权利义务大要毕备,启发不患无资,故为普通国民计,更不能不注意于此一课目。[③]

在法学之本体一章中,孟森先是总说原"法"字之义。《周书·吕刑》云"惟作五虐之刑,曰法",则法与刑相连,其来已久。又《君陈》云"无依势作威,无倚法以削",则法常可以削民,赖贤长官之不倚以为削耳。本此意以言法,于是法家之言,恒谓上之人执此以相纠绳,而下之

---

① 孟森:《新编法学通论》,载《孟森政法著译辑刊》(中),中华书局 2008 年版,第 384 页。

② 孟森:《新编法学通论》,载《孟森政法著译辑刊》(中),中华书局 2008 年版,第 384 页。

③ 孟森:《新编法学通论》,载《孟森政法著译辑刊》(中),中华书局 2008 年版,第 384—385 页。

人欲据此以自保障,则未或闻焉。此中国之法学所以恒为儒者所诟病也。[①] 然后,指出中国法学流迁至今,"仍以刑为法之代名"。而欧洲之法学,始于罗马盛时。……盖公私皆有法,而法为人人所依据,较之吾国古人言法,用意不同,取径遂有别矣。[②] 在此基础上,孟森又说:"西国法学,虽从罗马分裂之后,各国各有故习,参错于罗马法学之。然以法为学之宗旨,尚如罗马之旧。……故法学家谓,罗马以政令统一欧洲,固见当时国力之盛。而其法律之学,终且统一万国,自欧历美,又浸淫日本,而转输吾国焉。"[③]在这里,孟森关于"法学之本体"的"总说"一言中国古代法学"以刑为法";二说吾国古人言法与欧洲法学,用意不同,取径有别;三论西方近代法学的传播路径,"自欧历美""浸淫日本"而"转输吾国"。此三说颇有见地,并且中外纵横比较,今人亦无出其右。

关于"法学之分量",孟森从沿袭日本学者"法学者,一科学也"的观点出发,就法律一部分,"发现一种最真、最确之知识"。[④] 孟森认为,"法律亦因时而异、因事而异、因地而异,知其所以异,则贯彻于各时、各事、各地之法律,而实有一异中之同。"在对法律有如此认为的基础上,孟森援引孟德斯鸠"各种之殊异者,齐一也;各种之变化者,恒久也"的观点,进而认为,"此法律之科学知识,非可以一时、一事、一地所行之法律为定式,亦非可以一时、一事、一地所感受之法律为定衡。故今日以

---

① 孟森:《新编法学通论》,载《孟森政法著译辑刊》(中),中华书局 2008 年版,第 386 页。

② 孟森:《新编法学通论》,载《孟森政法著译辑刊》(中),中华书局 2008 年版,第 386 页。

③ 孟森:《新编法学通论》,载《孟森政法著译辑刊》(中),中华书局 2008 年版,第 387 页。

④ 孟森:《新编法学通论》,载《孟森政法著译辑刊》(中),中华书局 2008 年版,第 388 页。

法学之有学，而法学又自为科学，爰不法之原理，日益讲明。而无论何国，凡究心法学之后，自不觉有同日趋同一之势。法律完备之国，法文不必同，而统系则同。在昔罗马始兴法学，至今承其统焉。非承罗马法文之统，承其以法学为科学，而勤求其原理之统也”。

法学之在各种科学中，究占何等位置，此亦不可不辨。孟森基本上借用冈田氏法学通论对这一问题的说明，指出法学与经济学、伦理学、政治学等同属于精神之科学中的社会之精神学科的中一种，在这里，社会之精神之学科，总名谓之社会学，即就社会现象而研究其原理之学科。孟森认为：

> 法学，人类恃伦理以善处社会，无由强不道不德者，必不踰社会之闲，即无由杜社会之害，于是以政治济道德之穷，即以国家冠社会之上。即生政治之关系，即有种种政治之机关，如议会、官厅、公吏等是，由是人类所生现象，非复社会中人类关系之现象，实已为国家中国民关系之现象。又有国家及其机关所生关系之现象，更有此国家与彼国家所生关系之现象，总之为有法律之现象，法学乃为研究此现象之原理之学科。①

在法学之宗派的总说中，孟森首先述说欧洲法学之“演绎派之旧派”，然后就中国古代法学加以比附。所发之议论，至今来看，仍不乏卓见。在言及理想派或自然法学派之纯理派，孟森既认为“理想中本有其最正当者，明辩而表出之，以为法律之大原则，由此而演绎法律之现象”，②又主张“以适合于人性者为自然法。”对此，孟森解释说：

---

① 孟森：《新编法学通论》，载《孟森政法著译辑刊》（中），中华书局 2008 年版，第 391—392 页。

② 孟森：《新编法学通论》，载《孟森政法著译辑刊》（中），中华书局 2008 年版，第 395 页。

> 在吾国《大学》所谓“好恶无拂人性”,《孟子》所谓“所欲与聚,所恶勿施”,亦即此意。以人性为法之标准,由此演绎其种种现象,知顺乎人性者为良法,否则为恶法,无论保时何地,期无拂乎人性,则为一定不移之真理。此吾儒之政学,而不以为法学、盖吾国认法之范围甚隘故也。①

归纳派又名实验派,其中分析法学派即“从本国已定之法律,逐一解剖之。”可见,孟森当时对分析法学派的理解是十分准确的,他说:

> 在吾国法学范围既小,而理想家之压制与泰西同。道德政治,言之斐然成理,故此种核实之学派,不见于世。……故迄今而以既成科学之法学较之,则精粗固大不侔,而刑法为法学一小部分,其范围之广狭,尤难伦比矣。②

法律之现象有沿革,即于其进止兴除之所由然,研究法理。……周秦法学之论著,与历代圣君贤相之创垂,皆所谓非历史派,而遂久之无所谓法学者也。在这里,孟森发人深省地问道:“何以罗马法学进而不止,吾国法学止而不进,此一比较之故也。”③

关于法律之定义,孟森基本是沿袭梅谦次郎《法学通论》中的观点来讨论。所谓“法律之学派不一”,“由是法律之定义,亦恒不一”。理想派之说曰:“法律者,人类既在社会中为一分子,所不可不由之道也。”④孟森认为,这一定义与我国持论者适合。

---

① 孟森:《新编法学通论》,载《孟森政法著译辑刊》(中),中华书局 2008 年版,第 395—396 页。

② 孟森:《新编法学通论》,载《孟森政法著译辑刊》(中),中华书局 2008 年版,第 397 页。

③ 孟森:《新编法学通论》,载《孟森政法著译辑刊》(中),中华书局 2008 年版,第 398 页。

④ 孟森:《新编法学通论》,载《孟森政法著译辑刊》(中),中华书局 2008 年版,第 400 页。

在讨论法律与国之关系时，孟森说：“近世文明诸国，无论为君主，为政府，为人民，悉以法律为归，而无能轶乎其外。吾国之殷殷立宪，限期颁布宪法，所蕲向者亦然。故古以国能制法，而称法律为国法，今以法能统国，而称国为法治国。法治国者，全国受治于法，较之古以国内首出之一人，别之于法律以外，有不同焉。”[①]在论及法律与道德时，孟森说：“盖法律为道德之辅，所以人知法律之可贵，……若全无维持道德之意，又何从有倚持法律之心。‘道之以政，齐之以刑，民免而无耻’，孔氏之言固不可渝也。”[②]

关于法律二字之由来，孟森处处联系中国传统典籍对西方法律概念加以比附。例如，孟森指出，经传以“法”与“律”各一字为通称。《吕刑》曰“惟作五虐之刑，曰法”，晋《刑法志》云“李悝撰次诸国法，著《法经》”，历代史志亦多有“刑法”一志，此但用“法”之一字为名者也。又管子“七臣七主”篇云“律者，所以定分止争也”，汉志云“肖何作律九章”，晋志云“张汤《越宫律》二十七篇，赵禹《朝律》六篇”，此但用“律”之一字为名者也。“……其以‘法律’二字连缀成一名词，则为当世之通行语。日本承用汉字，乃定法律为效力坚确之名词，而非国会协赞。不得谓之法律。……而在吾国，则向袛视为通行语者，今亦以《宪法大纲》既于上年颁布，所定法律之名称，悉与日本吻合，于是法律之可贵，通告于文字之上矣”。[③]

清末《宪法大纲》中，首定君上大权，其中有钦定颁行法律及发交议

---

① 孟森：《新编法学通论》，载《孟森政法著译辑刊》（中），中华书局 2008 年版，第 406—407 页。

② 孟森：《新编法学通论》，载《孟森政法著译辑刊》（中），中华书局 2008 年版，第 408 页。

③ 孟森：《新编法学通论》，载《孟森政法著译辑刊》（中），中华书局 2008 年版，第 410 页。

案之权。对此,孟森议论多多。[①] 次定臣民权利义务,中有云"臣民中有合于法律命令所定资格者,得为文武官吏及议员";又云"臣民于法律范围以内,所有言论、著作、出版及集会、结社等事,均准其自由"。孟森认为此"臣民之凭持法律也"。[②] 最后,孟森指出:"凡各种法律,可省言之,不必定称某某法律。而在吾国,则或称法、或称律,省文之方法不一。"[③]

结合上文的分析,笔者认为,在这本《新编法学通论》中,孟森对西方法学理论的移植,并非完全照搬照抄,而是有所归纳、有所演绎,从而有条理地向中国知识界介绍、宣传了西方法学理论的一些基本知识。有针对性地剖析了旧法学的弊病,同时,亦结合了对中国问题的关切,对《法学通论》中的西方法学原理作了比较研究,从而推动中国近代法学理论的发展。但是也要看到,孟森的《新编法学通论》毕竟只是《法政讲习所》的课程讲稿,作为中国"法学者宜急读之书",亦有失之简单、论述不完整的地方。限于篇幅,在此笔者就不一一列举说明了。

三、结论

尽管上述相对详细、准确地使用法律名词的情形,亦体现在孟森编纂的《新编法学通论》中,但是,也要看到,通过译介的方式传播法政知

---

① 孟森先是针对注云"凡法律虽经议院议决,而未奉诏颁布者,不能见诸施行"。又有总揽司法权,"委任审判衙门,遵钦定法律行之,不以诏令随时更改";又有发布命令及使发命令之权,"惟已定之法律,非交议院协赞,奏经钦定时,不以命令更改废止";又,"在议院闭会时,遇有紧急之事,得发代法律之诏令,并得以诏命筹措必需之财用,惟至次年会期,须交议院协议"。认为"此君上之尊重法律也"。参见孟森:《新编法学通论》,载《孟森政法著译辑刊》(中),中华书局2008年版,第411页。

② 孟森:《新编法学通论》,载《孟森政法著译辑刊》(中),中华书局2008年版,第411页。

③ 孟森:《新编法学通论》,载《孟森政法著译辑刊》(中),中华书局2008年版,第411页。

识基本上是没有自己的创见的,只能是被动地、囫囵吞枣地接受。然而,也正是从孟森开始,中国人有了自己编撰的《新编法学通论》教科书,开始向中国知识界介绍西方的法学理论,且有针对性地剖析中国传统的旧的法学弊病,推动了中国法学理论的发展。在这些方面,较当时清一色的《法学通论》教科书的译介做得好得多,孟森的《新编法学通论》等著作,在当时的思想界,以至今天,均应受到重视,也是情理之中。

总的说来,在对清末汉译日本梅谦次郎《法学通论》教科书略考的基础上,从思想脉络的考察中,分析梅谦次郎的《法学通论》对孟森《新编法学通论》的影响,就有两个方面的意义,一是以往我们过分重视一些著名人物在法学变革中的倡导与贡献,而很少提起那些被认为是小人物的译者或思想传播者的贡献,其实从历史发展来说,参与梅谦次郎《法学通论》的许多译者和思想传播者的成绩同样值得珍视。可以这么说,正是孟森他们的译介和传播思想的努力,与那些大人物的引领潮流,两者汇合在一起,共同构成了一种新的知识结构,展现出新的法律文化景观。二是通过孟森《新编法学通论》,也可以关注近代中国"法理学"是如何开始与汉译日本《法学通论》这门法律学科"对接"的。

第四章　汉译《法学通论》教科书与中国"法学近代化"

近年来，越来越多的学者开始关注来自日本的中国"法学近代化"问题。例如，何勤华教授就曾考察了现代意义上的汉语"法学"一词由日本传入中国的途径，他指出，古代意义上的汉语"法学"一词与现代意义上的汉语"法学"一词的根本区别在于两者所依据的世界观不同：前者强调的是统治者的权力意识和臣民的义务、责任，将法视为役使臣民的工具；后者强调的是法的平等性、公正性、权威性，将法视为保障公民权利的手段。[①] 接下来，笔者将结合近代中日法律名词交流研究的成果，并以"法学通论"与法学、法律学、法理学、法律哲学等学科术语在近代中国的流变，西方法学观念及西方法学流派在汉译《法学通论》教科书中的内容呈现，以此说明这种来自日本的西方法学世界观对中国近代法理学的影响。这种影响，又是如何伴随清末汉译《法学通论》教科书的编纂体例（包括新式的编、章、节的编纂方法）的演变，直接或间接地影响着二十世纪二三十年代的中国近代法理学，亦有探讨的必要。

第一节　近代中日法律名词交流研究

在本节中，笔者不准备回答中国人何时开始接触日本法律书籍，何

---

① 参见何勤华：《汉语"法学"一词的起源及其流变》，载《中国社会科学》1996年第6期。

时开始意识到日语是一种与汉语不同的“外语”这一问题。但是,笔者却试图通过在1900年以后大量出版的汉译日本《法学通论》教科书,去寻找日语法律名词是如何借入汉语法律词汇的,这一借入过程的背景集中发生在甲午(1895)以后至“五四”前后的短短十几年间,从而实现了中日之间近代法律知识流动方向的逆转。换言之,来自日本的法律语词的个人创造和社会认同,正是在这十几年间对中国发生了深远影响,以至于日本成为向中国提供新的法律知识的重要途径。直到今天,当我们重新审视从日本引进的《法学通论》等教科书中的“法律”概念及其法学观念的时候,那些不同版本的汉译《法学通论》教科书关于法律的不同解释,似乎都告诉我们,百年前,我们在探求法律的概念及其法律概念背后的“法理”的时候,曾经作过什么样的努力,取得过什么样的成绩?即使面对“什么是法律”、“法律是什么”等问题的时候,这些看似简单的问题,仍然需要作出复杂的回答。

一、从“翻译”的定义到“法律”定义的翻译

王德威在他的文学研究中,曾如是说:

> 晚清也是翻译文学大盛的时代。……但我们对彼时文人“翻译”的定义,却须稍作厘清:它至少包括意译、重写、删改、合译等方式。学者如史华慈(Schwartz)、夏志清及李欧梵曾各以严复、梁启超、林纾为例,说明晚清译者往往借题发挥,所译作品的意识及感情指向,每与原作大相径庭。不仅此也,由着这些有意或无意的误解或另译,晚清学者已兀自发展极不同的“现代”视野。以此类推,晚清作者对传统古典的新奇诠释,也是另一种逆意的“翻译”[①]

---

① 王德威:《被压抑的现代性:没有晚清,何来“五四”?》,载王德威:《想象中国的方法(历史小说叙事)》,生活·读书·新知三联书店1998年版,第5页。

借用王德威的研究说法，晚清也是翻译西方法学作品大盛的时代，我们亦须对日本《法学通论》教科书中的“翻译”定义加以厘清，这样我们才能更好理解这一时期体现在汉译《法学通论》教科书中“法律”的定义及其法学观念在中国的传播。

对这一问题的厘清，无法绕过的是对晚清中国出现的留日高潮的说明。近代中国选派外国留学生的目标先是美国，然后是欧洲先进诸国。但这种留学，人数有限，无法跟1896年后逐渐形成的留学热潮相比。对去日本游学昌盛之事，当时的湖广总督张之洞有一申述，他说：

> 总游学之国，西洋不如东洋；路近费省可多遣。去华近易考察；东文近于中文易通晓；西书甚繁，凡西书不切要者，东人已删节而酌改之。中东情势风俗相近，易仿行，事半功倍，无过于此。若自欲求精备，再赴西洋有何不可。

其后，张之洞与刘坤一又一次强调：

> 教法尤以日本为善，文字较近，课程转速；其盼望学生成就之心甚为恳切。传习易，经费省，回华速，较之于欧洲各国者，其经费可省三分之二，其学成及往返可速一倍。①

张之洞等这些看法，既有晚清政府迫于形势发展，调整目光，选择已经“东方化”的日本“西学”、模仿日本君主立宪制度等作为学习的“样板”，从而推行晚清自身的“变法”、“新政”等政治需要的考虑因素，又有他们所说的“风俗相近，易仿行”，对西书“不切要者”、“已删节”、“酌改”，对学生“易考察”等种种心计，更有穷国办教育必须考虑的“经费省”的问题，加上客观需要实在太急切，“省时”、“速成”也不能不是一个必须解决的问题。

在上述诸多问题的说明中，联系这一时期汉译日本《法学通论》教

---

① 《张文襄公奏稿》卷32，1920年木刻本，第11页。

科书的翻译，或经由这一时期对"翻译"定义的理解来获得对"法律"定义的理解，就有了一个可以辨识的路径。笔者看来，至少可以获得以下几种认识：第一，对西书包括《法学通论》教科书中，"不切要者，东人已删节而酌改之"的现象，恐怕就是当时的一种极其普遍的翻译现象。第二，关于西方法学包括《法学通论》教科书中法学原理的教学，并认为"教法尤以日本为善，文字较近、课程转速"，亦是实情，本书第二章关于汉译《法学通论》教科书与晚清法政教育兴起的讨论已有说明。第三，前述熊元翰、汪庚年在冈田朝太郎法学通论讲义的基础上，以加按语的方式编辑出版的《法学通论讲义》，以及前述孟森在《新编法学通论》中，借题发挥，对中国问题意识的关切及感情指向，的确与当时流行的各种版本的《法学通论》原作和译本大相径庭。第四，这一时期《法学通论》教科书中的法律名词翻译，有意或无意的误解或另译，以至于产生了何种影响，更值得深入讨论。

用今天的眼光来看，翻译是一种语言交流，必然影响到中外文字的交融。当时，留日学生大量翻译日文书籍不仅丰富了汉语词汇，而且促进了语言的近代化。他们将一些新词由日文直接引进，便利了翻译，也丰富了汉语的表达形式。历史上，中日两国文字差异较小，日语吸收了大量中国词汇，因此，引用日本外来语就使中国人有一种亲切感。特别是鸦片战争之后，西方文化呼啸东来，使中日两国都面临一个更新词汇的问题。洋务运动时期中国人创造的一些新词"物竞天择"、"逻辑"等曾为日本人所接受，后来日本吸收西方文化后走在了中国之前，留日学生又从日本引进新词汇。语言学家研究表明："现代汉语中的意译词语，大多数不是中国人自己创译的，而是采用日本人的原译"，"日本人创造了一些新词来表达西洋传来的新概念，我们只不过是利用日本现成的翻译，省得另起炉灶罢了"。[①] 对这种翻译现象，王国维当年就有

① 王力：《汉语词汇史》，中华书局 1993 年版，第 695、327 页。

这样的观点：

> “日人之定名，亦非苟焉而已。经专门数十家考究，数十年之改正，以有今日也。”采用日人之译名，有两大便利：一是“因袭之易，不如创造之难”；二是“两国学术有交通之便，无扞格之虞”。①

因此，对这种“重新改订”或“因袭”日本人原译等翻译现象，就需要有多重角度的认识和讨论。为使这一讨论获得更好的理解，接下来，笔者将先以李大钊早期的一篇文章《弹劾用语之解纷》为中心，来说明这一时期国人对来自日本的“法律”的理解和运用，进而讨论现代学者关于这一时期“法律”名词传入中国的研究成果，从中来获得对这一时期“法律”概念在中国的理解。

二、李大钊对一个法律名词的辨识及其方法意义

李大钊(1889—1927)在去日本留学之前，是在北洋法政专门学堂接受的法政教育。现有资料表明，在津门求学的六年(1907—1913)间，他广泛阅读了19世纪以来西欧有关政治、法律、经济理论方面的诸多著作，尤其是进化论和自由民权学说，逐渐在观念意识层面上形成了他所理解的一整套宪政民主理念。从时代的背景上看，李大钊在“津门”的六年，是中国近代社会变革与动荡激烈的六年，从晚清至民国，先有预备立宪之“新政”，后有辛亥革命之“成果”(即《临时约法》的颁布)，虽帝制不存，共和已在，然“宋教仁案”之发生，“二次革命”的失败，一系列影响历史进程的事件皆接踵而来，真可谓“一波未平，一波又起”。而这一切，又促使处在风华正茂之年，对外界事物极易感知且思想日趋成熟的李大钊，由传统的“士”迅速向具有现代意识的知识分子转变。现代研究者认为，到1913年夏从学校毕业前后，李大钊已基本成为一个具

---

① 王国维：《论新学语之输入》，载《教育世界》1905年第96期。

有独立精神和自主意识的新型知识分子。①

正是在“津门求学”并接受模仿日本而来的国内法政教育中，好学深思的李大钊，一方面，不断加深自己对自由民权、宪政法治等西方法学观念的理解，另一方面，对当时靠种种中间环节辗转翻译而来的法律概念的不准确之处，不仅已经有所察觉，而且还流露出某种程度的不安。这种不安，表现在他的《弹劾用语之解纷》一文中，李大钊指出：

> “弹劾”二字联用，为法学上术语，始于东瀛，实译自英语 impeachmant。②

“弹劾”一词既然起于英语，那么，中国人在接受与使用这个词的时候，就应该知道这个词在英国产生的背景与应用的实际情况，以为参照。然而，实际情形却是，对这个当时从日本转贩而来并日渐流行的法学术语，人们却不暇去探寻本源，而是拿来就用。这样，这个词在英国政治生活中使用的历史经验就不能得到借鉴。李大钊指出，在英国起先“立法部对于行政所谓‘弹劾’者，实治政治、法律二种责任于一炉”，而到后来由于现实条件的变化，却“政治上遂失其用，而关于法律问题，固然依然存在”。辛亥革命后，“弹劾”这一法律名词被写入《临时约法》，但是，在实际上，人们并没有注意明确或区别这一法律名词的使用范围：是属于政治和法律二者还是仅属于法律的范围，因而，易启误解，所以，他又说：

> 东人典籍，泰半自欧美传译而来，政治、法律之课责不别，亦袭其旧说而混称之曰“弹劾”。各国士夫，群借径于扶桑，竞于简易，以相稗贩，互为承用以为常，于斯语又何怪也。③

① 参见晋荣来：《城市的公共领域与政治文化的培育——李大钊在1919年前后的实践与思考》，载高瑞泉、山口久和主编：《城市知识分子的二重世界》，上海古籍出版社2005年版，第114—115页。

② 李大钊：《弹劾用语之解纷》，载《李大钊文集》（上），人民出版社1984年版，第8页。

③ 李大钊：《弹劾用语之解纷》，载《李大钊文集》（上），人民出版社1984年版，第9页。

在这里,李大钊虽然辨析的是一个用词的问题,表面上是对晚清以来大量日本法律名词翻译现象的说明,也是当时中国人接受并使用这些法学术语的实际情形的说明。但实际上,他所指的却是学习世界先进的思想文化的方法、路子和态度问题。“随着政治知识之日进”,这一时期的李大钊,“再造中国的志趣”亦日益腾高,不仅集中表现在对一系列重大政治问题的看法有了进一步认识,而且对“群借径于扶桑,竞于简易,以相稗贩,互为承用以为常”的不正常情况进行了猛烈的批评。后来,已经到了日本东京的李大钊对这一问题又作了论述:

> 吾国治法学者,类皆传译东籍。抑知东人之说,亦由西方稗贩而来者,辗转之间,讹谬数见,求能读哲文而通者,凤毛麟角矣。继兹而犹不克自辟学域,尚龂龂以和化为荣,或虽守西籍而不克致用,汉土因有之学,非将终无自显,不亦羞神州之士而为学术痛耶。[①]

结合李大钊上述议论,我们可以得出以下两点认识:第一,从方法论的意义上,李大钊对“弹劾”这一法学用语的解析,为我们在中国“法学近代化”的观照下,研究这一时期汉译日本《法学通论》教科书中的法律名词术语的翻译、认知和使用,提供了一个可以辨识的重要路径。第二,李大钊针对当时我国的“治法学者,类皆传译东籍”的现象进行了两方面的批评。一是不满意国人对“东人之说”,虽知由“西方稗贩而来”,但却缺乏探本寻源的精神,拿过来就用,难免会生误解。二是针对日本书籍,特别是政治、法律书籍中的“法律名词”的“辗转”翻译后,出现“讹谬数见”,李大钊特别批评了国人以“和化为荣”,以及抱守西方书本,而“不克致用”的学习态度。李大钊认为,这既是中国法律人的“羞”,也是中国法学学术界的“痛”。李大钊对当时中国法学“羞”和“痛”的说法,

---

① 李大钊:《自然律与衡平律识》,载《李大钊文集》(上),人民出版社 1984 年版,第 88 页。

某种意义上，也是最早关于中国近代法学幼稚的判断。

以上也说明，这一时期的李大钊对西方思想文化的学习和汲取，有了更高的、更为彻底的要求。以至于虽不满那种通过中间环节辗转学习西方先进文化的做法，但是却又毅然决然地又选择东渡日本，来到日本早稻田大学继续其法政教育。这种不断在折中中进取、在曲折中前行、在保守中前进的人生态度，为同一时期先进的中国法律人，寻求西方宪政法治之“法理”和“法意”，树立了一座永远的丰碑。

三、西方“法律”概念传入中国之研究述要

19 世纪 60 年代以前，西方传教士在中国创办报刊、登载的文章，已经有了包括西方近代法学理论在内的法律知识。这些世俗的法律知识在中国的引介，受到传教士个人专长、兴趣的影响，也许并不系统和专业。但是，据现代学者考证研究，最迟在 19 世纪初期，西方新教传教士已将西方法律词语和法学观念传入中国。对此，学界以往展开过一些十分细致的研究。[①] 王健教授就认为：

> “自 19 世纪以降，西方法之输入中国，其实质就是西方法律文化如何用汉语予以表达的问题。这种表达的实践活动之一，即在语言文字上对应或对等双语世界里的各种概念。这个过程的结果之一，就是逐步形成了一套所谓近事代的中文法律词语系统”。[②]

---

① 例如：王健：《沟通两个世界的法律意义——晚清西方法输入与法律新词初探》，第 31—42、50—68 页；熊月之：《晚清政治词汇的翻译与使用》，载《史林》1999 年第 1 期；刘星：《“法律”一词的使用、翻译的话语实践——集中于 19 世纪初期在中国的西方传教士》，载刘星：《一种历史实践——近现代中西法概念理论比较研究》，法律出版社 2007 年版，第 102—136 页；俞江：《近代中国法学语词的生成与发展》，载《中西法律传统》（第 1 卷），中国政法大学出版社 2001 年版。

② 王健：《沟通两个世界的法律意义——晚清西方法的输入与法律新词初探》，中国政法大学出版社 2001 年版，第 1—2 页。

针对汉文“法律”连体两字,马礼逊是用“the laws”和“a law”来表示。针对英文“law”字,马礼逊是用汉文“法”“法律”“法度”“律文”“条例”等字词来表示的。同时,在翻译“lawgiver”的时候,马礼逊使用了汉文“设律者”和“立法者”作为表达。1847年至1848年,英国传教士麦都思编撰《英汉字典》,其中,汉文“律例”“律法”“法度”“制法”“制令”“准则”“法律”“制度”“章程”“禁令”“条例”“国法”等词,被用来翻译英文“law”字。[①]

刘星教授则通过这一时期“法律”一词翻译的汉语和英文背景及其例子的研究,指出,这一时期“法律”概念的使用越来越接近了今天严格意义的“国家法律”概念的使用。在《“法律”一词的使用、翻译的话语实践——集中于19世纪初期在中国的西方传教士》一文中,刘星还注意到,这一时期法律概念的双语词典的双语翻译,“是一个辅助性、然而又是需要注意的历史推动力”。[②]

1860年以后,就传入中国的西方政法知识来看,法律理论知识已不像道咸年间那样零碎散乱,而是逐步走向系统化。最能反映这一特点的是,西方法律制度方面的情况也逐渐被介绍到中国来。同时,部分中国驻外使节也亲自参加了所驻国的诉讼活动,并将其所观察到的情况记录下来。就深度而言,同光年间某些西方近代法律部门学科开始传入中国。不过,总的看来,同光年间传入中国的法律理论知识比较浅显,从当时编译的各种法律著作的内容甚至名称都能反映出这个特点。当时问世的法律著作,在名称上都带有“小引”、“须知”、“启蒙”、“略

① 王健:《沟通两个世界的法律意义——晚清西方法的输入与法律新词初探》,中国政法大学出版社2001年版,第52、2、4页。

② 关于近代双语翻译,特别是双语词典的双语翻译,对于汉文白话文的影响,已有学者进行过分析。论文可以参见胡开宝:“论英汉词典历史文本对汉语现代化进程的影响”,载《外语与外语教学研究》2005年第3期。专著可以参见何绍斌:《越界与想象:晚清新教传教士译介史论》,上海三联书店2008年版。

解”、“初恍”、“浅说”之类的字眼，其中大部分固然是译自欧美各国的中小学教科书，但有些本来是比较深奥的，只是在编译过程中有意识地通俗化、浅显化了。俞江将19世纪西方新教传教士的法律译介活动，大致分为感知阶段（1800—1860）和整合阶段（1860—1900）这两个阶段。在感知阶段（1800—1860），俞江则主要是依据这一时期传教士已编纂出版的包括法律名词的双语字典，进行研究。其中，最重要的当推英国传教士马礼逊1808年开始在翻译《圣经》的同时编纂的《华英字典》，这是第一部英汉双语字典。

从现有的研究资料来看，这类传教士双语字典中，主体部分是英汉和汉英字典。马礼逊可以说是第一个尝试系统地将中西概念加以对译的西方人。马礼逊字典的英文名称是“A Dictionary of the Chinese Language”，共分三部分，相继于1815年、1819年、1822年问世。作为第一部英汉字典，《华英字典》在英译汉上主要有以下两个特征。首先，英文名词往往不是用相应汉语词汇去对应，而是用解释性语言、例句或与之有关的中文书籍名去附会。其次，有些词条的英文解释或例句是根据汉语例句回译的，所以误译现象十分普遍。[①] 尽管如此，马礼逊独到的翻译观，在他的字典上还是有比较深刻的反映。王健认为，马礼逊的字典是“力图全面建立两个世界语言的一一对应关系的最早尝试”。

“毫无疑问，马礼逊的字典对于考察早期中英法律概念的双向理解方面情况提供了十分有益的材料”，该字典列举的与法律有关的汉语词语有一些是我们今天常见的法律名词，例如“法律”（英文释作 the laws、a law）、“原告”（英文释作 the accuser or plaintiff）、“被告”（the accuser or defendant）、“公司”：term by which

① 何绍斌：《越界与想象：晚清新教传教士译介史论》，上海三联书店2008年版，第93—94页。

Chinese designate European Companies(汉语用以指称欧洲 Company 的术语)。从马礼逊的字典当中我们可以看到,一些法律语词之间的对等关系已经被确定下来,其中一部分甚至直到今天仍然保留在我们常用的法律语库当中;因此,这使得有些法律概念之间的固定联系,并不是像我们想象的那样晚。[①]

第二本有影响的传教士字典是美国传教士卫三畏(Samuel Wells. Williams)编纂的《英华韵府历阶》(*An English and Chinese Vocabulary in Court Dialect*),1844 年在澳门出版。与马礼逊字典相比,该字典的汉语释义要简洁得多,许多译名流传至今。第三本重要的词典是著名伦敦会传教士麦都思(W. H. Medhurst)编纂的《英华字典》(*An English and Chinese Dictionary*),出版于 1847—1848 年。同卫三畏一样,麦都思基本上抛弃了马礼逊用汉语句子解释英文词条的办法而采用单字或词组的方式来注释,而且给出的对应汉语比马礼逊和卫三畏字典都要多,这当然与他精深的汉语造诣不无关系。[②]

从 1860—1900 年,也就是俞江所说的整合阶段,影响最广的反映法学词语翻译成果的载体当属罗存德(W. Lobscheid,1822—1893)的《英华字典》(*English and Chinese Dictionary*)为母本形成的几个版本。罗存德编辑的原版《英华字典》发行于 1866 年,至 19 世纪末已经难以得见,市面流行的是邝其照等人缩编的《华英字典集成》。另外,传教士卢公明(J. Doolittle,1824—1880)编纂的《英华萃林韵府》(*Vocabulary and Handbook of the Chinese Language*),1872 刊行于上海,

---

① 参见王健:《沟通两个世界的法律意义——晚清西方法的输入与法律新词初探》,中国政法大学出版社 2001 年版,第 50—56 页。另参见俞江:《近代中国法学语词的生成与发展》,载《近代中国的法律与学术》,北京大学出版社 2008 年版。

② 参见何绍斌:《越界与想象:晚清新教传教士译介史论》,上海三联书店 2008 年版,第 94—95 页。

也是这一阶段较为重要的双语字典。其他有关涉及法律词汇的字典书籍参见下表：

表 4-1　19 世纪传教士所编的具有双(多)语字典性质的书籍①

书名	编者	时间	出版地
A Dictionary of the Chinese Language	马礼逊	1815—1822	澳门
A Vocabulary of the Canton Dialect 广东省土话字汇	马礼逊	1828	澳门
Dictionario portuguez-china, no estylo vulgar Mandarim, e classico geral 葡华字典	江沙维	1831	澳门
Dictionario china-portuguez, no estylo vulgar Mandarim, e classico geral 华葡字典	江沙维	1833	澳门
Vocabularium latino-simicum pronuntiaione mandarina, Litteri latinis expressa 拉丁-汉语字典	江沙维	1836	澳门
广州土话注音	裨治文	1841	
A Chinese Chrestomathy in the Canton Daialect 广东方言中文文选	裨治文	1841	澳门
Dictionary of the Hokkeen Dialect of the Chinese Language 福建省土话辞典	麦都思	1837	澳门
A Syllabic Dictionary of the Chinese Language	麦都思	1842—1843	

① 资料来源：吴义雄：《宗教与世俗之间》，第 501—502 页；陈力卫：《早期的英华字典与日本的洋学》，见《原学》(第一辑)，中国广播电视出版社 1994 年版，第 282 页；曾东京：《汉英语文辞书史研究简论》，载曾东京编：《双语词典研究》，上海外语教育出版社 2003 年版，第 3 页；钟少华：《中国近代新词语谈薮》，外语教学与研究出版社 2005 年版，第 41—42 页；何绍斌：《越界与想象：晚清新教传教士译介史论》，上海三联书店 2008 年版，第 96—98 页；沈国威：《近代中日词汇交流研究：汉字新词的创制、容受与共享》，中华书局 2010 年版，第 112 页。

Chinese and English Dictionary 汉英字典	麦都思	1843	巴达维亚
Chinese Dialogues, Questions and Familiar Sentences	麦都思	1844	上海
An English and Chinese Dictionary 英汉字典	麦都思	1847—1848	上海
Vocabulary of the Hikkeen Dialect 福建省土话字汇	戴耶尔	1838	新加坡
A Lexilogus of the English, Malay and Chinese Languages 英文-马来文-中文词典	英华书院	1841	马六甲
First Lessons in the Tiechiw Dailect 潮州土话初阶	粦为仁	1841	曼谷
Easy Lessons in Chinese, adapted to the Canton Dailect 拾级大成	卫三畏	1842	澳门
An English and Chinese Vocabulary in the Court Dialect 英华韵府历阶	卫三畏	1844	澳门
A Syllabic Dictionary of the Chinese Language arranged According to the wu-fang yuan yin 汉英韵府	卫三畏	1874	
A Chinese and English Vocabulary in the Tiechiu Dialect 汉英潮州土话字汇	高德	1847	曼谷
The Beginner's First Book in the Chinese Language(Canton Vernacular) 中文入门(广州土白)	地凡	1847	香港
上海土白话入门	吉士	1855	
上海土音字写法	高第丕		

英汉字典	慕维廉	1848	
英汉医学词汇	合信	1858	
English and Chinese Dictionary, with Punti and Mandarin Pronunciation 英华字典	罗存德	1866—1869	香港
Vocabulary and Handbook of the Chinese Language 英华萃林韵府	卢公明	1872	上海
An Anglo-Chinese Vocabulary of the Ningpo Dialect 字语汇解	睦礼逊	1874	上海
A Chinese and English Pocket Dictionary 汉英袖珍字典	G. C. Stent	1874	
A Chinese and English Dictionary of Pekinese Dialect 汉英合璧相连字典	G. C. Stent	1898	
A Chinese and English Dictionary in the Cantonese Dialect 广州方言汉英辞典	Eitel E. John	1877	
Chinese-English Dictionary 华英字典	翟理斯	1892	
A Mandarin-Romanized Dictionary of Chinese With Supplement of New Terms and Phrases, Now current 英华成语合璧字集	季理斐	1898—1911	
华英音韵字典集成	谢洪赉	1902	
英华大辞典	颜惠庆	1908	
English-Chinese Dictionary of the Standard Chinese Spoken Language 官话	赫美玲	1916	

上表中,这些中外双(多)语字典虽然在体例、内容等方面存在异同,但是,在中国近代法学的萌芽与诞生过程中,通过输入一整套法律专业的名词,为中国近代法学的诞生奠定了基础。[①] 有些辞典没有英文名,其余或称"字典"或称"韵府",对此现象严复曾在《英华大辞典》(1908,上海商务印书馆)序中曾一语中的地指出:

> 夫西文辞典众矣,以言其卷帙,则自盈握小书,至于数十巨册;以言其说解,则自我粗标互训,至于历著异义引申,与夫其国古今文家所用其字之世殊,乃至里巷谣俗。凡国民口之所道,耳之所闻,涉于其字,靡不详列。凡此皆以备学者之搜讨,而其国文字所以不待注解而无不可通也。[②]

---

① 据何勤华教授研究:在马礼逊编辑的前述《字典》等作品中,用中文表述了"法律"、"原告"、"被告"、"公司"等法律概念。在郭守腊主办的《东西洋考每月统记传》中,创造了"公会"、"立法"、"内阁"、"海关"、"关税"、"庶民政治"、"国会"、"平等"、"辩论"、"刑法"、"刑罚"等用语。在麦都思的《英华字典》中,出现了"罪"、"罪过"、"审判"等词汇。而在丁韪良翻译的《万国公法》一书中,这类创造的汉语法律词汇就更多了,如"权利"、"人民"、"政治"、"责任"、"选举"、"司法"、"自治"、"管辖"、"利益"、"赔偿"、"争端"、"领事"、"主权"、"法院"等。何勤华还认为:在吸收外国人创造的汉语法律词汇方面,1900 年前后达到了高潮。此时,中国学术界,通过将日本学者创造的、在日本已经定型的日文汉字法律用语移入中国,为近代法学学科的萌芽和诞生提供了语言载体。据日本学者实藤惠秀的研究,中国此时引进的日文法律名词约八十多个,其中大部分后来成为了中国近现代法学的基本概念。参见何勤华:《中国法学史》(第 3 卷),法律出版社 2006 年版,第 62—63 页。

② 王栻主编:《严复集》(第二册),中华书局 1986 年版,第 253—254 页;王鼎也在《新辞典》(1914)的序中写道:"夫一字必合一义或数义。以单字为本位,而分别解说其字义,证明其音读者,谓之字书。若字典或字汇是。联合两个或两个以上之单字,成为一学语,而别含意义者为辞。以辞为本位,而分别诠释其辞义,探讨其辞源者,谓之辞书。若治东西文者所用之辞典与辞林等是。惟我国向只有字书,而无辞书之用。自学制更新,世界学识日渐灌输以来,种种科学术语,及新译名词,流行日益繁夥,学者每以一二名词术语之艰涩不可通,遂至今书废阁,不复乐于从事;或则以字害意,不惜臆断曲解,以自炫其彗语,卒之谬种流传,文字反因以日晦,而真义愈不得伸。凡斯诸病,皆原于无便利适当之辞书以资深考故也,……",以上参见沈国威:《近代中日词汇交流研究:汉字新词的创制、容受与共享》,中华书局 2010 年版,第 113 页。

由于编纂力量、印刷条件等的限制，汉外词典一书难求的状态一直没有改变。严复在回忆自己学习英语的经历时说：“尚忆三十年以往、不佞初学英文时、堂馆所颁、独有广州一种、寥落数百千言、而义不备具、浸假而有五车韵府等书、则大抵教会所编辑、取便西人之学中国文字者耳。”[①]直至1908年《英华大辞典》问世，英汉词典紧缺的情况才得到缓解。现代学者沈国威先生评论说，19世纪以降西人编纂的汉外词典，多使用“字典”、“韵府”等中国传统的名称，但是却赋予了西方的形式和内容，导入了全新的理念。以传教士为主导的汉外辞典编纂，不仅为中外人士——甚至包括日本人的外语学习（英语和汉语）提供了有效的手段，而且还使中国人认识到中国自古以来只有字典，而无辞典的现实。在19世纪以来的汉外辞典编纂方面，来华传教士做出了巨大的贡献。尤其是罗存德的《英华字典》，鸿篇巨制，达2000余页，对汉字文化圈近代词汇的形成产生了深刻的影响。[②]

在今天，人们对整个19世纪，传教士所编的具有双（多）语字典性质的书籍，已经有了相当规模的研究和资料准备。这类字典之所以大量出现，又是基于如下这些原因。语言和文化的巨大鸿沟迫使传教士思考比直接布道更有效的方法，经过调查研究，他们发现用西方知识文化改变中国人固有的观念最为便捷有效，而引进西方观念首先碰到的就是翻译问题。所以，对部分思想开明的传教士而言，到中国后首当其冲的任务就是学习语言并成为一名译者。如果说，这种必要性在他们初临中国时只是一种权宜之策，随着他们寓居中国时间越来越长和对中国历史文化了解的加深，这种自发行为逐渐变得自觉，当然促成这种

① 严复：《商务书馆华英音韵字典集成》序，1903年。

② 沈国威：《近代中日词汇交流研究：汉字新词的创制、容受与共享》，中华书局2010年版，第113页。

转变的还有一些其他因素。[①] 大量传教士双语字典也可以看成是对各个时期译介成果的总结,虽然主要译介对象在词语层,但新词语与新观念、知识甚至思潮文化都有着血肉联系,传教士关于翻译问题的讨论也主要发生在词语的对应问题上。上述王健、刘星、俞江和沈国威的部分研究成果也说明,借助于传教士编纂的双语字典进行法律词语对等研究,这一研究方法和价值是很大的,而且有进一步深入考察的必要。

四、从"双语字典"到"日语借词"

俞江教授借助这些双语字典,"初步刻画了近代汉语中法学语词的形成过程"的几点结论极其重要。俞江认为,近代法学语词的形成过程,既包含语词能指的重新整理,又包含所指的重新聚合,是一个语词获得新意义的过程。而这种整合过程也存在明显的局限性,一是内在的文化上的特点,即尽可能利用传统法文化中的概念、观念比照或理解西方法。比如把"Natural Law"(自然法)分别译成"天然律例"、"天律之法"和"天然之理"。二是形式上最大的特点就是出现一词多译或多词一译。像上面提到"Natural Law"(自然法)的翻译,又如把"Civil Law"(民法)译成"国律"、"文律"、"民律"就是一词多译现象。多词一译的例子也不少,例如,把 Privilege(特权)和 Right(权利)都译成权利。这两种现象,与不懂西方法学或法学专名造成的错译、漏译完全等同。[②]

值得注意的是,上述双语字典都先后不同程度地被日本翻译或摘译,成为日本"汉译西方法学"的主要词语来源。例如,自明治元年

---

① 何绍斌:《越界与想象:晚清新教传教士译介史论》,上海三联书店 2008 年版,第 13 页。

② 参见俞江:《近代中国法学语词的生成与发展》,载俞江:《近代中国的法律与学术》,北京大学出版社 2008 年版,第 9—11 页。

(1868)以来，日本从罗存德的《英华字典》(1866—1869)中就吸收了大量的译词，并以中国的英华辞典底本翻译编纂的《训译华英字典》(永峰秀树，1881)、《订增华英字典》(井上哲次郎，1883)一经问世，就受到了广泛的欢迎。为回应大规模的翻译、著述活动，在日本，各种学科术语辞典的编纂也在积极进行。1884年刊行的《法律字典》，采用大条目注释方式对法律学科的关键术语的定义、内涵加以详尽的说明。上述研究成果对当代汉语外来词研究尤为重要，因为20世纪中期以来的汉语外来词研究者一向认为，许多本是新教传教士首先创立的汉译词，是20世纪初从日语中来的“日语借词”，[①]而近来的研究发现，这些所谓“日语借词”中相当一部分其实是日语从汉语书籍中借去的。随之而来的是，一些原有的汉语词汇悄悄在语言系统中获得了现代法学的意义。在俞江看来：

> 这些语词，往往是原有汉语系统中的普通词汇，它们以句子中心词的身份，先后嵌入理解现代法学语词的解释句中。由于翻译法学著作需要简化，再加上外语语词逐渐完成了在汉语系统中的内化过程，使得理解这些语词已经可以抛开句子而直接用汉语语词表达，这样，语词逐渐代替了句子的地位，并把原先句子所对应的外语语词的意义也转移到词语身上。同时，新的意义获得使这些语词逐渐从汉语中凸现出来，促使其获得相对独立和固定的专用语词的地位，这种固定地位，至少在19世纪末已经获得了。当

---

① 日语借词是借形词，即原封不动地借用原词形。汉字的存在使借形词成为可能。借形词不需要像音译词那样挑选汉字进行音转写，因此也就不会由于言不同造成不同的词形；也不需要像义译词那样花费时间去建构新词。但是，便利性是以牺牲词义的准确性转移为代价的。就是说，这些日语词原封不动地搬入汉语后，我们无法保证中国的读者也能按照日语中的意义去理解和使用这些词。但是，以汉字形式出现的日语借词使日文书的中译至少在外观上成为可能。参见沈国威：《近代中日词汇交流研究：汉字新词的创制、容受与共享》，中华书局2010年版，第281—282页。

然,因为日译法学语词的冲击,它们有的消失了,有的则仍然保留至今。①

李贵连教授亦指出,日本法律教育和法学对中国法律的影响,在文字形式上最突出的莫过于法律用语。李贵连曾阅读过两本日本法律用语书籍:一为1887年出版的《佛和法律字汇》,是法国法律用语与日本法律用语的对译;一为最近几年由日本司法省编纂的《法律用语对译集(中文版)》。通过比较,李贵连说:

> 中日两国的法律用语,写法、含义完全相同的概念,其数量之大,非常惊人。汪庚年所编的《京师法律学堂笔记》,最后一本附有《名词解》,专门解释日本教习讲授中出现的新名词,其中一部分法律用语,如:不动产、不当得利、不可抗力、上告、上诉、仲裁、优先权、信教自由、债权、代位、代理、保释、公判、公诉、再审、动产、动议、自诉、引渡、心证、所有权、抗辩、抗告、拘留、教唆、时效、法定代理人、法人、物权、现行犯、破产、行为地法、证券、预审、质权、违约金等等,这些写法相同,当日需要解释的日本法律用语,今天已成为中国惯用之词。这在世界文化史上,恐怕也是一种罕见的现象。②

李贵连还指出,戊戌变法之前,中国正是由于没有一套相应的近代法律用语,才导致翻译欧美法的困难。今天查阅晚清修律以前的西洋法译作,读起来非常困难,甚至无法阅读,原因皆在于此。沈家本主持法律改革,翻译的外国法中既有《法律名词》,又有《日本法律词典》。显然,这是借用日本法律用语,将中国近代法律用语规范化。可见他当时

---

① 俞江:《近代中国法学语词的生成与发展》,载俞江:《近代中国的法律与学术》,北京大学出版社2008年版,第9页。

② 李贵连:《近代中国法律的变革与日本影响》,载李贵连:《近代中国法制与法学》,北京大学出版社2002年版,第86—87页。

已经碰到这个问题。没有一套近代法用语，不但翻译有困难，立法、司法都有困难。[①] 又据俞江等现代学者的研究，当时日译法学语词大规模的扩张，与法学各科领域的开拓同步。如此说来，法学通论这一学科的开拓离不开法学语词的扩张，两者成共生同构的关系。

在本书的写作期间，笔者曾注意到，晚清的“西学东渐”，不只是为中国带来了具体的学科知识，连同汇总各门类知识的工具书，也发生了由“类书”向“百科全书”的转化。例如，1907 年，商务印书馆出版的《日本法规大全》，形式上，仍然是传统类书的编纂技术，但内容上，却符合“百科全书”之确定性知识体系的要求。特别是《法规大全》及其《法规解字》记录了许多法律术语，同时暗合了已经发表的和待完成的法律知识。透过《法规大全》的法律条目内容，可能隐藏着一些具体的想法和实际操作，如推行“新政”、仿行“立宪”和法制改革，研究这些想法和操作，不仅有助于我们认识关于特定主题——“西学”的传播，也有助于我们理解晚清新政“法典翻译中的日本倾向”（李贵连语），以及日本法律制度的核心特征。[②]

此外，关于《日本法规大全》的附录《法规解字》，我的看法是，晚清新政改革之际，留日学生以译书为手段，达救亡之目的，取得了引人注目的成就。但是，随着法律译本的增多，统一翻译法律用语的呼声也日形急迫。因此，带有规范意义和词典功能的《法规解字》就应运而生。它对《日本法规大全》中比较难懂的专门术语进行解释，以帮助读者准确地理解所收录的 25 类法律规范。此外，《法规解字》只提供相关的、客观的知识，舍弃无谓的、多样的解释，即强调事实而非观点。如此说

---

① 李贵连：《近代中国法律的变革与日本影响》，载李贵连：《近代中国法制与法学》，北京大学出版社 2002 年版，第 87 页。

② 参见拙文：《〈新译日本法规大全〉与晚清新政》，载《华东政法大学学报》2009 年第 2 期。

来,《法规解字》的创新冲动,不是源于创造新的法律知识,而是比较和普及已有的法律知识。[①] 这一点,又与这一时期汉译日本《法学通论》教科书的功能极其相似,即比较和普及已有的法律知识。

第二节 法学学科术语的流变

俞江著有"近代中国法学语词的生成和发展"一文,在该文中,他说:

> 比起19世纪末中国对应英语产生的法学语词,日译法学语词的最大优势就是不再零打碎敲,而是一个完整的语词系统,每一个语词在系统中都各自有相对固定的位置。……自20世纪初期以来,面对成熟的日译法学语词,人们一旦要接受,就不能无视它的系统性,无法随意更改或抽取系统中的个别语词,因此,在移植初期,除全盘接受外,没有更多的选择。[②]

借用这一研究成果,笔者拟再比较清末最后十年间各种汉译《法学通论》教科书中关于"法律"的概念,以此说明当时日译法律概念及其这一概念中所传载的法学观,对中国近代法理学形成发展所带来的深远影响。

一、法学通论与法学、法律学、法理学、法律哲学

从清末最后十年间出版的汉译《法学通论》及其在法政教育应用的实际情形来看,当时各种《法学通论》中所指称的"法学"一般都是"法律

① 参见拙文:《〈新译日本法规大全〉与晚清新政》,载《华东政法大学学报》2009年第2期。

② 参见俞江:《近代中国法学语词的生成与发展》,载俞江:《近代中国的法律与学术》,北京大学出版社2008年版,第17—19页。

学”，这预示着《法学通论》亦是关于“法律之学”的“通论”——一种新的诠释与解释。在这种诠释中，日本学者一般认为，法学是“关于法的科学的总称”。然而，围绕这一观点的争论，如法学是不是一门科学，以及如何成为一门科学或者说“法学之位置如何？”一直是日本法学理论的热点。通过汉译日本《法学通论》教科书这一特殊的窗口，这一争论亦成为20世纪初，中国学界热衷关注的一个小热点。当时，来自日本学者对这一问题的相关论述，有助于时人深化对“法学”的理解。

第一，法学与法律学

据现代学者研究，明治维新前后，随着日本国民革命意识的高涨，西方的各种法律制度和法学理论也开始传入日本。1868年，福田孝平在《日本国当今急务五条之事》（载1868年4月10日《中外新闻》）中，首次提到“法学”这一用语，而津田真道编译的《泰西国法论》则有详细说明，“法学，法语称之为 jurisprudence 或 Science du droit，英语称之为 jurisprudence 或 science of law 或单称 law，德语称之为 Rechtswissenschaft。汉土的语法与英语相似，故将此学的总名译为‘法学’。”[①] 明治四年（1871）以后，在日本政府的文件中，也开始广泛使用“法学”一词。而作为课程讲义的名称，则是由穗积陈重（1855—1926）于明治十四年（1881）在东京帝国大学法学部首次使用的，即 Enzyklopadie der Rechtswissenschaft（即“法学通论”）。[②] 至19世纪末，“法学”一词在日本已成为一个基础性概念，在一些法律论著，如高桥达郎编译的《英国法学捷径》（1883）、河地金代译《法学通论》（1886）、穗积陈重著《法律学的革命》（1889）、冈村司著《法学通论》（1900），以及各大学法学部的

---

① 津田真道编译《泰西国法论》“凡例”，载《明治文化全集》第13卷，1929年初版。转引自何勤华：《汉语“法学”一词的起源及其流变》，载《中国社会科学》1996年第6期。

② 穗积陈重：《续法窗夜话》，岩波书店1936年版，第139—140页。转引自何勤华：《汉语“法学”一词的起源及其流变》，载《中国社会科学》1996年第6期。

法学通论讲义中,“法学”一词都已被广泛使用。

例如,在矶谷幸次郎的《法学通论》(1902)中,矶谷氏首先指出研究“法学之必要及方法”,他说:“习各种法律之原则,虽不能尽记数千条之律文,而遇事庶几无狼狈之虑,是研究法学,为今日之第一要义也。……夫以法律制御天下如今日,苟既为天下庶民之一,即非专门法学家,亦不可不具关于法律之普通智识。此研究法学,为今日不可已之第二要义也。……法律学或为比较法学、或为分析法学,或为推理法学,剖析毫厘,阐释极眇,非如政治学及理财学之粗放也。故宜具绵密思想,与推理上之判断力。”[①]从上面这段文字,我们可以得知,矶谷氏所说的法学,其实就是关于法律之学。

那么,何谓法学?其性质又是怎样?矶谷幸次郎说道:“法学者,非立法论,又非释明现在之法律者,惟各国古来所行之法律,为法律主要之材料。法学基础,在就此等法令而考究之,此等法律,随着社会之文化进步,而与之俱进,绝非停滞者也。”[②]在此基础上,矶谷氏区分了“法学与法术”,他说:

> 以古今东西之法律材料,而发现法律上之原理原则,为法学。适用其原理,施之实际者,法术家之职也。譬如考究权利义务之本质,为法学;知其本质,而保护权利,遂其义务者,为法术。……法学如行船之磁针,法术家不知法律之本性,不解原则之如何,漫然从事于法律,则将有破舟之险矣,此实务家之所以必须研究法律也。[③]

---

① [日]矶谷幸次郎:《法学通论》,王国维译,载何佳馨等点校:《〈法学通论〉与〈法之本质〉》,中国政法大学出版社 2006 年版,第 22—23 页。

② [日]矶谷幸次郎:《法学通论》,王国维译,载何佳馨等点校:《〈法学通论〉与〈法之本质〉》,中国政法大学出版社 2006 年版,第 48 页。

③ [日]矶谷幸次郎:《法学通论》,王国维译,载何佳馨等点校:《〈法学通论〉与〈法之本质〉》,中国政法大学出版社 2006 年版,第 51 页。

这种关于"法学与法术"的讨论，几乎在当时所有的《法学通论》教科书中都有论述。例如，刘崇佑译织田万著的《法学通论》亦有这一方面的论述、中国学者如孟森，在其《新编法学通论》中，亦继承了这一学术传统。20世纪20年代，王振先在其著述的《中国古代法理学》中，仍然讨论了法学与法术两者的关系，他认为：

> 法理学之本义，固在推求法律之原理，而原理未经发现以前，不能不有因应之方，以施行于庶事，是为法术。法术之起，恒先于法学，盖有国家，则必不能无法律，即古代国家组织，异常简单，而法制之术，不能不备。既有法制之术，自必有诠释之、适用之、推阐之者，于是法理学随之而兴。①

大约十多年前，我国法理学界曾经讨论过要"法学家"还是"法律家"？其实，也是这一法学与法术问题，在今天的延续。

1903年，李广平（李叔同）在南洋公学读书期间，曾翻译过日本学者玉川次的《法学门径书》。在该书中，法学亦为法律学之同义语。作者玉川次认为，"我辈治法律学者，得法学上之智识，以治法律。譬犹得仓库之健，既得此健，物之贮于府库者，皆可以出纳自由。与我辈得法学上之原则，其理同也。"②在其介绍分析、历史、比较、哲理等四种法律学研究法中，玉川次针对分析研究法说："此种研究法，自古有之。惟于自然法盛行时代，取各国法律这现象，而分析之，辄斥其研究之法为卑近。晚近以来，依此法研究法律学者，如英之明若模氏（即边沁）、奥斯汀氏，研究法律学、每取一种法律之现象，明其组织成分。故研究法理，依此分析法者，始于英美，遂成一学派。而二氏者，实为分析法学派之

① 王振先：《中国古代法理学》，上海商务印书馆1925年版，第1页。

② ［日］玉川次：《法律门径书》（1903），李广平译，载郭长海、郭君兮编：《李叔同集》，天津人民出版社2006年版，第216、218页。

鼻祖云。"[①]在该书中,作者还有如是之说:

法律者,为吾国民之生活一举手一投足间所不可缺者也。故国民阙法律思想,不得制胜于社会之生存竞争。矧如吾国(日本)立宪之国民!顾可谓法律者,存于法典中,行于法庭上,国民无应知之义务也。呜呼,此大谬矣。法律学非法律家专有之物,凡属于国民即有知法律之义务也。近世欧美各国,于普通教育学课中,有法律制度之课目,其明证也。[②]

张知本等人于1905年编辑的《法学通论》,绪论和第一篇法学的内容,主要来自奥田义人讲授的法学通论。该书认为,"研究法律之细目,不可不让诸专门法学者,而通晓法学之大纲,则普通国民之义务"。[③]所谓"法学者,科学也,或曰法学者,法律之学问也。以研究法律现象中通之元素为其职分,非有他也。而法学之范围,决非一定不动者也。伴社会进步实际之法律的现象。不但渐次增加,且有进步变迁。故仅研究一国一代所发生之法律的现象,其材料狭隘不能发见真正之原理。欲发见真正之原理,须因时、因地、因人,究其普通原理之上。"[④]在"法学之本体"一章中,作者首先简要介绍了西方法学,"其势力及其余泽"在晚近延及东洋日本并输入我国的历史,认为,"我国法学,今始萌芽"。尽管我国"普通之知识,尚未完备","然从此以往,逐渐发达。当必伴学

① [日]玉川次:《法律门径书》(1903),李广平译,载郭长海、郭君兮编:《李叔同集》,天津人民出版社2006年版,第216页。

② [日]玉川次:《法律门径书》(1903),李广平译,载郭长海、郭君兮编:《李叔同集》,天津人民出版社2006年版,第213—214页。

③ 张知本编辑:《法学通论》,湖北法政编辑社《法政丛编》的第1种1905年版,第3页。

④ 张知本编辑:《法学通论》,湖北法政编辑社《法政丛编》的第1种1905年版,第6、8页。

术思想之进步，而与日本同一现象也。”①在这本法学通论教材中，张知本还从“法学”之语义渊源，从谱系辨识的角度介绍了这一学科术语，并就该术语翻译成中文作了说明：

> 法学以发生于罗马故，欧洲诸国用起因于罗甸语（即拉丁语 Jurisprudentia）之（Jurisprudence）一语为法律科学之名称。盖罗甸语之（Jurisprudence）即自（Juris 法）（prudence 知识）二语构成者。然欧洲诸国除英国而外，表示法学之科学通常不用（Jurisprudence）之语，其在法国则用（Sciencedudroit 法律之学问）之语。其在德国则用（Rechts wissenschaft 法律之学问）之语。反诸英国普遍以（Jurisprudence）之语表示法律之科学，时或用（Science of Law 法律之学问）之语。
>
> Jurisprudence 一语，时或为法律之意义，时或为法律见解之意义。随其所用而变，以不混同为要。日本维新以前，不知法律学问为何物。与我国今日现象有同慨焉。晚近欧洲学术输入，始有法学若法律学之名称，故欲知日本所谓法学若法律学者，不可不知上述诸语之翻译语。且不独法学之名称，法律所用语文字，莫非翻译新造者。我国学者欲讲法学，取日本所定法律名词，斟酌用之，诚为事半功倍也。②

胡挹琪编辑的《法学通论》第一篇第六章为“法律学之分类”，译自中村进午的讲义，中村氏既有基于土地、时代和法律现象上的一般法学和局地法学、现行法学和非现行法学、普通法学和特别法学等各种“法律学”，又有基于法律主义上的自然法学、注释法学、分析法学、历史法

① 张知本编辑：《法学通论》，湖北法政编辑社《法政丛编》的第1种1905年版，第2页。

② 张知本编辑：《法学通论》，湖北法政编辑社《法政丛编》的第1种1905年版，第3—4页。

学、比较法学等“法学”。[1] 这说明中村氏的“法律学”与“法学”概念亦是相通的。而同一时期,日本学者梅谦次郎关于“法学”与“法律学”的含义及其使用,则相对比较严格。他认为,如取希腊、罗马及日本之法律比较之,谓之“比较法律学”;或就古来法律研究文章与事物之真实,谓之“法律史”;考求法律之源流,谓之“沿革法律学”;研究一国及各国之现行法,谓之“比较法学”;研究本国之现行法,谓之“法律学”。[2]

第二,法学通论与法理学、法律哲学

清末最后十年间,许多不同时间印行的汉译《法学通论》教科书,在论述法学或法律学的同时,往往也谈及“法理学”、“法(律)哲学”等学科术语。例如,译书汇编社成员章宗祥、戢翼翚在其编译的《新编法学通论》中,开篇就有如下观点:“法学通论一书,关于法学之全体,盖以示其大纲者也。凡物必先明其大纲,而后详其细目。欲修法学者,非修法学通论不为功。今学法学通论之效用,厥有二端,一曰名法学全体之概念。二曰知法学各科之关系。”[3]该书在论及法学全体和法学各科的关系时,还使用了“法理”这一概念。作者说道:“欲讲此学者(即法学通论),当本于其国现行之法律,乃为有益,并须知普通之法理,是其本旨也。”[4]这种“普通之法理”其实就是今天的“法理学”概念。在论及各法学学派时,同样用“法理”加以说明。例如,“比较法学者,比较各国之法。辨识其规定之同异,性质之差违,以推知其法理或证说法之旨趣者也。哲理法学者,专于理想上研究法学,可否取舍,一依纯理而论究法理者也”。[5]

---

① 胡挹琪编辑:《政法述义·法学通论》(第1种),政法学社1913年再版,第12—17页。

② 胡挹琪编辑:《政法述义·法学通论》(第1种),政法学社1913年再版,第44页。

③ 章宗祥、戢翼翚编译:《新编法学通论》,第1页。

④ 章宗祥、戢翼翚编译:《新编法学通论》,第2页

⑤ 章宗祥、戢翼翚编译:《新编法学通论》,第15页。

在张知本等人编述的《法学通论》第三章“法学之学派”中，作者们将法理基础不同的法学学派分为：宗教法学派、理想法学派和实验法学派。其中，宗教法学派，“谓神法为法律之根元，以神法为研究法理之基础。”[①]自然派、纯理派、人性派等“理想法学派”，于法律的现象，认自然之原理，则存在以此原理原则为基本，而研究法理者也。而分析法学派、比较法学派、历史法学派等“实验法学派”，收集实际法律的现象，自是归纳而研究法律者也。谓于实际法律的现象以外，无法理之根据。[②]

在这一时期众多的梅谦次郎的《法学通论》教科书中，则明确出现了“法理学”的概念。例如，上述胡挹琪编辑的《法学通论》，在讨论“法律者学欤抑术欤”即“法学”与“法术”时，梅谦氏认为，法律属于（法）“学”者有三。其中，研究法律之合于时（代）与地（域）者，如“法理学”亦名法律哲学。[③] 有一些编译或翻译的《法学通论》，也可见到“法律哲学”一词以及其基本的定义。例如，1903 年，在李广平翻译的《法学门径书》之第六章中，作者就提及“法律哲学”一词，他说，“研究法律最高之原理，不可不依法律哲学。然法律哲学如何者也，存于法律现象中，普通之元素颇多。必通其现象，乃知其学问，故其通常于法律学，其程度之差异，不过异其广狭也。”[④]

又如，1907 年刘崇佑译日本织田万的《法学通论》云：“法律哲学者，广通于各种之法律现象，而研究其最高原理之学问者也。此种法学，不论时之古今，地之东西，皆以普察法律之所以发达变迁，审查其原

① 张知本编辑：《法学通论》，湖北法政编辑社《法政丛编》的第 1 种 1905 年版，第 21 页。

② 参见张知本编辑：《法学通论》，湖北法政编辑社《法政丛编》的第 1 种 1905 年版，第 27 页。

③ 胡挹琪编辑：《政法述义・法学通论》（第 1 种），政法学社 1913 年再版，第 43 页。

④ ［日］玉川次：《法律门径书》（1903），李广平译，载郭长海、郭君兮编：《李叔同集》，天津人民出版社 2006 年版，第 220 页。

因结果之理由,而确定法律上一切之观念为目的者也。”[①]织田万《法学通论》是中国较早出版冠以“法学通论”之名的译著,由上海商务印书馆1907年出版。在这本《法学通论》的绪言中,织田氏在论述《法学通论》,“欲网罗关于法律一切之现象,而得其原理之概念”的研究目的,并考究《法学通论》之必要后,织田万以其“所信最完备者,取舍选择之,以启发读者智识而使之通于法律全体,故分本论二卷,第一卷曰总论,盖论通于法学及法律全体之原理。第二卷曰各论,则就于日本现行法规而略述法律各部之性质”。[②] 这种《法学通论》的编撰体例对后世影响极大。在许多现代法律学人看来,织田万在学术上最大的业绩是他的巨著《清国行政法》,并不是这本《法学通论》。但在笔者看来,织田万的《法学通论》对中国近代法理学的形成和发展的作用亦不可低估。例如,这本书以后在中国曾多次再版,至宣统二年(1910)就有了第8版,民国十三年(1924)有16版,民国十五年(1926)有17版,至1930年,则出至第19版。这本《法学通论》之所以如此畅销和流行,可能与商务印书馆及其著者、译者均有许多关联有关,但最主要的原因,恐怕还是何勤华先生所说的那样,“在一定意义上,它在中国开启了编写‘法学通论’作品的模式。”[③]

在胡挹琪编辑的《法学通论》(1907)第一章“法学通论研究之方法”中,作者中村进午首先就“研究关于法律学问之全般之意义”,给法学通论下了一个定义。接着指出“就普通一般之法律,通同研究其原则”和“于特殊之法律,一一窥知其概要”等两个方法的各自优缺点,然后作者

① [日]织田万:《法学通论》,刘崇佑译,上海商务印书馆1907年初版,1926年15版,第9页。

② [日]织田万:《法学通论》,刘崇佑译,上海商务印书馆1907年初版,1926年15版,第1—3页。

③ 何勤华:《中国法学史》第3卷,法律出版社2006年版,第145页。

主张,"欲研究法学通论,以为从事法律学之阶梯者",须并用以上两个方法。[①] 中村氏认为普通法学如"法学通论"及"法律哲学"是"基于法律之诸现象而研究之者也",而特别法学如"民法上之买卖"、"刑法上之权利"及"行政法上之义务"是"仅对于特别之法律现象而研究之者也"。[②] 这种关于普通法学包括"法学通论"和"法律哲学"的理解,实际上主导了法学通论的编撰方式:例如"法学篇"与"法律篇"或者"总论篇"与"各论篇"的模式,就是由这一主张而来。基于研究主义之分类而涉及对自然法学、注释法学、分析法学、历史法学和比较法学等内容介绍,更是后来"法学通论"之"法学篇"部分的主体结构。

日本法学家冈田朝太郎在京师法律学堂(该学堂于 1906 年开学)讲授"法学通论"时,则直接把"法理学"等同于"法律哲学"。即指"法理学(法律哲学),以研究国法之最高原理为目的者。"[③]汪庚年在按语中还说:"最高原理者,不问其沿革若何、比较若何,惟问其当然之性质,与其性质之原因。……中国自春秋战国以迄隋唐数百年间,法律历史代有变更,而申韩诸子,当战国时,发明法理,颇具有哲理之精神。自汉唐以后,只知研究条文,不惟讲法理者绝无其人,即比较法学与系统的法学,亦未之见。诚以中国人之性质,自尊自大,以已国之法律为完全,而以他国法律为不足取,且皆泥古而无发明新理之思想。此法学以无进步欤。"[④]

在清末,与"法理学"术语相同或相近的名词,还有"法律哲学"、"法律理学"和"性法学"。其中,法理学又称为法律哲学,这从清末开始已成为中国一部分法学者的基本判断。因此,我们大致上可以说,清末开

---

① 胡挹琪编辑:《政法述义·法学通论》(第 1 种),政法学社 1913 年再版,第 1 页。
② 胡挹琪编辑:《政法述义·法学通论》(第 1 种),政法学社 1913 年再版,第 13 页。
③ [日]冈田朝太郎:《法学通论》,汪庚年编辑,京师法学编辑社 1911 再版,第 11 页。
④ [日]冈田朝太郎:《法学通论》,汪庚年编辑,京师法学编辑社 1911 再版,第 11 页。

始出现的“法理学”和“法律哲学”等学术界用来指称现代法学中的一般原理的名称,都是从日本流入的或者说是从汉译日本《法学通论》教科书中而传入的。但是,在近百年的历史中,中国和日本的“法理学”和“法哲学”已各自发展成为不同范畴和体系的法学学科。与我国现代法学家重“法理学”轻“法哲学”的倾向不同,日本理论法学却保持提倡“法哲学”和容许“法理学”自由发展的传统,并且创造性地提出了“法哲学与实定法学的对话”等法学方法。[①] 日本的法哲学来自德国,它在日本的法律教育中,一直占有极其重要的地位。正如日本著名法学家加藤新平指出的那样:“19 世纪末形成的新康德主义法哲学的发展,唤起了自 19 世纪中叶以来实证主义法律思想的支配下陷于长久停滞和不信任的法哲学的再生,造就了 20 世纪热烈的法哲学讨论的开端。”[②]在这里,笔者感兴趣的问题是,从日本传入“法理学”和“法哲学”概念后,为何所走的路和所关注的事,与日本在这两个概念下分道扬镳?这恐怕还是当时,国人容易接受来自日本的《法学通论》教科书中的法理学思想,而不容易接受其他关于“法律哲学”论著中的法学思想观念。换言之,近代中国法理学接受的是《法学通论》教科书意义下的“法理学”或“法律哲学”,而不是那种纯粹意义上的“法律哲学”。

现代学者认为,日本是较早从西方引进法哲学、法社会学和比较法学的东方国家,理论法学在其整个法学体系中占有极其重要的地位,为整个日本法学的繁荣和发展奠定了思想和理论基础。[③]

---

① 陈根发:《论日本法的精神》,北京大学出版社 2005 年版,第 28—29 页。

② [日]尾高朝雄、加藤新平:《法哲学讲座》(第 5 卷上册),有斐阁 1960 年版,第 53 页。转引自陈根发:《论日本法的精神》,北京大学出版社 2005 年版,第 29 页。

③ 陈根发:《论日本法的精神》,北京大学出版社 2005 年版,第 28 页。

二、法学与其他学科之关系

鸦片战争前，中国文化是单一的封建文化。结构上，封建纲常伦理是这个文化体系的核心。随着"西学东渐"与中国传统文化积极因素的结合，特别是至晚清时期，"民主"、"平等"思想的出现，从根本上动摇了纲常伦理的文化统治权威，加之"体用"论是传统思维范式，构成了中国知识界认识西学的基本方式，并最终形成"中体西用"（新学）模式。随着西学的传播及其学科体系对晚清文化界的广泛影响，以学科分科为特征的近代文化开始形成。哲学、政治学、法学、社会学、经济学、教育学、自然科学等新的学科出现。旧的学科内容也发生了根本变化。如史学，出现"新史学"、"史学革命"。语言学，则出现切音、简字、注音、字母、白话文运动。清末学制改革，西学或新学大为流行，许多现代学科名词均已出现。

在王国维译矶谷幸次郎《法学通论》（1902）的绪论中，在论及法学与其他学科之关系时，尽管并不集中，但多有涉及。例如在论及"习法律者必须之资格"时，矶谷氏主张，欲修法学，以法学立身者，宜通普通学科，如汉学、如地理历史、如数学。矶谷氏还打比方说："普通学如土地，专门学如种子。地质粗恶之处，虽有佳种，不能得良果也。"[①]在"法律与他学科之关系"中，矶谷氏说："法律学者，以法律为基础，为标准，而讨究社会之显著者也。其所关系，大自国家政治，下迄匹夫行动，无不息息相涉。因之与诸学科有密接之势，绝非由法学单独之力，即能全法学之道也。"[②]在这里，矶谷氏主要讨论了法学与心理学、历史学、地

---

① [日]矶谷幸次郎：《法学通论》，王国维译，载何佳馨等点校：《〈法学通论〉与〈法之本质〉》，中国政法大学出版社2006年版，第28页。

② [日]矶谷幸次郎：《法学通论》，王国维译，载何佳馨等点校：《〈法学通论〉与〈法之本质〉》，中国政法大学出版社2006年版，第38页。

理学、统计学、经济学及政治学的关系。这种讨论,亦开创了中国近代法理学的编写传统。后世学者在编撰中国人自己的《法理学》或《法学通论》教科书时,几乎都会讨论法学与这些学科之间的关系。

在李广平翻译的《法学门径书》(1903)中,日本学者玉川次亦专门论及"学法律学有必要之学科",他认为,"将欲研究何种学科,皆当基于普通学之素养,此通例也。而欲研究法律学,其必要之学科凡五:一、外国法学。二、名学。三、生计学。四、历史学。五、哲学。"[①]其中,关于名学的一段文字尤其值得我们注意,玉川次如是说:

> 法律者,为关于理论之学问。故学者先当研究名学,养成论理之思想。法律上有疑问,我辈借名学以审察其几。譬犹物理诸学科,用机械药品等以试验其理。故法律判断其当否,一以论为主。欲解释适用之法律,非依名学之解释不可也。又裁判官于法律之规定,虽于情形为不明不备,不得拒其法律之适用。然使法律有前后矛盾文字,彼裁判官将徒泥法文乎?故用名学解释之法,能适用于法律之结局也。法者,死物也。其解释适用因人而活动之,故如前者之情形,以名学解释其法律,乃可补充其不明不备之处。否则,终于死文徒法,不得谓为吾法律家之天职也。要之,名学者,解释适用之法律,且可定法律之疑问。惟而言之,其应用之范围至广,然从事法律学者,当依名学以养成论理之思想为急务也。[②]

梅谦次郎在其《法学通论》中,虽然没有专门论及法学与其他学科,但在讨论法律与道德、政治、经济的关系时,亦涉及法律与伦理学、政治学、经济学等学科。对法学与其他学科讨论较多的,有熊元瀚、汪庚年

---

① [日]玉川次:《法律门径书》(1903),李广平译,载郭长海、郭君兮编:《李叔同集》,天津人民出版社2006年版,第218页。

② [日]玉川次:《法律门径书》(1903),李广平译,载郭长海、郭君兮编:《李叔同集》,天津人民出版社2006年版,第219页。

等依据日本法学家冈田朝太郎的讲义编辑而成的《法学通论讲义录》，熊元瀚、汪庚年都在冈田朝太郎讲义的基础上，增加了众多按语。这种通过编撰“按语”的方式，记录和解说法学通论的讲义精华，可以说是这一时期汉译《法学通论》的一大特征。

在汪辑京师法律学堂笔记中，讨论了科学的种类及法学在科学上所居之位置。认为法学者，乃国家的科学之一部分。① 在该书中，冈田氏讨论了法学通论的两种效用。一、法治国之臣民，欲完全伸张其权利，履行其义务时，必先明国法之要点。法学通论，即说明其要点，以应一般人民之需用者，故即以法学通论为普通学之一科可也。二、大抵一切法学，皆有互相联络之妙，苟废其一，则其余科学，亦不能造精微之诣。虽然今之科学，纷纭错杂，绝非一人之精力，所能究其全体者，势不得于专门以外之科学，仅足知其要点，已觉不嫌于中，故以法学通论为专攻其他科学者之补助学可也；对此，该书编辑者汪氏分别加按语说道：以法律治其国家，乃称为法治国。凡法治国必人人具有法律之知识，而后能伸张自己之权利，履行自己之义务。故此为普通学问，人人当知者也。欧洲各国法学通论入中学堂课程者，即使法律思想普及全国之意也。各门科学，何以有互相联络之妙，例如医学与法学，本不相涉及，然在裁判所之法医，如鉴定被杀伤者，被强奸者及精神病者，非精于医学不能胜其任。医学即为法学之辅助学。其他可类推。② 此后，国人编辑自己撰写的法学通论时，在讨论法学与其他学科关系时，亦常用法学与医学加以说明。例如夏勤、王觐、白鹏飞的《法学通论》都有法学与医学的讨论。

---

① ［日］冈田朝太郎：《法学通论》，汪庚年编辑，京师法学编辑社 1911 再版，第 1 页。

② ［日］冈田朝太郎：《法学通论》，汪庚年编辑，京师法学编辑社 1911 再版，第 12—13 页。

第三节 西方法学流派的初期引介

考察这一时期汉译《法学通论》教科书对西方法律理论的研究,不外乎这样三个方面或曰三个编撰体例。一是法律自身运转的规则,比如立法、司法、法律规范、法律关系、法律适用等,它一般是“法律篇”讲述的内容;二是法律与社会存在的关系,比如法律的作用、法律与政治、经济、道德、科技的关系等;三是法的认识论和历史观,包括法的本质、法的历史类型的看法、对权利、自由、正义的看法等。围绕这三个领域,西方形成了三大法学派别,即实证(分析)法学派、历史法学派、哲理法学派(或自然法学派),这些内容一般是“法学篇”涉及的主题。这三个领域的研究成果、形成的科学学说,成为汉译《法学通论》的固定结构。接下来,笔者重点分析这一时期的几种汉译《法学通论》教科书关于西方法学流派的早期介绍。

一、自然法学派之法律思想的早期译介

文化交流从来都是一种双向的运动过程,没有也不可能存在过单纯的输入或输出。因此,“西学东渐”、中学西传,始终是近代中西文化交流的基本格局。明末清初,西方文化开始大量地输入中国,“朝野之士,蒸蒸向化,肩背相望”。不期在雍正元年(1723),一纸禁教之诏,就把中西文化交配的初苗斩断了。这正是18世纪之初,自然法思想极盛之时,西洋现代法律科学,正在长成阶段,而吾国未能稍受玷濡。[1] 但自鸦片战争以后,西方文化在西方炮舰的开路下,开始大规模进入中国。就西方法学流派在中国的引介和传播的情形来看,要数自然法学

① 参见王伯琦:《近代法律思潮与中国固有文化》,清华大学出版社2005年版,第1页。

派最为风光。现有的资料表明，西方自然法学的思想，在清末民初开始传入中国，亦有证据证明可能更早。在这里，笔者依据清末民初几种有代表性的汉译《法学通论》，从中引出自然法学派在中国的早期流传和译介情况，并略加以分析。

1902 年，在王国维译自日本矶谷幸次郎的《法学通论》一书中，对“自然法”就有不甚系统的介绍。“自然法者，非我邦法律学者之所谓法律，专谓自然之原理、原则。即制定法律时，所据为最高之标准者也。”[①]作者指出，近世自然法与人定法“多相混同，不能见区别也，……或云自然法自道理出，人人有当服从之义务；或云自然法以正义为基础，出于天帝之命令。……而就此驳杂之意见中，类别之，第一，为性法说，即法律之完全，必不可不基于人之天性，基于天性之自然法律，故云自然法。无论何国之民，不相谋而遵奉之者，此根于人间本来性质之说也，故谓自然法。第二，则于自然法极广其义而释之者。谓人为动物之一物，既生于此世，不可不服从宇宙之大法，即如男女之关系，儿女之养育等。此非独人间所行，故为自然之大法也。第三，则以自然法与罗马之普通法同视之学说是也。……”[②]在这本《法学通论》中，作者还在介绍了近代英国布莱克斯通的自然法学观点的同时，还引奥斯汀的观点加以批判。作者认为：“自奥斯汀氏出，排斥自然法学说，而明其与人定法之区别……嗣后自然法之名渐减，前所行之学说，遂皆以为陈腐不鲜者。”[③]以上译介，使国人大致了解了“自然法”及其各种对立的主张。

1905 年，张知本等编译奥田义人、梅谦次郎等的《法学通论》讲义，

---

① ［日］矶谷幸次郎：《法学通论》，王国维译，载何佳馨等点校：《〈法学通论〉与〈法之本质〉》，中国政法大学出版社 2006 年版，第 71 页。

② ［日］矶谷幸次郎：《法学通论》，王国维译，载何佳馨等点校：《〈法学通论〉与〈法之本质〉》，中国政法大学出版社 2006 年版，第 71—72 页。

③ ［日］矶谷幸次郎：《法学通论》，王国维译，载何佳馨等点校：《〈法学通论〉与〈法之本质〉》，中国政法大学出版社 2006 年版，第 73 页。

在该书第一篇第三章“法学之学派”中,认为对“自然法有异见解者”,又可分为自然派、纯理派及人性派三学派。“自然派者谓自然法存在。其所谓自然法者,指人类自然之状态所行之法而言,区别建设国家已前所行之法,为自然法。组织国家已后依人所定之法为人定法。论断人定法须以自然之原则为标准,适合于自然之法之人定法,称为良法。背驰于自然法之人定法,斥为恶法。……第17世纪荷兰格劳秀斯(Grotius)出,排斥神学见解,用哲学的见解谓自然法者,由来于人类自然之性质之法。遂起人性法学派一派之源。其后欧洲诸国,君权强大,流于专政,为其反动,而生社会契约学说。想见像缔结国家组成之契约已前,人类营社会生活之时代,结局关于自然状态之见解。一转而为历史的见解。谓自然法为人类未为国家生活之时代,行于实际之法。所谓自然法派者,即由此而生者也。其学派发萌芽于英国霍布斯(Hobbes)至法国卢梭(Ronsseau)始完成。及实验派兴,其论据全失。现今绝无抱持其学说而唱此派者”。①

1907年,胡挹琪编译的《法学通论》,据日本学者中村进午的讲义说:采自然法学者,谓法律上之原理原则,自先天的存在于宇宙之间,立法者所云制定法律,限于从自然法之所命,从而制定之谓也。论自然存在之原理原则,当随学者所研究,故说自然法学者,虽非有同一之主旨,而可于大体分为三种。即纯粹自然法学说、理性学说、人性学说。② 在该书第二篇第一章“法律之定义”中,又据梅谦次郎关于理想派之法律定义的介绍时说,“理想派因时代之变迁,而立说各殊,名称亦因之而

① 张知本编辑:《法学通论》,湖北法政编辑社《法政丛编》的第1种1905年版,第24—25页。

② 胡挹琪编辑:《政法述义·法学通论》(第1种),政法学社1913年再版,第13—14页。

别，始曰性法或曰自然法。大略谓法律本乎人之天性而自定。"[①]以上，基本上都是转译日本学者对自然法学的看法。

同年，刘崇佑译自日本织田万的《法学通论》第一篇第三章"法学之各派"，亦有关于自然法学派的介绍。该书认为，自然法之意义，学者之说各异，主要有自然法者，盖当人类生息于自然之状态，所行之法则也，或自然赋予一切动物之法则是也，或乃上帝所指示之完全法则而得以吾人之理想发见之者也，亦或基于人之禀性之法则也。[②]

二、分析法学派之法律思想的早期流传与译介

1902年，梁启超以中江兆民的《理学沿革史》为蓝本，写成《乐利主义泰斗边沁之学说》一文，对边沁这一分析法学家的代表人物进行了介绍。同年，在王国维译自矶谷幸次郎的《法学通论》中，就分析法学(Analytical Jurisprudence)有这样的介绍说，"分析法学者，解剖法律，而明其成立与原质，及究其关系之方法也。……属此学派著名之人者，有英国之边沁、奥斯汀氏。"[③]1902年，留日学生章宗祥、戢翼翚编译的《新编法学通论》亦有类似的译介。

1905年，张知本等编译奥田义人、梅谦次郎的《法学通论》，"分析法学派者，取各法律的现象，分析解剖之。明其组织及其成分，发见(现)同种之法律的现象中所存在之要素。以研究法理者也。谓法律专为主权者所作为，于其实际之法律的现象之外，无法理之可取。故但以分析解剖为研究法理之方法。例如，有占有之法律现象，则分析解剖其

① 胡挹琪编辑：《政法述义・法学通论》(第1种)，政法学社1913年再版，第19页。

② [日]织田万：《法学通论》，刘崇佑译，上海商务印书馆1907年初版，1926年15版，第14页。

③ [日]矶谷幸次郎：《法学通论》，王国维译，载何佳馨等点校：《〈法学通论〉与〈法之本质〉》，中国政法大学出版社2006年版，第49页。

所组成之元素,而知其意思与实力之存在。有合意之法律的现象,则分析其所组成之元素,而申与诸之存在。此派之学说,至17世纪英国之霍布斯唱道之。及19世纪边沁祖述之,继而奥斯汀为此派学派之鼻祖”。[①]

胡挹琪编译的《法学通论》则说:“分析法学者,取法律之要素而分析之。以窥其原理原则,为研究法律者也。”[②](以上译自中村进午讲义)在“法律之定义”中,将各派法学之定义归于理想派和历史派。其中,将今之分析法学派归于历史派,并认为,“历史派者,以事实为标准者也。其大旨谓主权者制定之外无法律,法由人定,无所谓理想法。唯据过去及现在之事实,审其时代及国土民情之现象若何以制为法律耳,其定义曰:法律者,主权者直接又间接所定之规则也。主权者何?如立宪国之君主,共和国之国会,有支配一国之权力,是谓主权者。其直接所规定者,出自君主裁可之法律与敕令,是也。间接所定者,委任机关各官吏,所发之命令及认定之惯习法是也”。[③]

梁启超在“论中国宜讲求法律之学”一文中,特别强调“发明西人法律之学以文明我国”。1906年,梁启超又翻译日本法学博士奥田义人所著的《法学通论》中关于“论法律之性质”一章,并有以下介绍:

> 命令说,谓法律为主权者之命令。此观念导源于罗马法曹,而大成于英国之分析学派。霍布士曰:法律者有权力之人命某部下,以某事当为某事不当为之言语也。其后边沁、阿士汀(即奥斯汀)皆祖述之,因曰,法律者,治者规定受治者之行为所颁命令也。此

---

① 张知本编辑:《法学通论》,《政法丛编》第1种,湖北法政编辑社出版,第27—28页。

② 政治述义第一种,《法学通论》,胡挹琪编译,政法学社出版1907年初版,1913年再版,第16页。

③ 政治述义第一种,《法学通论》,胡挹琪编译,政法学社出版1907年初版,1913年再版,第19页。

说大得学者之赞同，一时阿士汀之后，震全欧法学界。虽然，亦非笃论也。命令者云，优强者所行诸劣弱者也。劣弱者若不率则恶报随之，制裁是也。①

三、历史法学派之法律思想的早期流传与译介

1902年，在矶谷幸次郎《法学通论》绪论之第六章中，提及沿革法学(Histrical Jurisprudence)，他说：“沿革法学者，谓征历史之事实，而究法律之发达，以讨其原理原则是也。……属此学派者，有德之萨维尼氏等。近世以沿革法学著名者，有英之梅因氏，均最有名者也。”②

1905年，张知本等编译奥田义人、梅谦次郎的《法学通论》，“历史法学者，讨究法律之现象之沿革，明关于法进止兴废之原理，以研究法理者也。视法律的现象，非一定不变者。又认定法律之原理，非万古不易者，谓法律为社会事物之反照，社会有变迁，则法律亦不能不变迁。故法律者，非制造物而发达物也。以此观念为基础，从而明其进化及其发达，以为研究法理之方法。……通常以沙比尼为此学派之鼻祖。近世英国之梅因(Maine)，大兴历史法学，著书公世，故英国以梅因为历史法学之鼻祖”。③

1907年，胡挹琪编译的《法学通论》中说，历史法学者，调查沿革的法律上之现象，而因之以研究法律之原理原则者。盖仅在现在之现象，以判定或事时，则易流于偏颇，故曰征之既往之事实而为研究者。在附录中该书还提及：“德之矶波氏欲使人情风俗惯习等归于一致，著一书，题为：‘德国普通法典之必要’公之于世。萨维尼见而非之，谓法律为人

---

① 奥田义人：《法学通论》，梁启超译，载《新民丛报》84号1906年8月。

② [日]矶谷幸次郎：《法学通论》，王国维译，载何佳馨等点校：《〈法学通论〉与〈法之本质〉》，中国政法大学出版社2006年版，第49页。

③ 张知本等译：《法学通论》，《政法丛编》第1种，湖北法政编辑社出版，第28—30页。

情风俗习惯所导,以至发达者,非立法者所能随意判定者也。于是著《关于立法及法学之职务》一书。于蒂博所论发表反对意见,故世称萨维尼为历史法学派,称蒂博为非历史法学派。”①

刘崇佑译自日本织田万的《法学通论》第一篇第三章“法学之各派”,称历史法学派为沿革法学派,认为是“以法律之现象征于历史上这事实,而显阐其原理者也。用此研究法最得盛名者,为德人萨维尼。”②

四、结论

清末民初,近乎天翻地覆的社会变迁,导致中国传统的知识系统遍布裂痕;旧的意识形态日渐崩溃,也就意味着新的知识秩序正逐步建立。《法学通论》教科书是法律学科建设的一项重要内容,亦是法律学科是否成熟的一个指标。作为新的法学知识秩序载体之一的《法学通论》教科书,开启了中国法理学教科书从“无”到“有”的新篇章。

明治维新以后,日本传统的法律制度,遭遇以模仿法国法和德国法而形成的现代法律制度的挑战。通过移植现代西方法而创立的日本法律体系,属于更加接近德国法的大陆法系,至1899年,随着法典编纂事业的完成,日本终于形成了近代法体制。在日本宪法、民法、刑法和诉讼法典的立法上和实践中,尤其显著地体现了西方法学理论的影响,并建立了具有日本特色的完整的理论法学体系。这样,日本近代法制的历史前提和移植西方法的法理基础,多多少少在日本学者著述的《法学通论》、《法律学大纲》等教科书中有所反映。因此,至1911年以前,清末大量出现的汉译日本《法学通论》教科书,事实上起到将西方法学理

---

① 政治述义第一种,《法学通论》,胡挹琪编辑:政法学社出版1907年初版,1913年再版,第16页。

② [日]织田万:《法学通论》,刘崇佑译,上海商务印书馆1907年初版,1926年15版,第12—13页。

论，转而对中国产生影响的效果。正是从这个意义上，本书认为，清末汉译日本《法学通论》教科书，对于中国法理学的形成发展发挥了不可替代的“对接”作用。然而，这种带有日本经验和体认的“西方法学理论”，又是如何直接或间接地影响中国的“法学近代化”，过去人们研究并不多，知之亦甚少。

除此以外，中国19世纪和20世纪初叶时，仍称不上是一个以资本主义生产方式作为主要营生模式的国家，因此，在进行“西法东渐”的观察时，我们应该留心欧洲中心的“西法”观在中国可能有的不适切性。[①]这种不适切性，可能更多的是来自中西方经济发展比重的差异，相对作为中国学习和模仿对象的西方，中国人已经开始了对清朝“国家”之重要性的刻意强调，然而，这个“国家”着意在农业为主、工业为辅的基础上建立一个富强国家，却要移植一个相对成熟的资本主义“宪政”和“法律制度”，它是否真能相适应？这的确又是一个必须小心计及的地方，也是我们在进行“法学近代化”这一历史性思考时不能忽略的部分。

每个国家对自己的国民而言是独特的，而所有国家在世界范围内，就只是地域的区别和文化传承的不同而已。以整个世界为视野，信息的交流、经济的传播、文化的相互渗透。在这个基础上，才会找到比较法律制度、比较法律传统的基本立足点，才使得我们探讨晚清汉译《法学通论》教科书与中国近代法理学的开启，特别是对西方法学理论资源的全面汲取过程中，从理想的法律设计到现实的法律困境的深入思考，就有了特别的意义。

---

① 参见黄金麟：《身体、历史、国家——近代中国的身体形成》，新星出版社2006年版，第15—16页。

第五章　中国近代法理学的初步成长（1912—1928）

如前所述，清末汉译日本《法学通论》教科书已出现一个出版高潮。不可否认，这个高潮的出现，一开始就具有某种功利的因素存在，但在相当的程度上开启了中国近代法理学成长的道路。进入民国以后，汉译日本《法学通论》教科书的阅读对象仍偏向于法政学生，虽一时隆盛，但不久就从大高潮中跌入低潮。这是因为，辛亥革命的胜利排除了“日本模式”的可能性，明治维新最终没有能成为中国的榜样。因此，描述中国近代法理学的初步成长时期（1912—1928），必须注意西方法学理论在中国传播的特点的变化，这就是传播路径开始由日本转向欧美。从留学、译书方面看，日本途径渐渐失去世纪初的兴盛。“五四”以后，大批留学欧美的学生归国，民国法学界对来自欧美途径的西方法学理论的汲取和接纳表现出全方位的姿态，反映了中国对来自欧美途径的西方法学理论认知水准上升到一个新台阶。不过，也要看到，在《法学通论》教科书的使用上，似乎仍在汉译日本《法学通论》的强力笼罩下，相对落后于时代的发展。

在本章中，笔者先对这一时期的《法学通论》教科书的出版情况作一简要的概说，然后，集中以夏勤与郁嶷、王觐、白鹏飞等所著的《法学通论》文本为中心，研究这几位先后在北平朝阳大学、北平大学法学院讲授《法学通论》的学者们，在受商业主义侵蚀的法政教育下，作为心态不一的《法学通论》教员，是如何发挥《法学通论》的“法理”功能的？笔者期待通过对这一时期《法学通论》教科书的文本研究，为中国近代法理学的初期成长，提供了某种理论资源而加以重新思考。

第一节　概说：以民国初期的《法学通论》教科书为中心

1912年中华民国建立至1928年12月南京国民政府完成中国形式上的统一，这16年间，各地军阀拥兵自重，形成割据势力，而设在北京的中央政府又频繁易主，中国政局处于社会转型过程中的动荡时期。在政局不稳定的同时，北洋政府时期在近代法律制度的创建方面，却也做了诸多工作，使得清朝末年开始的法律改革以缓慢的步伐保持着前进的势头。[①] 但总的说来，中国法律西化的步伐放慢了，政局不稳及政出多门，既无法大规模地立法，又不能形成统一的法律体系。

辛亥革命后，至少有相当一部分接受过日本或中国速成法政教育的仁人志士，期待中国社会在摧毁或弱化神权和君权的基础上，按照民有、民治、民享原则构筑而成的法治社会。在这样的社会，尊重、保护和实现民权成了国家政治和社会生活最基本的价值准则之一，同时，社会奉行法治(rule of law)原则，并通过法律途径建立一整套民权保障制度。其中就包括建立中国的律师制度。然而在事实上，作为清末修律效仿西方的产物——中国律师制度，其见之于中国社会，形式意义要远多于实质意义。其内含的自由平等精神，与中国固有的以宗法等级为基调的法律文化传统是异质的，但形式上，又极容易被混同为“论师”、

---

① 这一原因是多方面的。第一，清末法制改革，开辟了中国法律的近代化进程。至北洋政府时期，虽然北京中央政府频繁易主，但对于南京临时政府时期开始的近代法制建设成果都在不同程度上予以保持。第二，在辛亥革命以后的共和民主潮流下，政治参与进一步得到鼓励。第三，自清末法制改革，尤其是经过辛亥革命以后，新的政治理论与法律理论在更广的范围内得以传播。

"讼棍"一类而为社会所不屑。由此可见,中国律师制度一开始就面临双重危险:一是与中国传统法律文化格格不入而遭排拒;二是丧失现代精神而发生实际蜕变。①

由于没有统一的成文法典,导致中国进入了一种特殊的司法模式时段——判例法时期。司法界推事及律师,均以大理院的判例作为司法裁判的主要依据,在当事人中很少发生歧义。大理院判例的权威性与司法主体的学识操守有很大的关系,司法官因受贿之事"实多不觏","历年以贿闻者,较行政官一与百之比例也,亦舆论所公认。"②大理院的民事判例、解释例,尽量融合中国传统法律、风俗习惯及现代民法精神于一体,兼顾了情理法的统一,因而容易为当事人所接受,与此同时,滥觞于民初的全国民商事习惯调查、整理、编纂的活动却如火如荼地开展起来,其中以1917年至1927年的成效最为显著。这项运动的兴起,折射出当时中国法学研究及创制法律的价值取向:注重本土社会结构、社会生活、社会心理,考察法律的现实社会基础。用当下的话说,就是充分尊重了"本土法律资源"。正因为这样,民初政局虽然动荡不清,司法界却以比较良好的声誉受到社会的尊重。③ 事实上,伴随着辛亥革命强大的推动力,在废除封建制度、全面建立共和政体及近代法律体制的呼声中,仿效西方资本主义国家,建立民主共和政体性质的国家政治制度的实践,仿效西方国家的法治原则,确定包括改革司法审判体制,建立律师辩护制度的推进,都极大地促进了中国近代理论法学的

---

① 张志铭:《二十世纪的中国律师业》,载张志铭:《法理思考的印迹》,中国政法大学出版社2003年版,第3页。

② 曹汝霖:《曹汝霖一生之回忆录》,台北《传记文学》社1980年6月版,第77页;江庸:《民国十三年司法之回顾》,载《法学季刊》第2卷第3期,1925年1月印行。转引自张仁善:《法律社会史视野》,法律出版社2007年8月版,第25页。

③ 张仁善:《法律社会史视野》,法律出版社2007年8月版,第25—26页。

研究。[①]

周永坤教授在评价这段历史时曾说：

> 如果说清末变法纯粹是在西方人的压力下不得已而为之的话，那么，民国时期的人权法制则带有几分主动的色彩，……不过，民国时期的成功主要是形式上的，它的法律实效很差，特别是宪法。更重要的是统治者自身常常违背法律，特别是违反宪法。就法律本身来说，则是很了不起的。[②]

就中国的情形而言，20 世纪 30 年代以前，中国法律学人身上明显带有技术律学的特征。现代学者刘星教授就认为，诸如沈家本、伍廷芳这样的大致可以称为重要法律学人的学者，因为政治局势以及具体法律制度变革的需要，同时也因为他们自身主要关注具体法律实践问题，故而在其一般法学理论中鲜有深入，同样也使理论无法提供可以与梁启超一类学者的法学理论相互抗争的学术资源。刘星还援引李贵连教授的《沈家本评传》等研究成果加以说明，沈家本时常仅仅讨论法学的“中国与西方”，而对于一般法学理论的学理未给予较为深入专业的法学论证。伍廷芳几乎没有得出过类似的一般法学理论。[③] 以极具影响的 1912 年创立的朝阳大学和 1915 年创立的东吴大学法律学院为例，这些教育机构(当然也可称作学术机构)在 1920 年以前主要关注的是法律实务的研究，对于一般法律原理，特别是法学基本原理，没有表现出较高的兴趣和努力。其他法律教育机构的情形同样可想而知。

这一时期，个别显露关心法学基本原理的学者，如吴经熊、丘汉平、

---

① 但也要看到，这一时期中国法制建设的步伐并不是很大。民众与法律的联系，对法律的体认，仍然是通过传统中国行政司法合一体制下的县衙知事。包括律师制度在内的近代法律制度在中国的实施，仍然前路漫漫。

② 周永坤:《法理学》，法律出版社 2004 年版，第 268—269 页。

③ 参见刘星:《一种历史实践——近现代中西法概念理论比较研究》，法律出版社 2007 年版，第 160 页。

阮毅成、丁元普,此时正处于留学或者初步研习阶段,其理论尚未表现出可以成为一种重要法学学术资源。同时,即使有些个别学者提出了一般法学理论的观点,这些观点也非常简单,缺乏较为深入的展开和论证。刘星教授还以1920年出版的林文琴《法学精义》为例,其中提到了关于法律概念理论的各种学说,如"神意说"、"命令说"、"正义说"、"自然存在说"、"民约说"、"总意说"等,并且提出:

> 法律者,为达人类国家共同生活之标的,由主权者所承认或制定可得强行原则之行为规则。换言之,即人类当组织国家之政治团体必须遵守之轨范法则也。[①]

但是这一文本并未深入论证自己的观点,无法为后人提供坚实的学理资源,树立"科学"、"系统"的一般法学理论的范例。其不仅不能和梁启超的理论相提并论,而且还有后者的理论投影的痕迹。和其他学科,如哲学、政治学、经济学、社会学、伦理学、文学对照起来,这类法学显然是处于"初期"阶段的,影响甚微。[②] 尽管如此,"二十年代初期以降,接受了现代西式法律教育的法律从业者逐渐上场,面对新问题秉持新理念,尝试新范式,整个法学面貌为之一变,真正纯粹法学意义上的中国学术传统,滥觞于此,为第二代。"[③]这一时期,中国国内法理学研究领域的著作也日益增多。

据笔者初步统计,从1912年清帝退位到1928年"东北易帜",国内

---

① 林文琴:《法学精义》,泰东图书局1920年版,第40页。转引自刘星:《一种历史实践——近现代中西法概念理论比较研究》,法律出版社2007年版,第160页。

② 参见刘星:《一种历史实践——近现代中西法概念理论比较研究》,法律出版社2007年版,第161页。

③ 参见许章润:《书生事业 无限江山——关于近世中国五代法学家及其志业的一个学术史研究》,载《法学家的智慧——关于法律的知识品格与人文类型》,清华大学出版社2004年版,第6页。

出版法理学方面的著作(主要包括法理学、法学通论)共 17 种,[①]其中,正式冠以“法理学”名称的著作有 4 种,即王振先的《中国古代法理学》(上海商务印书馆 1925 年版)和李鹤鸣译自日本学者穗积重远的《法理学大纲》(上海商务印书馆 1928 年 11 月版),另两种分别译自庞德的法理学名著,一是陆鼎揆翻译的《社会法理学论略》(上海商务印书馆 1926 年 11 月版),另一部是雷宾鸿翻译的《法学肄言》(上海商务印书馆 1928 年 7 月版)。其他主要是国人自己编撰的《法学通论》著作,主要有夏勤、郁嶷合编的《法学通论》(朝阳大学 1919 年初版,到 1927 年已出至第 6 版)、王觐的《法学通论》(公慎书局 1921 年初版,到 1923 年 3 月已出至第 6 版)以及白鹏飞的《法学通论》(民智书局 1928 年 7 月初版,到 1931 年已出至第 4 版)。此外,还需要算上 1 种再版的《法学通论》,即孟森的《订正新编法学通论》(上海商务印书馆 1914 年第 7 版)。这一期间,译自日本的《法学通论》教材开始大量减少,除潘大道[②]、李庭恺合编的《法学通论》(右文社 1914 年 12 月出版)是新出的编译本外,其他来自日本的汉译《法学通论》均是清末已出的再版本,如胡挹琪编辑的《法学通论》(长沙府正街集成书社 1913 年再版)、熊元瀚

---

① 这一时期的法理学著作(主要是法学通论等)共 17 种。资料来源:除接下来正文提及 11 种外,其余依何勤华教授据《中国法律图书总目》、《民国时期总书目 法律》及他自己收集的资料,亦有以下 6 种:郝朝俊的《法学通论》(中华书局 1919 年版)、朱方《法学通论》(上海法政学社 1920 年版)、朱文琴《法学通论》(应为林文琴《法学精义》,引者注)(上海泰东图书局 1920 年版)、熊绍堃《法学通论》(北京明明印刷局 1924 年版)、扬广誉《法学通论》(撷华印书局 1924 年版)、黄炳道《法学通论》(朝阳大学 1928 年版)。参见何勤华著:《中国法学史》(第 3 卷),法律出版社 2006 年版,第 130 页。需要说明的是,郝朝俊于民国二十七年(1938),还有 1 种《法学通论》(国民党军事委员会政治部出版,出版地不详)。

② 潘大道(1888—1927),四川开县人,早年留学日本早稻田大学,加入中国同盟会。辛亥革命时期任四川军政府法制局局长。1919 年赴美国留学,1922 年第二届国会复会后返国,任国会议员,被推举为宪法起草委员会委员。1924 年 11 月,任国立北京政法大学教务长,1926 年秋,任上海法科大学副校长。1927 年 10 月被暗杀,著作有《力山遗集》,论文有《我之建国方案及其实行的希望》(1925)、《代议不易辩》(1925)。

编撰的《法学通论》(安徽法学社宣统三年(1911)初版、1913 年第 3 版、1914 年第 4 版)。

从上述简要介绍中,可以判断这一时期的"法理学"著述尽管不是很多,并且仍然习惯使用"法学通论"的名称。但从表达和实践的角度,特别是综合这一时期(1912—1928)发表的法理学方面的论文来看,阐述法理学内容的作品可以说是丰富的。此外,周鲠生的《法律》(上海商务印书馆 1923 年 1 月初版,到 1925 年 12 月已出至第 3 版)一书,从其全部内容来看,亦可算作是这一期间的法理学著作,尽管它并没有以法理学和法学通论来命名。该书共分为"法律的概念"、"法律成立的程序"、"法律与道德"、"法律与社会"四章。周鲠生在序言中说:"法律这个题目固然是属于法学的范围,但同时也是可以从社会学、伦理学、政治学种种方面去研究的。"[①]而他的这本小册子的主旨,"在为一个广泛的讲评,使一般读者对于法律的性质与夫法律和社会生活的关系,有一个明确的观念。通常的法学书如法学通论之类所包括的材料,不能都拉在这小册子里面,自不待言;就是就取材的原则,立论的方式上说,这小册子也自有其特异的处所。若是读者以一个节本的法律通论,来期待这小册子,那就要大失所望了"。[②] 在《法律》一书的最后,周鲠生还列出下列参考书目:

L. Duguit: L' Etat, le Droit Objectif et la Loi Posititive, Paris, 1900

J. C. Gray: Nature and Sources of Law, N, Y, 1909

T. E. Holland: Elements of Jurisprudence, London, 1910

N, M. Karkounov, Theorie generale du Droit 1903, Paris

---

① 周鲠生:《法律》,上海商务印书馆 1923 年 1 月初版,第 1 页。

② 周鲠生:《法律》,上海商务印书馆 1923 年 1 月初版,第 1 页。

F. Pollock：A First Book of Jurisprudence，London，1911

J. W. Salmond：Jurisprudence，London，1913

P. Vinogradoff：Common Sense in Law，London

对这些西方法理学的基础读物，周鲠生解释说：

以上所举各书之中，以 Vinogradoff 和 Pollock(Jurisprudence)两人的书，最便于初学者之用。此外各书的说理皆比较高深，可做参考。Hollard 和 Salmond 的学说，代表英美法系，而 Karkounov 的书，则代表大陆学派。至于狄骥(Duguit)的书，则超然于传习的学派之上，从唯实主义的精神，抨击旧说，推翻一切，立论精刻，独有见地。诚是法学上杰出之作。凡有志精研法理之人，都不可不细读的(但是可惜此书在法国现已绝版，今日我国要窥狄骥(Duguit)的法律学说，唯有在其后彼的著述中求之)。①

总地说来，民元以来，对于中国近代法理学的学术思想，有志作出系统之叙述者，实为不少；然而，即使称曰佳作，亦罕有纲举目张，使读者一目了然。盖此事难言，苟非积学之士，融会通澈者，不能贯其始终也。许多现代学者亦认为，自辛亥革命失败到中华人民共和国成立的漫长岁月中，中国法理学与当时的社会格局一样，呈现出多重混合的态势。所谓“混合”，一是指中西法理学思想的混合；二是指不同意识形态法理学的并存，既有混杂的所谓“正统”的法理学，又有进步与科学的法理学。②

第二节　法律教育的实像：以法学家夏勤与朝阳大学为中心

京师私立朝阳大学创始人有沈家本、江庸、汪有龄等，他们以研究

---

① 周鲠生：《法律》，上海商务印书馆 1923 年 1 月初版，第 34—35 页。

② 李龙、汪习根：《二十世纪中国法理学回眸》，载《法学评论》1999 年第 4 期。

法学为重心，原计划办一所大学、一个刊物、一份报纸，均以研究法学，鼓吹法治为目标。民国元年(1912)，汪有龄、江庸与襄助办学的黄群、蹇念益等人，殚精竭虑，各方奔走，联合法学会同人捐资，洽请政府拨给校址，中经波折，选定北平朝阳门与东直门之间海运仓为校址，共推汪有龄为首任校长。1913 年 8 月，朝阳大学开始招生，录取大学部预科生数十名，专门部法律别科及本科学生百余人。至 1916 年即有蒋铁珍等 129 人毕业。[①] 朝阳大学初期执教者有余棨昌、钟赓言、程树德、石志泉、李浦、张孝簃、江庸、王家驹、黄右昌、冈田朝太郎、岩谷孙藏、朱深、夏勤、刘志敭、李怀亮、戴修瓒、郁嶷等。本节选取法学家夏勤与朝阳大学的相互关系为问题域，试图以个案研究的形式，通过深入分析夏勤的《法学通论》文本，从一个侧面考察著名的朝阳大学法学院，是如何"学法""用法"，又是如何身体力行地推动着中国近代法理学的形成发展的，从而揭示中国近代法律学人有关民主法治的思考与实践。

一、撰述朝大讲义，慎重选聘教师，鼓励学生参加法科讲义疏注

夏勤(1892—1950)，原名夏惟勤，字敬民，一字竞民，江苏泰州人。16 岁时，考入由沈家本和伍廷芳奏请成立的京师法律学堂。直至清末，该学堂隶属于修订法律馆而不属于 1905 年 12 月设立的学部，这意味着当时京师法律学堂的教学条件是得天独厚的，既有修律大臣沈家本的主持，又有重金聘请参加修律的日本法律专家充任教员，可以使法典制定过程中遇到的各种专业问题直接反映到课堂的教学当中。[②] 正是在这样的条件下，夏勤京师求学的四年(1908—1912)间，不仅阅读了

---

① 汪有龄:《初版序》[中华民国六年(1917)12 月]，载夏勤、郁嶷合述:《法学通论》(朝阳大学法律学讲义)，中华民国十六年 10 月版。

② 参见王健:《中国近代的法律教育》，中国政法大学出版社 2001 年版，第 193 页。

京师法律学堂日本教习根据第一手材料编译而成的法律书籍，而且实实在在受到沈家本本人及其延聘的律学家吉同钧连续五个学期主讲"大清律例"的熏陶。尽管这四年也是近代中国社会变革与动荡最剧烈的时期，然而，"赋性孤介，不好征逐"①的夏勤却以学习成绩优异，深得京师法律学堂总教习江庸、教习汪有龄、大理院院长余棨昌的赏识。20岁那年，夏勤东渡，入日本东京中央大学深造。留学期间，同学称其"学行优美，常冠其曹，毕业首选，誉闻海外"。② 李大钊更赞扬说："吾友夏子竞氏，青年锐志，奋学不懈。"③毕业后，夏勤又在东京帝国大学法科研究部专攻刑法。1917年归国，担任大理院推事，并"以其学诏后进，所成就甚众，凡京师各法政学校无不有夏子讲席焉"。④ 适江庸再度出任司法总长(1917年11月)兼朝阳大学校长(1927)期间，乃聘夏勤为朝阳大学教务长。1920年，夏勤在"朝阳大学法律学讲义"再版序言中说："近复承乏教务，与诸君相处即久，与是校关系尤切。"⑤正是出于对朝阳大学的关切，夏勤执掌朝阳教务以后，不负江庸重托，通过撰述"朝大讲义"，慎重选聘教师，鼓励学生参加法科讲义疏注等方式，提高了朝阳大学的教学质量。

夏勤与朝阳大学较早就有往来。1920年12月，夏勤曾说："余主讲是校，五稔于兹。"⑥由此推之，夏勤大约于1915—1916年间就开始

① 万宗乾：《序》，载夏勤、郁嶷：《法学通论》，朝阳大学出版部发行，北京东西制版所印刷1919年版，第1页。

② 万宗乾：《序》，载夏勤、郁嶷：《法学通论》，朝阳大学出版部发行，北京东西制版所印刷1919年版，第1页。

③ 李大钊：《自然律与衡平律识》，载《李大钊文集》(上)，人民出版社1984年版，第88页。

④ 万宗乾：《序》，载夏勤、郁嶷：《法学通论》，朝阳大学出版部发行，北京东西制版所印刷1919年版，第1页。

⑤ 夏勤：《再版序》[中华民国九年(1920)12月]，载夏勤、郁嶷合述：《法学通论》(朝阳大学法律学讲义)，中华民国十六年(1927)版。

⑥ 夏勤：《再版序》[中华民国九年(1920)12月]，载夏勤、郁嶷合述：《法学通论》(朝阳大学法律学讲义)，中华民国十六年(1927)版。

在朝阳大学执教。1917年，朝阳大学校长汪有龄主张，“综核学说，研求法理，此学法者之事也。依据法条，平亭狱讼，此用法之事也。用法学法，虽分为二事，而其本则一”。[①] 三年后，在朝阳大学法律学讲义再版之际，夏勤不仅与江庸、汪有龄等朝阳大学领导人的办学理念不谋而合，而且认为“夫学术盛衰，国运系焉”，并厚望“名喆硕儒，潜讨幽缒，鸿篇巨制，层出不穷”。[②] 夏勤用他自己在日本留学的经历说，“彼邦人士修业之勤，进德之猛，著述浩瀚，日新月异，心窃慕之。以为其国运蒸腾，度越等夷者，有自来也”，[③]同时，夏勤批评国人“芸芸者众，相率于颓度靡俗之中，既酣嬉而不迫”[④]的态度，对“以法学一科言之，海通以后，承学之士习以綦众。然试走偏(遍)书肆，欲求一说理精善之著述，不可得也”[⑤]等学殖荒落现象亦深表忧虑。正因如此，夏勤不仅自己亲身执教、亲编教材，以树立榜样，而且鼓励和协同教师，在认真教学之余，“穷探广搜”，撰述“朝大讲义”。当时，朝阳大学办有印刷部，教授自己编撰讲义，按课印发。这些法律学讲义自成系统，阐述中外法理，回应立法争议，成为北京各大学研究法学或参加司法官考试、文官考试的学生必备参考资料，许多人以拥有“朝大讲义”为荣耀并加以保存。难能可贵的是，朝大教师的私人著作也由朝阳大学资助，以丛书方式在校出版。夏勤后来总结说，朝阳大学自创办以来，“教科首重法学，凡主讲

---

① 汪有龄:《初版序》[中华民国六年(1917)12月]，载夏勤、郁嶷合述:《法学通论》(朝阳大学法律学讲义)，中华民国十六年(1927)版。

② 夏勤:《再版序》[中华民国九年(1917)12月]，载夏勤、郁嶷合述:《法学通论》(朝阳大学法律学讲义)，中华民国十六年10月版。

③ 夏勤:《再版序》[中华民国九年(1917)12月]，载夏勤、郁嶷合述:《法学通论》(朝阳大学法律学讲义)，中华民国十六年(1927)版。

④ 夏勤:《再版序》[中华民国九年(1917)12月]，载夏勤、郁嶷合述:《法学通论》(朝阳大学法律学讲义)，中华民国十六年(1927)版。

⑤ 夏勤:《再版序》[中华民国九年(1917)12月]，载夏勤、郁嶷合述:《法学通论》(朝阳大学法律学讲义)，中华民国十六年(1927)版。

斯学者,皆当代名流,所授讲义类,网罗欧美鸿喆著述,而撷其菁英。参酌吾国现行法令,以评其得失,学者由此研求,既事半而功倍,政治家资为考镜亦驾轻就熟。所以嘉惠士林,开拓学圃者,为效尤巨”。[①] 夏勤在执掌朝阳大学教务期间,就有《法学通论》(与郁嶷合述,该书 1919 年 10 月初版发行,到 1927 年 10 月已出至第 6 版)、《刑事诉讼法要论》(1921)等教材出版,他还建议朝阳大学在教学过程中力求做到“稳中求快,快中求深”,以达到时间短而质量高的目的。至 1926 年,在夏勤和朝阳大学教师共同努力下,朝大“法科讲义”,“世论推许,颇负令誉”。[②] 即便在今天,朝阳大学余棨昌教授的《民法要论总则》、陈谨昆教授的《民法通议总则》、王觐教授的《中华刑法论》、胡长清教授的《中国婚姻法论》、夏勤的《法学通论》和《刑事诉讼法释疑》等著作讲义,仍具有很高的学术价值。

夏勤认为要办好朝阳大学,首先是提高教学质量,而教学质量的提高决定于教师。在夏勤的主持下,当时,受聘在朝阳任教的皆是于法素有研究的名流,如民法专家余棨昌、民法债编专家戴修瓒、亲属法继承法专家郁嶷、刑法专家王觐等。对学有专长、声誉卓著的知名教授,夏勤不惜重金,礼遇有加。许多知名人士均先后被邀请到朝阳讲课。当时,吸引名师来朝阳执教的原因,除课金优厚外,主要是朝阳大学做到了真正地尊师重教。1917 年,朝阳同学“既毕业,乃收集三年来之讲义及闻诸诸先生之口授者,以为讲义录”,[③]到 1927 年 10 月,朝阳大学法律学讲义共分《法学通论》、《法院编制法》、《宪法》等 29 种,“所有校勘

① 夏勤:《再版序》[中华民国九年(1920)12 月],载夏勤、郁嶷合述:《法学通论》(朝阳大学法律学讲义),中华民国十六年(1927)版。

② 夏勤:《五版序》[中华民国十五年(1926)1 月],载夏勤、郁嶷合述:《法学通论》(朝阳大学法律学讲义),中华民国十六年(1927)版。

③ 汪有龄:《初版序》[中华民国九年(1920)12 月],载夏勤、郁嶷合述:《法学通论》(朝阳大学法律学讲义),中华民国十六年(1927)版。

疏注,均系本校同学所担任”[1]。这样,朝阳大学开创了一个“诸家论列,与时革新,学士疏注,不囿师说”[2]的好传统。

夏勤于1924年12月2日,署总检察厅检察官,首席检察官。在这前后,作为朝阳大学教师和教务长,夏勤为朝大发展作出许多贡献。每届高等文官及司法官考试,朝阳同学录取比例都很高,多次名列前茅。迄至1926年,全国各地法院普遍有朝阳毕业生的席位,“无朝不成院”,成为当时司法界广为传播之语。朝阳大学取得这样的成绩,与夏勤明确的教育理念和发展重心有关。朝阳大学多次因办学认真、成绩卓著而屡获教育、司法两部的明令褒奖。其中,因参加历届司法官考试,质量均优,而受嘉奖居多。[3] 政府的奖励和引导,又促进朝阳大学的发展。上述成绩的取得,亦与夏勤对朝阳大学的初期发展是分不开的。

1929年,朝阳大学以私立北平朝阳学院的名义再次立案。1929年10月24日,教育部指令准予朝阳学院董事会立案。但校印一直未改,

---

① 《朝阳大学法律学讲义》例言。另据谷风翔:“私立朝阳学院”,载《中华民国大学志》,第179页。朝阳大学编印的《朝阳大学法律学讲义》,共22册,1927年已出至第6版。

② 夏勤:《六版序》[中华民国十六年(1927)孟秋],载夏勤、郁嶷合述:《法学通论》(朝阳大学法律学讲义),中华民国十六年(1927)版。

③ 1914年9月,北洋政府教育部派员视察该校,许为“管教认真,成绩大有可观”;1916年11月,教育部以该校办理成绩卓著而颁发特别奖状。1918年3月30日奉司法部第2928号指令,许为“法学模范”;1921年12月10日奉司法部第155号批示,许为“课士程功,历久不渝”;1922年6月17日奉教育部第302号批示,许为“办学认真,教育有方”;1924年,司法部批奖“课程邃密,造就益宏”。1927年2月11日奉司法部第99号批示,许为“成绩优异”;1927年2月14日奉教育部第42号批示,许为“办学认真,成绩卓著”;1929年11月15日奉司法行政部第1484号批示,奖以“该校自创办以来,成绩卓著,殊堪嘉尚”;1931年复奉教育部指令,谓该校“办理有年,近更努力扩充,益求精进,自足嘉尚”;1933年1月11日奉司法行政部第52号批示,谓“第三届法官初试,本学院毕业生录取几及三分之一,复多名列前茅,具征成绩优良,深堪嘉慰”;1934年8月,复经教育部认为该校法科办理成绩优良,特补助法科图书费八千元,1935年继续补助;1935年1月17日奉司法行政部第62号批示,奖以“办理有方,成绩卓绝”。“校史志略”(四),载薛君度、熊先觉、徐葵主编:《法学摇篮:朝阳大学》(增订版),东方出版社2001年版。另参见王健:《中国近代的法律教育》,中国政法大学出版社2001年版,第254页。

仅在旁边注“暂用旧印”四字。朝阳学院校董事会是学校最高权力机关和决策机关，由22人组成。院务会议是学校最高行政机构，负责制定各项规章制度，由院长、秘书长、训导长、教务长、总务长等人组成。朝阳学院历任正、副院长为江庸、汪有龄、居正、夏勤、张知本、孙晓楼、石志泉。朝阳历任校董会成员大都是法界名流，并有较强的政治背景。例如，董事长居正为国民政府司法院院长，董事丁维汾、王宠惠、孔祥熙、邹鲁均为国民党中央委员，除江庸任律师外，孙科为立法院院长，谢冠生为司法行政部部长，张知本为行政法院院长，夏勤为最高法院院长，陈立夫为立法院副院长，秦德纯为国防部次长，茅祖权为司法院秘书长，胡稚威为内政部次长，邓哲熙为河北高级法院院长。[①]

朝阳学院校董会成立后，院内事务指定夏勤实际负责。由于原校长汪有龄有事滞留上海，夏勤等乃敦请江庸应付局面。1930年12月，教育部部令以朝阳学院的名义立案，江庸任院长，夏勤任副院长。其他组织仍就不变。同年，添大学部政治系，次年又设边政系。原有专门部经济科办至1927年6月第4班停止。在1924年扩成的政治经济科(政经科第一班)，办至1933年第7班毕业时停止。专门部的法律本科办至1934年第19班毕业停止。此后即成为一个单独的独立学院。[②]1936年，教育部限制社会科学招生名额的政策出台，朝阳学院因此受到很大影响。所幸的是，教育部特别放宽朝阳学院录取法科学生比例，可谓殊誉。如前所述，朝阳大学还因办学成绩突出而得到政府的鼓励和嘉奖，而政府的鼓励和嘉奖，则更促进了朝阳大学法科教育的兴盛，这二者之间形成了良性互动。在朝阳大学改为朝阳学院以后，夏勤作为朝阳学院实际负责的董事，积极结交法界名流，进入朝大领导班子，

① 王健:《中国近代的法律教育》,中国政法大学出版社2001年版,第248页。
② 王健:《中国近代的法律教育》,中国政法大学出版社2001年版,第248、247页。

为构建朝阳学院法律教育网络出策出力。

抗战末期,夏勤转移重庆后,朝阳学院也转移到重庆改称朝阳法学院。这时的朝阳学院曾一度难以为继,经校董事会研究,一致同意聘请董事长居正为院长,夏勤为副院长。居正通过自己的地位和声望继续为朝阳学院争取资源。例如,1942 年,作为司法部和教育部饬令首批办理司法组的九所院校之一,朝阳学院特聘国内有司法经验的法学家夏勤、洪文澜、章任堪、赵之远、赵琛、张鉴、杨兆龙、查良鉴等人组成的司法组教务委员会,研究并制订出一套加强实务训练,"理实并重"的教学方案,力图改变"我国过去的法律教育每偏重于理论的研究,忽视于实务的训练"的状况。按照这一方案,英美德法的"问题讨论"(seminar)、郎特尔(Langdell)的"例案研究法"(Case Book System)、"法院的实习"以及英美法学院中的"法律援助社"(Legal Aid Socierty)等实务训练项目被要求在司法组的教学中加以推行。[①] 笔者据此推论,上述项目在朝阳大学实施,居正的争取和夏勤的努力是分不开的。正是由于参加这一项目,夏勤得以完成其在朝阳学院编写《刑事诉讼法释疑》教材。这一教材,除以当时施行的刑事诉讼法条文为纲领,详加注释外,还引用有关的《司法院解释》、《最高法院判例》和日本、欧美学说为之参征,是当时一部既有理论依据,又有各级法院实际工作经验的参考资料。夏勤自认为,这是为朝阳学院写的较完善的讲义教材。1944 年,该教材"初版问世,一月销罄"。[②] 到 1947 年已出至第 5 版。该教材初版时,居正不仅认真加以审阅,而且为之作序并对夏勤赞赏有加,他说夏勤"英年读律,学优由仕,成绩斐然,法家之俊秀也。公余之暇,

---

① 朝阳学院(司法组推行理实并重制注意点)(不著日期),中国第二历史档案馆档案。转引自王健:《中国近代的法律教育》,中国政法大学出版社 2001 年版,第 255 页。

② 居正:《再版序》民国三十三年(1944),载夏勤:《刑事诉讼法释疑》(第 6 版),中国方正出版社 2005 年版,第 1 页。

纂辑刑事诉讼法释疑,依文释义,就题解答。使凡有疑难者,涣然冰释,昭然理顺”。[①]

据《朝阳大学教授名录》(1948 年 7 月)记载,1944—1948 年间,朝阳大学共有专任教授 57 名,兼任教授 25 名,讲师 26 名。[②] 这一统计说明,朝阳大学专任教授数量远远多于兼任教授,从而建构起朝阳学院法律教育网络。夏勤以自己的努力推动着朝阳学院的发展,保证了朝阳大学能够拥有一支优秀的并较为稳定的专任教授队伍,并从总体上提升了学校的师资质量。

二、“法治阶梯”:对夏勤《法学通论》的文本分析

朝阳大学自创办以来,至中华民国九年(1920),夏勤已在朝阳讲堂耕耘了五个年头。这期间的夏勤,“年少才俊,志守端直。处京师纷华之会,值政局扰攘之秋,而抗志千古,独行踽踽,励品竺学,殚心撰述,所著指纹法一书,本其经验,宏阐理蕴。既为海内所称颂,而于刑法和刑事政策,肆力专攻。洞烛行微,节解枝搜,征引精博,亦将以次饷”。[③] 特别是夏勤与郁嶷“朝夕潜研”,合编出版《法学通论》四卷,由朝阳大学出版发行于民国八年(1919)[④]。在是书扉页上,

① 居正:《初版序》民国三十三年(1944)7 月,载夏勤:《刑事诉讼法释疑》(第 6 版),中国方正出版社 2005 年版,第 1—2 页。

② 参见薛君度、熊先觉、徐葵主编:《法学摇篮:朝阳大学》(增订版),东方出版社 2001 年版,第 30—41 页。

③ 郁嶷:《序》,载夏勤、郁嶷:《法学通论》,朝阳大学出版部发行,北京东西制版所印刷 1919 年版,第 2 页。

④ 在夏勤、郁嶷合著的《法学通论》的版权页上,明确记载该书系由朝阳大学出版部发行,北京东西制版所印刷,时间是中华民国八年(1919)9 月 10 日印,10 月 10 日发行,全书 128 页。该书后收入朝阳大学法律学讲义,民国九年(1920)该书再版,到民国十六年(1927)10 月,该书出至第 6 版。笔者知见该书的第 6 版系《法学通论》和《法院编制法》两部教材合编本,其中《法学通论》一书(共 152 页),由夏勤、郁嶷合述,王选疏,校勘者是朝阳学生李祖荫、王选等。

汪爔芝[①]题有“法治阶梯”，民法专家余棨昌[②]题有“法学津梁”，铜仁万宗乾及是书编纂者之一郁嶷分别作序。万序中提及，“法学通论之作，近人译著不下数十种，而择其最适用，可称完全者卒鲜。是编详明要约，辞旨雅训，教科善本”。[③] 从笔者目前掌握的资料来分析，这是一部真正意义上的中国学人编撰的法理学教科书。

在《法学通论》绪言中，夏勤认为，法学通论“总阐法学之要义，示初学者以准的也”。“不独法学有专门，而诸法之中，类别业分。亦各驰思于所欲焉，以自为方，然其始也，非粗识大体，则无由进研邃密，此钩元箕要，为法学要旨之诠释，有不能不资乎法学通论也”。[④] 这一看法，在当年中国法学理论教育起步之时，其重要性自不待言。进而夏勤明确地指出，法学通论在法学教育中的功能作用，“一方为学者进攻专门之阶梯，一方又为普通人类所应具之常识”。[⑤]

从来编纂法学通论者，其详略次第，虽各不同，然夏勤之《法学通论》体例，首论国家，次述法律，再次论权利，最后殿以法学，自有其特色。对这一编纂体例，时人称善，谓之为“先其浅者近者而后其精者深

---

① 汪爔芝(1882—1928)，字鹿园，安徽休宁人。日本早稻田大学毕业，历任清农工商部主事、京师法律学堂教习、修订法律馆协修、民国法制局参事、大理院推事兼庭长、法典编纂会调查员、北京总检察厅检察长。民国北京政府时任大理院一庭庭长，司法部司法讲习所学科主任兼教员。

② 余棨昌(1881—1949)，字戟门，浙江绍兴人。1902 年以京师大学堂高才生选派留学日本，1911 年东京帝国大学法科毕业。回国后曾任清政府户部主事。民国北京政府任大理院民二庭庭长，司法部司法讲习所讲师、所长。历任法制局参事、司法惩戒委员会委员、司法训练处处长兼法典编纂委员会顾问、大理院院长兼司法惩戒委员会委员长、修订法律馆总裁。民国后，除抗战八年，一直任朝阳大学教授。南京政府成立后，任北平大学法学院教授。

③ 万宗乾:《序》，载夏勤、郁嶷:《法学通论》，朝阳大学出版部发行，北京东西制版所印刷 1919 年版，第 1 页。

④ 夏勤、郁嶷:《法学通论》，朝阳大学出版部发行，北京东西制版所印刷 1919 年版，第 1 页。

⑤ 夏勤、郁嶷:《法学通论》，朝阳大学出版部发行，北京东西制版所印刷 1919 年版，第 1 页。

者”,“思有以启其鑰而通其方,以徐至夫广大高明之域。法治前途,庶其有豸。其用心良苦矣”。[①] 夏勤在绪言中,对此作了简要的说明。现抄录如下:

积人类而成社会,由社会而演国家,国家既立,法制斯起,政治以生。芸芸者众,既不能离国家而独立,以生斯国也。苟于国家之义何居尚尔茫然,其去榛丕未化之民几希。故本书编纂次第首论国家。

继国家而起者,是曰法律。法律者,所以范制吾人外部之行动,齐其不齐,一其不一。抑强横,扶羸弱,以维持国家社会之秩序也。国有常刑,犯者必惩。朝莫跬步,举有法律绳其后,国俗境禁,遨游所抵,且需闻问,乌有长蛰斯土,而于法律之谓何懵然茫然。能以遂其生存者乎。故次述法律。

法律所保护者,是曰权利。人自呱呱坠地,即具人格,为权利义务之主体。泊夫渐长,权利之欲望盛,而藉法律为保障之塗益广,然而权利之观念不明,斯行使之方术多窳。故法律意义既明之后,次论权利。

近世国家,号称法治,法所由兴。类缘于学,学术榛芜,则法律终古无进步之望矣。故总览古今,殿以法学。[②]

这一编撰体例,论题已涵盖法学通论的核心内容。夏勤之所以如此编纂,一方面是因为近代中国大学的法学理论教育以法学通论为建构的起点,并没有编撰先例可寻;另一方面则是夏勤在京师法律学堂和日本留学,系统接受和学习西方法学理论使然。

---

① 万宗乾序,载夏勤、郁嶷:《法学通论》,朝阳大学出版部发行,北京东西制版所印刷1919年版,第1页。

② 夏勤、郁嶷:《法学通论》,朝阳大学出版部发行,北京东西制版所印刷1919年版,第2页。

接下来,笔者就夏勤《法学通论》的内容特色,再作些说明。

(1)关于法律之意义。夏勤认为,自来学者说明法律之意义,“议论庞杂,罔有统纪”。[①] 因此,在“一纵论之”神意说、正义说、道德说、自然法说、秩序关系说、自由规律说、民意说、命令说、强行规制说、共同生活要件说、行为说之后,夏勤指出:“总监各说,既以行为说较为完善。故近世一般学者,乃根据其义为法律之定义曰,法律者人类行为之规则,由国家所制定或经国家承认者也。”又据此定义,夏勤进行了深入的分析:第一,法律者规则也;第二,法律者人类行为之规则也;第三,法律者因国家而存在者也;第四,法律者国家所制定或经国家承认者也。[②] 上述观点,使当时国人关于法律之意义的认识有了一个完整的概念。在1946年10月,夏勤以个人名义将这本《法学通论》略加增补后出版。[③] 在该书中,夏勤就中文世界里的法律之意义,补充以下文字加以说明,“……释名曰,法者,逼也。莫不欲从其志。逼正使有所限。律,累也。累人心使不得放肆也。释诂:法,常也,律,法也,彼此互训,观觇其义训之大同,曰逼、曰累、曰常,皆规则整齐之义,规则整齐,因法律所由也”。[④]

(2)关于法律之特性和法律之目的。夏勤首先分析了法律与道德

---

① 夏勤、郁嶷:《法学通论》,朝阳大学出版部发行,北京东西制版所印刷1919年版,第21页。

② 夏勤、郁嶷:《法学通论》,朝阳大学出版部发行,北京东西制版所印刷1919年版,第29—31页。

③ 民国三十五年(1946)10月,夏勤在朝阳大学法律讲义的基础上,将其与郁嶷合述的《法学通论》稍作修订,单独署名出版,发行人为高承恩,由正中书局印刷实验所印刷。该书将原版本中的中译名后都附英文,增加注解以释观点,有利于查证《法学通论》之思想来源。居正先生为夏勤这本《法学通论》作序,时间应是在1946年间。有学者认为居正撰写《法学通论》序的时间是1927年,笔者以为这一结论有误。仅就居正序文中写道:“夏子敬民,蜚声法界,垂三十年”,亦可证明居正为夏勤《法学通论》写序的时间应为1946年而不是1927年。

④ 夏勤:《法学通论》,高承恩发行,正中书局印刷实验所1946年版,第19页。

之区别的几种观点：对法律为道德之一部。夏勤认为，此说虽足以释明法律与道德范围之广狭，然其以法律为道德之一部，则不足采也。关于道德为吾人之本分，夏勤强调吾人之本分是对己本分，对人本分，对天本分。夏勤还特别强调，法律者，人群赖以生活而必须不可缺之规则也。其次分析了法律与宗教之区别。夏勤指出，法律与宗教在古代无区别，宗教精神往往以法律之形体表彰之。再次重点分析了法律与政治的区别。夏勤认为，法律形式也，政治实质也。法律可比之国家之骨骼，而政治则国家法律之精神也。无骨骼，精神固无所附丽，无精神而骨骼尤无以独存。盖法律与政治二者，有辅助之势，不可或缺也。[①]

问题的进一步展开，便涉及法律之目的。对此，夏勤将其归结为积极说和消极说两大派别。其积极主张法律之目的者，谓法律乃欲创设人民之权利并维持之，且使人民增长幸福者也。而消极说则曰，法律者欲限制各人民之自由，且使各人互相调和其所欲之自由也。在这以后，许多中国法学学者，对法律之目的关于消极、积极两派观点进行了更深入的探讨。例如，在商务印书馆推出的《万有文库》丛书中，有周鲠生《法律》一种，在这本小册子中，周鲠生先生就认为，"法律的本性，并不限于消极的作用。社会生活的活动，既有消极的和积极的两面，那么法律的规则，也有消极和积极的两种"。[②]

(3)关于法律之分类及法律之成立和渊源。夏勤首先对许多概念作了解释。成文法者国家以文书制定颁布之法律也，不文法由习惯而成之法律者。对公法及私法的区别，这一"法学上之大问题也"，夏勤进

---

① 夏勤、郁嶷：《法学通论》，朝阳大学出版部发行，北京东西制版所印刷1919年版，第32—35页。

② 周鲠生：《法律》，商务印书馆，中华民国十八年(1929)10月初版，第31页。另：笔者知见周鲠生《法律》一书的最早版本，是商务印书馆发行的百科小丛书第13种，中华民国十二年(1923)1月初版，中华民国十四年(1925)12月出至第3版。

行了深入的分析,他说,学者议论,亦极繁复,如奥斯汀、耶林则不认为有此区别,或仅以此区别不过本诸沿革上之理由,无正常之学理,诸说纷纠,莫衷一是。然则,多数学者皆认此区别。对此,夏勤列举法律之目的、法律关系和由关系者之资格三种学说加以分析说明以区别公法及私法。对强行法及听许法的区别,夏勤"视其遵守法律能否听许人民私意为断"。普通法与特别法则"因法律效力之范围而区别之";对固有法及继受法的区别,夏勤认为,此分类由法律成立之历史而发生者,本其所固有之风土人情、礼俗习惯而成之,法律为固有法。采他国之法律模范其制度而成立为继受法。受日本学者的影响,这一时期关于国内法和国际法的区别亦是当时理论法学的学术热点。针对国际法无强制力、无立法机关、无裁判所(法院)等理论学说,夏勤一一加以介绍和分析,并得出"诸说皆欠完善,不足采也"[①]的结论,从而肯定国际法是法。

就法律之成立而言,法律者由一国主权者所制定者也。这一定义的论证曾引起人们广泛而持久的注意。夏勤认为,主权者之为何人,视其国体而制定之。各国不一其途。例如,在我国,其主权在国会。在日本,其主权则在天皇。今天看来,夏勤的这一主张,可以说是坚持辛亥革命胜利之成果所致。此外,夏勤特别分析了各国法律成立之程序,认为其首要者起草是也。既经起草妥适,则以提出国会,请求议决。经国会议决之后,在君主国尚须经君主之裁可,裁可后,始为公布。在民主国家,则大总统无裁可权,惟对于法律之内容,有不满意者,得缮其理由书,于一定期间内,提交国会复议。在这一问题上,夏勤还沿袭日本《法学通论》教材中的通用观点,特别分析和解释了公布法律的数种方法:即朗读法、公薄登录法、揭示法、传观法、官所公布法。至若法律之渊

① 夏勤、郁嶷:《法学通论》,朝阳大学出版部发行,北京东西制版所印刷 1919 年版,第 43 页。

源。夏勤在指出法律渊源之用语，从来学者所用，各有命意的基础上，列举以下七种法律之渊源：学说、条理、条约、宗教、习惯、外国法、判决例加以说明。

(4)关于法律之解释。夏勤从解释法律之必要出发，认为，“解释法律者，探考法律真意之法也”。进而主张，“凡法律之制定，无论如何详审周密，条分缕悉，以规定之。然欲纲绳万有，至精且详，当其适用之时，毫无疑实。其谁征托，此解释法律所不容已也。罗马乞力斯担利安编纂法典，禁止解释，终不奏效。法帝拿破仑于民法制定之后，见解释书籍接踵而出，深为叹息，而卒无如之何。是法律不能不有待于解释者，势使然也”。[①] 在夏勤看来，说明法律疑义者，法律解释之目的也。法律解释之疑义有两种：一为明显疑义，一为隐匿疑义。明显疑义者，仅其法律字义不明是也。隐匿疑义者，法文字义虽甚明了，而其所规定之事物，不明是也。如财产权之文字，含有有形财产、无形财产两种意义。[②]

关于法律解释的种类，夏勤认为可分为公式解释与学理解释两种。公式解释者，其所解释之意义即视为法律之真正意义，有一定的效力。对于人民及法律之执行者，能发生强制效力之谓也。细别之有立法解释、司法解释、行政解释三种。其中，司法解释者，审判官当适用法律所下之解释也。“此方法虽亦能生强制之效力，然颇有限制。凡法院皆能自为解释，不但无服从他法院解释之必要，即同一法院所下之解释，其后亦无遵守之贵。但大理院以判决解释对本条有拘束下级法

① 夏勤、郁嶷：《法学通论》，朝阳大学出版部发行，北京东西制版所印刷 1919 年版，第 47 页。

② 夏勤、郁嶷：《法学通论》，朝阳大学出版部发行，北京东西制版所印刷 1919 年版，第 47 页。

院之力”。[1] 学理解释者当论定法文时所下之解释也。此解释往往为立法或审判官下公式解释时之根据。细别之有文理解释和论理解释。论理解释者,斟酌制定法律之理由,及其他一切情事用以发现其真意之谓也。此种解释又别为补正解释、扩充解释及限制解释三种。至于法律解释之通则,夏勤提出了五点:第一,论理解释之结果与文理解释之结果相冲突时,宜从论理解释;第二,对于法律中所用语范围有疑义时,宁从其广泛者解释之;其余三点,则宜从严正解释。所谓严正解释,“乃罗马以来所承认者”。[2] 例如,变则宜从严正解释。变则者,谓有特别理由,不能适用通则所设之变例也。变则范围扩张,则通则之范围必因之缩小,是以此种变则,不能不严为解释。又如,凡关于特权之规则则宜严正解释,加惩罚或使负担义务责任之法律宜从严正解释。

(5)关于法律之适用。法律之适用者,有权限之官署实行法律之谓也。即能适用法律之机关,于其权限内适用法律之谓也。适用法律之机关有两种,一为行政官,一为司法官。在这一章内容里,夏勤从法理的高度专门论述了司法适用法律之原则。第一,司法官不受请求,不得(为)审判;对此观点,夏勤后来进一步强调说,“此为裁判上之大原则,无论民事刑事,苟不起诉,法官不能自行而为裁判,即所谓‘不告不理’之主义是也”。[3] 第二,司法官不得以法文之不明不悉为理由拒绝适用;“法官若得以法文不明不备为理由,而拒绝审判,则处今日变动不居之社会,欲制定完全适合社会进步之法律,殆不可能”。[4] 对这一观点,夏勤还特别强调指出,凡诉讼皆可借口法律之不明不备以卸制裁之责

---

① 夏勤、郁嶷:《法学通论》,朝阳大学出版部发行,北京东西制版所印刷 1919 年版,第 49 页。

② 夏勤、郁嶷:《法学通论》,朝阳大学出版部发行,北京东西制版所印刷 1919 年版,第 53 页。

③ 夏勤:《法学通论》,高承恩发行,正中书局印刷实验所 1946 年版,第 63 页。

④ 夏勤:《法学通论》,高承恩发行,正中书局印刷实验所 1946 年版,第 63 页。

任，既不利于保人民之权利，亦有损于国家之威信。第三，司法官不得以法律为不正而拒其适用。即不得借口法律违反道德或不合团体共存之要件而拒其适用也。夏勤从法治原理出发，指出："盖法律非必合于正义者，又非必合于国体共存之要件者。"[①]因此，法律适用的原则在于，凡法律不问其为良为恶，法官均有适用之义务，若以恶法之故，而不适用，是以司法官而侵立法者之权，大有背于治权分立之原则。

在这些讨论中，夏勤还特别提出，审判（司法）官是否可以因法律违反宪法之故拒其适用？对此问题，虽众说纷纭，然而，夏勤通过专门研究，其坚持的观点至今仍颇富启发意义。首先，夏勤举出三个观点加以论述，他们是：1.法律之实质违宪时得拒其适用；2.法律之实质或形式违宪时得拒其适用；3.法律之形式违宪时得拒其适用。[②] 针对近世学者多主张的第三说，夏勤坚持认为，"三论中，宜以此说为最有力"。[③]因为，仅仅法律之形式反宪法者，拒其适用。其实质违宪与否，非审判官所宜定，乃属于立法者之权限也。审判官无审查法律是非之权限。但于形式上违宪时，得拒其适用。何则法律必具备形式，始有执行之效力？用他自己的话来说："形式违宪之法律，无由知其为法律也。"[④]其次，关于行政官适用法律之原则，夏勤亦加以讨论，提出行政官无请求

---

① 夏勤：《法学通论》，高承恩发行，正中书局印刷实验所1946年版，第63页。

② 在1946年10月的《法学通论》中，夏勤补充说，"根据第一说，法律实质违反法律，如宪法规定信教之自由，而以法律限制之，是违宪也。违宪之法律应无效，法官无适用无效法律之义务也。第二说，凡法律之实质上违宪者，固勿论，即其实质上不违宪而形式上违宪者，亦无适用之义务。如根据宪法上人民有纳税义务之规定，而制定租税法，其实质虽未违宪，然当其公布时，并未经行政院院长之副署，即属于形式上违宪也"。夏勤：《法学通论》，高承恩发行，正中书局印刷实验所1946年版，第63页。

③ 夏勤、郁嶷：《法学通论》，朝阳大学出版部发行，北京东西制版所印刷1919年版，第60页。

④ 夏勤、郁嶷：《法学通论》，朝阳大学出版部发行，北京东西制版所印刷1919年版，第60页。

不可适用法律、行政官不得拒否法律之执行、行政官厅执行法律得发命令三大原则。

(6)关于法学之发达和学派。法律现象属于社会现象之中。举社会上法律部分之现象研究之,则谓法学。夏勤认为,“法之为学,乃近世以来之观念,至中古以前,则法学与法术之分界不明。以法学为法术者往往有之。盖法学所以知事物之通性,法术所以知此通性而应用于实际。凡物必先通晓其原理,而后始有应用之效果。此不易之理也。然法律发达之状态,则法术尝先于法学。往古希腊,虽有法律智识之语,而无所谓法学。迨至罗马共和国时代,始有法学之称。吾国刑名为法术家也,故法学之名词,晚近著于世”。[①] 对此,在1946年10月的《法学通论》中,夏勤以增加注解的方式补充说明法学之意义:“关于法学之意义,在昔学者亦各主张不同。如乌尔庇安(ulpianus)谓,法学者,由神事人事之知识而为正与不正之学也。往时法与宗教及道德,混合不分。盖以法亦同为规范的法则故也。格劳秀斯(Grotius)谓,法学者,为由正义而知生活之学也。此说不仅与道德相混,且以法术即法学亦非确当。至莱布里兹(Liebriz)则以法学为权利之学。此盖由权利本于正义之观念,故以法学为权利之学。”[②]

关于法学之发达,夏勤首先进行中西对比。在我国,夏勤认为,“法学名家,如管仲、申韩之流,研考法理,震耀人环。及措之政治,成效尤为卓著。使后学新进,承诵其说,益加阐发,则数千年吾国法学之发达,乌有限量。及汉武继暴秦烧书之余,不务光扬前征。纽于董仲舒儒生之议,摈罢百家,诸子浸微,而法学一科,至今几成绝学矣。而欧洲古代,号为文明之中心,希腊罗马是也。希腊学说如苏格拉底、柏拉图、亚

---

① 夏勤、郁嶷:《法学通论》,朝阳大学出版部发行,北京东西制版所印刷1919年版,第115页。

② 参见夏勤:《法学通论》,高承恩发行,正中书局印刷实验所1946年版,第128页。

里士多德等，其素所研讨多倚哲理、政治，而于法律则鲜究探。故欲考欧洲古代法律发达之迹，不能不求之罗马也”。[①] 在夏勤看来，欲说明罗马法学之大略，又可以分以法学萌芽、发展、隆盛、衰退四个时代。

关于法学之学派。夏勤认为，依演绎法之法学派有：1.自然法学派。此派学者谓自然法乃吾人生存于自然状态时所行之于法则也。依此派所论，则人类原始之自然状态，无国家与法律之羁绊，皆拥有完全之自由，是人类均属平等，无上下贵贱之别。如奴隶制度，大悖于人类平等之原理，故不可废除之。此派巨子首推卢梭，由法国大革命时，极为盛行。2.纯理法学派。此派学者谓自然法非存于人类以外，乃在吾人理想之中。盖人类夙具辨别道理之能力，故自其能力考察时，即可见法律之原理原则，此派之肇于希腊而盛行于近世之德国黑格尔。3.人性法学派。此派学者谓自然法为基于人性之法律。故依此派则先宜研究人之本性如何，然后以适合此本性之原理原则，为人定法之标准。此派渊源于希腊而近世如最著名之德国学者库那则及阿连斯均属于此派。[②]

而依归纳法之法学派，则以观察社会之法律现象，因以发现其适合各种法律现象之原理原则为主旨。但此派学者之研究方法，各有不同。若细别之，更得分为三派。即：1.分析剖解法律之现象，明其组织成分，探究法律原理原则之分析法学派。此学派为奥斯汀所倡导，近世英国之法律家大抵属于此派。2.探究法律现象之变迁以研究法理之历史法学派。此学派所主张的法律现象，非一定不变法律原理，亦非万古不易，皆随社会之变迁而进化。如究继承之沿革。古代为祭祀继承，中世

---

① 参见夏勤、郁嶷：《法学通论》，朝阳大学出版部发行，北京东西制版所印刷 1919 年版，第 116 页。

② 参见夏勤、郁嶷：《法学通论》，朝阳大学出版部发行，北京东西制版所印刷 1919 年版，第 121—123 页。

纪为家长继承,近世为财产继承。即可知继承由祭祀继承、家长继承而进化于财产继承之原理也。此派起于自然法学派之反动。近世德国最为盛行。其始倡者虽为那伊布利丝而应用于实际使成为一学派者则德国之萨维尼。3.比较对照各国之法律制度,探究其原理原则之比较法学派。此学派研究方法以地方为基础,比较诸国之法律,以其所发见之原理原则为法理,说明解释及制定法律之材料。[①]

三、两个"夏勤"

法学通论的基本内容颇为繁杂,固然需要从法学理论上深入辨析,更离不开法律实践中的具体适用。1919 年至 1927 年前,夏勤在法学理论上对法律的意义、法律特征、法律目的、法的分类、法的渊源、法律解释、法的适用、法学之发达史和学派等问题上,进行了深邃的思考。这种思考是法学家夏勤在朝阳大学的思考。作为法学家的夏勤,先后在朝阳大学(迁重庆改为朝阳法学院)任教师、教务长、董事、副院长、代院长等职,架起了一座座法学津梁,培养了大批司法人才。当时朝阳毕业生遍布全国各地法院,形成民国时期司法界的朝阳系。除撰写法学通论外,法学家夏勤还曾撰写很多有关刑法的著作,并被聘为瑞士国际法庭刑法顾问,在国际上享有较高的声望。作为法学家,夏勤先后还兼任北京大学、国立中央大学、中央政治大学、陆军将官训练班、司法院法官训练所等处的大学教授,并被任命为高等考试典试委员,一度担任高等考试法官、考试典试委员会委员长。本章中,主要是介绍了法学家夏勤与朝阳大学的点点滴滴,风风雨雨。

其实,还有一个夏勤。一个法律家的夏勤,这个法律家的夏勤,从

① 参见夏勤、郁嶷:《法学通论》,朝阳大学出版部发行,北京东西制版所印刷 1919 年版,第 123—126 页。

1927年后,更多地是出任要职,开始进入公众视野。1927年8月,夏勤任民国政府法制局编审,次年又任最高法院刑庭庭长、法官惩戒委员会委员。1936年任最高法院推事,1938年调任司法行政部常务次长。1945年2月,任最高法院院长兼刑庭庭长。1949年任司法院大法官。作为法律家的夏勤,在从事司法工作后,一直主张并实行司法独立、依法办案和司法不受外来干涉的原则。法律家的夏勤虽然也参加过国民党,但他只是一个普通党员。他学法、用法、执法,倡导以法治国,强调法制尊严,从不参加派系斗争,大体保持法官的本来面目。

抗战胜利,民国政府还都南京后,鉴于全国军民和国际舆论的压力,不得不惩办汉奸。蒋介石把陈公博、褚民谊、缪斌等汉奸关押在苏州江苏高等法院受审,结果陈公博等均被判死刑,并立即执行,却将周佛海指定由南京最高法院审理。蒋介石扬言周佛海在日寇投降后,保护敌伪财产、收编伪军、维持治安、协助中央有"接收"之功,可从轻发落,免判死刑。蒋介石有意将周佛海单独关押在南京审判,但又不便直接干预司法,于是,找出司法院院长居正、司法行政部部长谢冠生与夏勤商讨。夏勤认为:判周佛海死刑,是法院按法律办事的原则,如果总统有意宽赦,那是总统的职权。如果我们不能判周佛海死刑,难逃国人的舆论。结果是判周佛海死刑。判决以后,蒋介石减为无期徒刑,后周佛海病死狱中。但是,法律家夏勤能不屈服权势压制,依法惩奸,可称难能可贵。

1948年4月间,南京召开国民代表大会,夏勤为国大代表。大会期间,蒋介石宴请国大代表九人,其中有夏勤在座。一天,蒋介石单独召见夏勤,要在最高法院成立"特种刑庭"。那时,省级高院如南京、苏州、青岛等地,均已先后成立"特种刑庭"。所谓"特种刑庭",其矛头完全是对着共产党人。因为"特种刑庭"可以完全不依照法律程序,对共产党人和民主人士妄加罪名,摧残迫害,从而达到其阻止民主革命力量发展的目的。当时,夏勤没有按照蒋介石的指示组建“特种刑庭”。不久,蒋即派军统特务调查夏勤在泰州所经营的商业情况,企图罗列罪名。夏勤获悉后,乃主动呈请辞职,当即被免去最高法院院长职务。待到次年三月,李宗仁代任总统时,才重新被任命为司法大法官。

综上所述,有两个夏勤:法学家的夏勤和法律家的夏勤。法学家的夏勤对朝阳大学理论法学及其法律教育诸问题的思考,法律家的夏勤及其理论与实践的紧张和矛盾,为我们今天来思考法律家与法学家的角色定位提供了重要的背景和启发。1919年以后,夏勤继续在朝阳大学任职,并在其他高校授课、演讲,仍然与朝阳同人积极撰述“朝大讲义”,并开始结交法界名流,为构建朝阳学院法律教育网络出策出力。他是以一名法学家的身份积极参与朝阳大学的法律教育事业。但随着出任公职要职、参与司法审判的实践,夏勤的身份认同更多地从一位大学教员、法学家转向了法律家。这种法学家与法律家的身份是否在夏勤身上存在紧张关系?关于两个夏勤还有哪些新的思考和实践意义?当然,这些问题意识已超出本节的论述范围,而将是以后讨论的主题。

第三节　向近代法理学“嬗变”的媒介

对作为基础科目《法学通论》教科书稍作研究,就会发现清末民初的《法学通论》,一般都很少拘泥于它的“法理”功能,亦不大关注《法学通论》本身,更不用说《法理学》的学科体系应如何建构。关于这一观点,早已有学者论及,他们认为,中国法理学“在形式上没有发展出一个较为完整的法理学体系。此时的法理学多为舶来品,其主要内容是介绍和吸收西方自然法学派、历史法学派、分析法学派及社会法学派等的法理思想,与其说是一个学科,还不如说是较为零散的法学理论思想的汇集与组合。”[①]尽管如此，在笔者看来，20 世纪 20 年代以后，从一些中国学者，如王觐、白鹏飞等人编撰的《法学通论》教科书中，可以视为是一种过渡的、可塑的形态，成为“传统”法学向“近代”法理学“嬗变”之间的媒介，为中国近代法理学的形成发展作了初期准备。

一、“能普及法学知识于国民”：王觐与他的《法学通论》

在夏勤之后，曾在朝阳大学任教的湖南浏阳人王觐亦曾编撰过一本《法学通论》。王觐(1890—1981)字漱平，1914 年于上海中国公学毕业，后留学日本明治大学习法律。师从日本刑法学大师牧野英一博士。1919 年归回，历任清华大学、北京大学、河北大学教授、系主任、教务长及朝阳学院代院长。王觐曾著有《中华刑律论》，时人“喜其可为明刑弼教之助”，[②]并称许王觐“于古今中外刑法学说论述，以及沿革，博习淹通，精微洞见”。[③] 王觐这本《法学通论》，由公慎书局于民国十年(1921)6 月 18 日初版发行，1923 年 1 月出至订正增补的第 4 版。该书封面的“法学通论”四个字由曾在日本学习法政的范源廉先生题签，并有郑晟礼先生为之作序，郑晟礼在序中说：

> 法学通论为泛论法律之学。持义贵新，取材尚富。世界学者，精研法理思想变迁，率月异而岁不同。非若一成不变之物，著以为法令者比也。若夫治斯学者，陈陈相因，旧说是封，则往编具在，岂待更有所论述哉。是非取精用，宏得钩玄，则失之则远矣。予友王子漱频，劬学有年，研究深邃，出其所学，转输学子，别成法学通论

---

① 李龙、汪习根：《二十世纪中国法理学回眸》，载《法学评论》1999 年第 4 期。

② 王文豹：《“中华刑律论”序》[中华民国十四年(1925)5 月]，载王觐：《中华刑法论》，姚建龙勘校，中国方正出版社 2005 年版，第 8 页。

③ 吕复：《“中华刑律论”叙言》[中华民国十四年(1925)4 月]，载王觐：《中华刑法论》，姚建龙勘校，中国方正出版社 2005 年版，第 7 页。

一书,……学子得由此,以为阶梯,进而窥公私各法之堂奥。原来问学,俾法律常识普及于人人,则王子斯书,不惟有裨学益,更于法治之途为助非浅焉。……①

王觐在自序中,对编纂这本《法学通论》亦有所交待。他说,“欲臻国家于法治域,……贵乎完善之法律,尤贵乎能普及法学知识于国民。”②在作者看来:

……法律之于国家和个人关系,即重且大。……惟是法律之学,乃精神的科学,欲究其奥蕴,穷其深理,既非一朝一夕。研究所得而能。复不能强人人以悉,喻是则对此浩瀚之法,又悉其梗概,明其纲领,必有响导(向导)引之以入,必有阶梯携之以升。阶梯响导舍法学通论其谁属哉。……③

据此,我们大致可以知道,王觐在编撰这本《法学通论》时,作为一名讲授这门课程“有年”的资深教员(瞿同祖先生在燕大读书时,就听过王觐讲授过《法学概论》课程),对当时社会上“陈陈相因,旧说是封”的《法学通论》教科书是不甚满意的。因此,王觐在自序中指出,“诸学子咸以坊间陈物不足以资考镜。”④这样,在当时法理学资源相对匮乏的京城法政教育的现实中,王觐从“能普及法学知识于国民”的目标出发,特别强调法学通论的“阶梯”“响导”作用,并期待该书“以期为法治之助”,从而表达了他的写作目的。

王觐的这本《法学通论》,全书篇幅不大,共156页,分绪论和本论两篇结构。当时,对我国法学理论教育影响颇大的日本《法学通论》教

---

① 郑晟礼:《法学通论》序,载王觐:《法学通论》,公慎书局1923年订正增补4版,第1页。

② 王觐:《法学通论》序,载王觐:《法学通论》,公慎书局1923年订正增补4版,第1页。

③ 王觐:《法学通论》序,载王觐:《法学通论》,公慎书局1923年订正增补4版,第1页。

④ 王觐:《法学通论》序,载王觐:《法学通论》,公慎书局1923年订正增补4版,第1页

科书均流行有“各论”,对此,王觐一方面认为,“我国法律不备,仅能就通论述其原理原则,而于各论一编,多无成规可循,不得同时付梓,深为遗憾”,另一方面,他又表示,“拟俟异日,法律公布再行赓续。”①正是这种“深为遗憾”,王觐这本《法学通论》与稍早的夏勤那本朝阳大学的《法学通论》讲义,均开创了中国人自己编撰《法学通论》教科书的传统。即以“就通论述其原理原则”的“本论”为主体的《法学通论》编纂模式,为中国法理学形成发展作了初步的准备。

在绪论中,王觐对上述编纂体例作了说明。他认为法律学通论是“说明法律学之大体,为初学法律者之阶梯”,“进而为各种法律之研究,养成实地应用之法律思想为目的”。② 这是因为,“法律有公法私法,国内法国际法之区别,其间相互关系之处,在在皆须融会贯通,是故考究法律者,非晓然法律学之纲领,通观法律相互之关系,则有如堕入五里雾中,茫茫不知所之。”因此,在王氏看来,法学通论“乃是以网罗法律学之全体,而无所遗,庶异日研究各种法律特殊之原则,得寻其途径焉。”③于是,王氏对这本《法学通论》的编纂之顺序为绪论与本论两篇,作了以下说明:

> 以绪论为三章,第一章说明科学之类,藉悉法律学之位置。第二章说明法律学之范围,以示法学通论之本领。再于第三章中说明法律与其他科学之关系。然后及于本论关于法律之意义、渊源、效力、分类既权利义务等法律全体之概念,加以说明焉。④

接下来,笔者再结合王觐这本《法学通论》教科书的相关“知识论述”,作些说明。

---

① 王觐:《法学通论》序,载王觐:《法学通论》,公慎书局 1923 年订正增补 4 版,第 1 页。
② 王觐:《法学通论》,公慎书局 1923 年订正增补 4 版,第 1 页。
③ 王觐:《法学通论》,公慎书局 1923 年订正增补 4 版,第 1 页。
④ 王觐:《法学通论》,公慎书局 1923 年订正增补 4 版,第 2 页。

关于法律学的范围。当时,一般均认为,法律通论是"说明法律学之大体"。故王觐在绪论的第二章中,特别就"法律学"之范围加以说明,"以示法学通论之本领"。在王氏看来,"法律学者为研究法律之学",对此,王氏作了详细的说明:

> (法律学)研究基于人类知性之社会的生活之秩序,说明其过去、现在、将来之科学也。法律的现象变迁靡常,因地因时,亦自有异,故所谓,不得为科学之目的,仅能以之为技术,供吾人之应用者。是殆不然。何则科学之为何物,系相对于诸种法律现象,理解其因果关系,智识之总体而言。至技术则为达实际上之目的。谙练通达而已。若是则对于法律的现象,悉其原则,理解其因果之关系者,曰法学,仅因实际应用得精熟法律之技术者,曰法术。……故研究法律者,须考其根本之科学,然后于末叶之技术焉。①

在第二章的前三节中,王觐还分别讨论了"沿革法律学"、"比较法律学"和"系统的法律学"等法学研究的方法。在他看来,沿革法律学是以"历史的研究方法,研究法律,叙述古代之变迁及于现在之关系者也。"②而比较法律学者,"比较古今东西之法律,研究其性质之差异,取其共同点,以理解法律进化之原则为目的者也。"③至于系统的法律学者,"分析一国现行之法律,发见其原理原则,以系统的排列而研究其法理之谓也。"④在上述三种法学研究方法中,王觐特别服膺"系统的法律学",实际上就是今天我们常说的"分析法学",王氏认为,"法律研究以理解现行法之法理为急务,故系统的法律学诚为法律学中的枢键。"⑤

---

① 王觐:《法学通论》,公慎书局1923年订正增补4版,第9—10页。
② 王觐:《法学通论》,公慎书局1923年订正增补4版,第11页。
③ 王觐:《法学通论》,公慎书局1923年订正增补4版,第13页。
④ 王觐:《法学通论》,公慎书局1923年订正增补4版,第14页。
⑤ 王觐:《法学通论》,公慎书局1923年订正增补4版,第15页。

在"法律学"这一章的第四、五节，王觐又说明了"法律哲学"和"法律学通论"这两个概念。所谓"法律哲学"者，"以研究法律之现象最高原理或根本的原则为目的者也。"[①]正是基于研究法律现象之"最高原理"和"根本的原则"，王觐区别了沿革法律学、比较法律学和系统的法律学与法律哲学的不同，他认为，法律哲学的终极目的在于，"能洞悉法律之进路，评判现行法律之善恶，为将来之法者所采方针之指导，以冀增进国家人民之福利。"[②]而所谓"法学通论"，王觐讲了四层意思：一是"为法律学之阶梯也"，二是"明法律学之本领也"，三是"明法律学之概要也"，四是"为法律哲学之阶梯也"。以上四者，王氏总结说：

> 要之，法学通论之目的，不独使学法律者得法律全体之智识，并令一国之人通晓国法之大体。盖国民公私之生活，皆统御于法律，生命、生身、自由、财产，莫不惟法律保护之，是赖此普通教育学校，近无不增此一科者。

法律与其他学科之关系。在法律与其他学科之关系中，王觐从对法律与政治关系的认识出发，分别讨论了法律与社会学、政治学、经济学和医学的关系。他认为，"法律者为政之要道也"，"法律随政治变迁而发达，故研究法律须注意政治之沿革。观一国之政治，须知一国国家组织之宪法，研究一国之宪法，尤以洞悉其政治史为必要。宪法为政治史之结晶物，是宪法之研究与政治史之研究，有密切之关系，不可须离也。"[③]在王觐看来，"为人类社会生活秩序之法律，发生于人类社会组织国家以后，是国家为法律之源泉。"故"无国则法律亦不成立，无法律国家亦不存在。……国家制定法，规律社会生活秩序，依此统治国民，

① 王觐：《法学通论》，公慎书局 1923 年订正增补 4 版，第 16 页。
② 王觐：《法学通论》，公慎书局 1923 年订正增补 4 版，第 16 页。
③ 王觐：《法学通论》，公慎书局 1923 年订正增补 4 版，第 20 页。

以达其行政目的,是法律为国家行使政策之一种手段。"[①]而法律与经济的关系,在王觐看来,是手段与目的的关系。"法律为保护经济关系而存,经济关系赖法律保护始发达。"[②]至于法律与医学的关系,王氏从法术家研究法学以资实际应用,医学者以医学研究之结果,行审判鉴定时,则是法律家须有医学上之知识,而医学者亦必有法律上之知识也。

关于法律的概念。王觐认为,法律者维持人类社会的生活,定生活关系之规则为一般的且强而行之者也。对这一定义,王觐强调了以下四个方面:一是法律者秩序之规则也;二是法律者生活关系之规则也;三是法律者维持人类的生活,定生活关系之规则也;四是法律者依共同团体之公力得以维持生活关系之规则也。[③] 在该书第四、五章,王氏分别讨论"法律之发生及目的"和"法律之维持"这两方面的内容,都与王觐对法律的概念的认识有关。例如,王氏从"法律者为维持团体生存,整理秩序而发生也。"[④]进而认为,边沁关于"法律之目的,在使最多数之人民享最大之幸福"的享乐主义,以及耶林关于"法律为确保人类生存之要件,苟能保一般国民之安全秩序"的秩序主义均是最为重要的"法律之目的"。[⑤] 至于"法律之维持",王觐说:

> 法律固赖有国家权力之强制以维持其效力,然维持法律仅持形式上之强制,其力量异常薄弱,是故非有他物为之辅助,不为功。他物者何?曰内部之强制是也。内部之强制力分为三:恐怖心、道德心、实利心。[⑥]

关于法律与国家的关系。王觐认为,国家者是以一定土地为基础,

① 王觐:《法学通论》,公慎书局1923年订正增补4版,第22页。
② 王觐:《法学通论》,公慎书局1923年订正增补4版,第24页。
③ 王觐:《法学通论》,公慎书局1923年订正增补4版,第27—29页。
④ 王觐:《法学通论》,公慎书局1923年订正增补4版,第40页。
⑤ 王觐:《法学通论》,公慎书局1923年订正增补4版,第41—42页
⑥ 王觐:《法学通论》,公慎书局1923年订正增补4版,第43页。

有统治"组织之共同团体",在这种共同团体中,"有治者与被治者之区别。治者以团体全体之公力,强制其各部使各团体成员服从共同团体公益上必要生活关系之秩序。"[①]王觐认为,国家这种"公力"乃是统治国民最高权力,即主权。关于国家主权,王觐通过两个方面加以说明:对外,主权在国际法上,"称为国家独立权,又曰对外主权。"[②]对内,主权在用法上称为统治权,"统治权者,国家之最高惟一之权力,与独立权为对等之权利也。"[③]在作了上述说明之后,王觐指出,国家主权虽属一国最高之权力,而其作用活动也得分立法、行政、司法之三面而言之。[④]因此,王觐分别就"国家制定法律"、"利用法律且执行法律"以及"解释法律而适用之"三个方面定义了立法权、行政权和司法权。

关于法律与宗教及道德之关系。对这一问题,王觐论述得较为详细。他认为,时至今日,政治思想发达,法律亦随之进步。宗教与政治分别益显。于是"信教自由,莫不认为宪法上之大原则。"[⑤]王觐认为,法律与宗教教义虽同属人类行为之法则,但在"客体"、"威力"、"制裁"、"目的"等方面,亦存在差异。在对法律与道德关系上,王觐列举了八种重要学说,在他看来,"法律与道德混淆时代,道德为主,法律仅资辅助","二者独立分离,性质亦有所异。"[⑥]因此,王觐取其适当者为区别之标准,指出道德与法律,虽也有"客体"、"威力"、"目的"等方面的差异,但"二者素不抵触,不过其支配之行为有广狭而已。故违反法律者必定背乎道德者,非即违犯法律之规定也。"这种认识在当时已属先进。王觐还说:

---

① 王觐:《法学通论》,公慎书局 1923 年订正增补 4 版,第 32 页。
② 王觐:《法学通论》,公慎书局 1923 年订正增补 4 版,第 32 页。
③ 王觐:《法学通论》,公慎书局 1923 年订正增补 4 版,第 32 页。
④ 王觐:《法学通论》,公慎书局 1923 年订正增补 4 版,第 33 页。
⑤ 王觐:《法学通论》,公慎书局 1923 年订正增补 4 版,第 34 页。
⑥ 王觐:《法学通论》,公慎书局 1923 年订正增补 4 版,第 37 页。

> 近世文明各国道德与法律相辅而行。如亲属法关于夫妇间权利义务之规定。亲子间权利义务之规定,以及亲属相互抚养之义务之规定等,莫非由道德上之思想而来。诚以法律有明文,则道德上之法则,可藉国家强制行之,如其不然,吾恐无良心之人,肆其不道德之行为,法律将无可如之何矣。是法律所规定,俟国民道德心之发达始先达其目的。道德养成亦惟法律是赖焉。[①]

在这里,王觐还表达了他的法律之效用观,他认为,法律既无万能,于是道德、宗教、良心、习惯等,均是"补助法律之效用"的"辅助资料"。[②] 其他诸如法律制定之手续、渊源、效力、解释、分类、制裁、内容以及法律上之权利,限于篇幅就不一一介绍了。

二、"初习法学的唯一读本":白鹏飞与他的《法学通论》

白鹏飞(1870—1948)字经天,广西桂林人。从1911年起,白鹏飞赴日本留学,遍习兽医、统计、政治、经济、法律,获得了五个学位。1924年在日本东京帝国大学毕业回国,先在无锡国学专科学校、江苏民众教育馆担任教职,接着任暨南大学校长。后到北平,先后任北京朝阳大学、民国大学、法政大学、辅仁大学、清华大学、北京大学、北平大学等高校教授。后又出任过北平大学法商学院院长、广西大学校长、广西政府顾问、国民政府中央监察员等职。白鹏飞最早在朝阳大学、北京大学等校讲授行政法,还撰写教材和教学大纲。到二十世纪二三十年代,形成了较大规模的行政法学者群体。其中,白鹏飞是这一群体的代表人物,也被后人誉为"中国现代行政法学家和教育家"。他的行政法学理论体系,师承日本行政法学家美浓部达吉。他"认为法学贵在发现,不贵在

---

① 王觐:《法学通论》,公慎书局1923年订正增补4版,第39—40页。

② 王觐:《法学通论》,公慎书局1923年订正增补4版,第45页。

创设。他不屑于记诵、探究北洋政府和国民党政府的现行行政法令，认为这是刀笔小吏的事，作为行政法学者的责任，在于探究法理，阐明它的规律。"白鹏飞的著作有《行政法总论》、《劳动法大纲》、《比较劳动法学大纲》、《行政法大纲》等十余种，都是中国行政法学的开创性著作。时至今天，仍是研究中国行政法学的必读经典书。

1910 年年初，京师大学堂正式开办分科大学。法政科原定法律、政治两门全部设立，自此，京师大学堂的法律本科教育正式开始。1912 年 5 月，京师大学堂改名北京大学，不久蔡元培开始执掌北大校政，大刀阔斧地进行改革。1919 年，北大学科体制上推行"废门改系"和选科制，法科由原来政治、法律、经济三门一律改系。据 1917 年北大法律门的课程表来看，尚无法理学或法律思想史之类的课程，但有法学通论。据统计，1913—1923 年，北大法科毕业的学生人数与其他各门(系)相比，其数量也逐渐高于甚至远远高于其他各系，从一个方面反映出法科在北大的重心位置。就当时全国法律教育而言，北大法科是一个中心，并办得有声有色，甚至政治门(系)的课程也偏重法律课程。白鹏飞入北大任教时间大约在 1927 年前后，在这期间，白鹏飞编撰的《法学通论》教科书，最早由上海民智书局于 1928 年 8 月初版发行，到 1931 年 7 月已出至第 4 版。关于白鹏飞的《法学通论》一书，有一则书刊广告如是说：

> 本书以提供法学研究上必要的准备为限度，贯通法学全体之原理原则及其实际而与系统说明。在理论方面，力求完备明晰，对于法律学各部门实际，则仅就其性质及其相互关系，加以讨论，是为本书之特征。共分法、法之系统、法律上之权利及义务与法学四篇，内容丰富、叙述畅达、诚为初习法学之唯一读本。①

---

① "书刊广告"，载末弘严太郎著、邓日译：《农村法律问题》，国民政府立法院编译处出版，民智书局发行，1930 年 2 月版。

东吴大学法学院的孙晓楼教授在其《法律教育》一书中，则多处引用这本书中的观点，亦可见该书的影响。白鹏飞这本法学通论有以下几个特点：

第一，体例。除绪论分导言和法学通论之意义两章，单独编撰外，全书基本上沿用这一时期流行的四篇结构。其中，第一编法，分"法之观念"、"法与其他之规范的法则之关系"、"法源"、"法之分类"、"法之效用"、"法之解释及适用"、"法之成立及消灭"七章；第二编法之系统，基本内容实际上就是原来法学通论的"各论"的内容；第三编权利及义务；第四编法学。这种编排体例，除用"法之系统"来吸收原来法学通论的"各论"编，在体例上略有创新外，其余基本上沿袭旧的编撰传统。需要特别指出的是，当时，白鹏飞在《法学通论》中保留"各论"的编撰模式，可能与当时民国时期法律职业教育的需求有相当的关联。白鹏飞在其《法学通论》中，亦很清楚地表达了这一点。他说："从来法学通论，往往以其大部分罗列法律学之各分科细目，而加以或繁或简，不得要领的说明。……故本讲义除理论方面，力求清明晓畅而外，对于法律各部门之实际，则仅就其性质，并其相互的关系，加以讨论。即涉及内容时，亦不过启示户庭，俾便学者将来之按户寻求，不致迷失道途，而知极其所欲往而已。"①

第二，法律名词全都用英文、法文、德文等专门词汇对应。例如，法学通论(Einfuhrung in die Rechtswissenschaft；Traite elementaire do Droit；Introduction to law)，自然的法则(Naturgesetz loi naturelle)与规范的法则(Normgebends gesetz；loi normative；normative law)、法源(Rechtsquellon；Saurces of baw；Seurces du droit)、惯习法(Zewohneitsrecht；Customary Law；droit Contumior)、判例法(Case law；

---

① 白鹏飞：《法学通论》，上海民智书局 1928 年 8 月初版，1931 年 7 月第 4 版，第 4 页。

Judge-Made law)、国内法(Nationales Recht;Droit National;National Law)与国际法(Internationales Recht;droitnternational public;internationales law)、公法(Offentliches Recht;droit public;publie law)与私法(Privatrecht Recht;droit prive;Private law)等等。

第三,开始吸收英美及日本学者的最新学术成果。白鹏飞有留日背景,接受的日本大陆法系的思想,但在其法学通论中,开始较多地吸收欧洲大陆法系和英美法系的法学思想。例如,仅在第四编法学中,白鹏飞提及的欧美法学家就有 Leibniz、Jrnerius、Blaekstone、Bentham、Montesquieu、Bachofen、Post、Kohler、Savigny、Thibaut、Stammler、Jhering、Auguste、Comte 等。

接下来,笔者再结合白鹏飞在其编纂的《法学通论》中的相关"知识论述",说明其对中国近代法理学形成发展所起到的"媒介"作用。

关于《法学通论》之意义。在《法学通论》的绪言中,白鹏飞指出,《法学通论》是"一种特异的学科",在初学者看来,"不厌其晦涩艰深,即薄其平凡肤浅",而在讲授者,"亦往往顾此失彼,不能条贯畅达,踌躇满志。"因此,白鹏飞对自己著述这本《法学通论》讲义,充满期待,他说:"吾人欲从过去凝结硬化之概念法学废墟中别树新垒,而讲述法学通论,则舍立足于社会原理之上,而以现代的经济思想为背景,作历史的考察,不能获得法学上之指导原理,刷新听众之耳目,所以化臭腐为神奇者,不敢必其能如是,亦姑以自勉而已。"[①]白鹏飞认为,所谓法学通论者,以提供法学研究上必要的准备的智识为限度,贯通法学全体之原理原则及其实际,而与以系统说明者也。从这一定义出发,作者认为,法学通论之目的,既在修得法学研究上必要的准备的知识,而法学与人

① 白鹏飞:《法学通论》,上海民智书局 1928 年 8 月初版,1931 年 7 月第 4 版,第 1—2 页。

类社会的生活，实有密切的关系，故研究法学，必须以错综复杂之人类社会生活为研究对象之一，且不能以一方面观察为满足，更须从各种之立足点，以行综合的观察与思索。……故法学通论为法学研究上必要的准备的知识。而其他之社会科学，如社会学、经济学等，复为治法学通论者之必要的准备的知识也。

关于"法之观念"。在这本《法学通论》中，白鹏飞首先通过"法则"和"法之定义"的论述，讨论了"法之观念"(见第一章)。白鹏飞认为，事物中共通的秩序就是法则，它包括自然的法则与规范的法则。前者仅就事物之由来，加以说明，而不能付诸善恶邪正之评价。后者则为吾人之行为、意思、感情欲达到正常的目的时，所当服从之轨范也。由此定义出发，白鹏飞指出，伦理、宗教、礼仪和法律等，则属于规范的法则。在这里，白鹏飞特别强调"吾人之行为，欲达正当的目的，则不可不服从规范的法则"，这是因为，作为社会一员的个人，绝不能离开社会国家而孤立存在，而社会国家如果"无一定之法则"，"必不能成长发达而进于光明幸福之域"，因此，"以维持秩序"的规范的法则就有存在的必要。服从这种规范的法则，亦即所以谋自己之利益也。[①] 白鹏飞认为，今日以前，人类对于法之观念，"其说不一"，"纷纭无定"，在列举神意说、命令说、正义说、契约说、自然法说、历史法说、社会法说之后，白鹏飞指出以上各学说均属于讨论法之本质，而为法律哲学上之问题，虽"亦各有其特殊的见解"，"然自其趋势言之，则由他主的观念而渐进于自主的观念者也"。因此，所谓法之观念，即"法在外部，而束缚吾人之自由，支配吾人之行为者，为他主的观念。谓法即在我，因其出于吾人之意思，故吾人当遵守者，为自主的观念。试观由外部之神意，或君主之命令，以

---

① 白鹏飞:《法学通论》，上海民智书局 1928 年 8 月初版，1931 年 7 月第 4 版，第 6—7 页。

渐进于民约，而归宿于人民立法，从可知其不诬矣。”[①]接下来，白鹏飞就其信为正当者，给法下了一定义如下：“法者，国民所承认为国家的生活之规范的法则，而依社会力担保其共同遵守者。”[②]

关于“法则”性质之异同。在《法学通论》第二章中，白鹏飞分“法与道德”、“法与宗教”和“法与礼仪”三节，讨论了法与其他规范的法则“性质之异同”。白鹏飞认为，法为规范法则之一，而非其全部。维持社会之秩序，除法之外，尚有赖于道德、宗教、礼仪等。法律与道德之关系，至为密切，然其领域，则有共通的，同一的，亦有特殊的，专有的，不必始终一致。然而，“从来关于两者之区别，学说颇多，然未能得一妥当的解决也。”[③]在列举四种关于法律与道德之区别的观点后，白鹏飞认为，“国家的生活之秩序，固赖法律以维持，而道德与国家的生活之秩序，亦不能全无关系，因为道德不独为个人的，同时亦复为社会的、集团的，其于国家的生活，与法律同为重要的规范也。”[④]关于法与宗教，白氏举出三种观点加以讨论，在他看来，在文化(文明)未进之世，政治与宗教，常相混淆，其宗教上之信条，殆具有法之威力，而视为神意之表现，然“其荒诞不经，自不必深论”。[⑤]

关于法与礼仪。在白鹏飞著述这本《法学通论》之前，国内学者基本上没有在其《法学通论》中设专题讨论法与礼仪，从这个意义上说，白鹏飞开创了传统。[⑥] 不过，白鹏飞在其《法学通论》中对此问题并没有

---

① 白鹏飞：《法学通论》，上海民智书局 1928 年 8 月初版，1931 年 7 月第 4 版，第 7—8 页。

② 白鹏飞：《法学通论》，上海民智书局 1928 年 8 月初版，1931 年 7 月第 4 版，第 8 页。

③ 白鹏飞：《法学通论》，上海民智书局 1928 年 8 月初版，1931 年 7 月第 4 版，第 11 页。

④ 白鹏飞：《法学通论》，上海民智书局 1928 年 8 月初版，1931 年 7 月第 4 版，第 13 页。

⑤ 白鹏飞：《法学通论》，上海民智书局 1928 年 8 月初版，1931 年 7 月第 4 版，第 15 页。

⑥ 在白鹏飞这本《法学通论》之后，毛家琪、张映南、丘汉平等均讨论了“法与礼仪”，至梅仲协撰其《法律论》(1943)时，更是将“法与礼”专辟一章加以讨论。

深入展开讨论,仅仅指出,当古代法律与宗教、道德、礼仪等规范,尚未分化之际,“礼治重于法治”,而两者分化之后,其差异始生。表现在:礼仪不能离即形式,而法则不必以形式为要件;法有要求遵守之权利,而礼仪则无之;法依社会力而维持之,具有强制性,礼仪发于各个人敬爱之念,其维持遵守与否,纯属各个人之自由意思,而无强制性者也。[①]

关于“法源之潜在性”。在白鹏飞撰写其法学通论时,穗积陈重的《法律进化论》已在国内有译本,1927年白鹏飞在北大任教职之前,亦一直在日本留学,不可能没有注意到穗积陈重的法学思想。在其撰写的《法学通论》第三章法源中,基本观点均来自日本学者的影响。事实上,早在30年代,丘汉平就指出,白鹏飞编撰的这本《法学通论》,大半根据的是日本学者三潴信三著,邓公杰译的《法学通论》一书。白鹏飞从法源者,“法所由来之基础也”、“法律知识之材料也”、“构成法规之内容也”、“法律关系发生之原因也”以及“折中上述各种之意义,而分为直接法源,与间接法源”等学说的介绍展开,同时指出,以上诸说,不过是研究之便宜计,所行之区分,孰是孰非,初无定论。不过他服膺穗积陈重的“法源之潜在性”的观点,以为法源之潜在性,实发生于社会之法律意识。人类社会中,设无此种法律的意识存在,则任何法律,均将失其效力,而未由成立。由此出发,亦为叙述方便起见,白鹏飞在其《法学通论》的第三章中,分法源为制定法和非制定法两种,并分别加以说明。其中,制定法又分为国内、国际和外国制定法三种。非制定法更细分为惯习法、判例法、条理和学说四种。在上述讨论的基础上,白鹏飞进一步讨论了法和各种类别,举制定法与非制定法(成文法与不成文法)、国内法与国际法、固有法与继受法、普通法与特别法、强行法与任意法、实体法与手续法、公法与私法七种“法的分类”加以讨论,以供学修上之参

---

① 白鹏飞:《法学通论》,上海民智书局1928年8月初版,1931年7月第4版,第15页。

考。特别是关于公法与私法,白鹏飞对其学理渊源作了详尽的介绍后,加以自己的评说和论断。白鹏飞说:

> 综观上述诸说,俱多缺憾。吾辈以为法律之所以有公私之分,由于吾人生活关系而定。国家固由国民所组织而成,其代表国家,表现之于行为者,仍不外为国民中之人类,以故国家或公共团体与私人间,及国家或公共团体相互间,其属于规定公生活之法律关系者,固为公法,设国家(公共团体)与私人间订立私经济关系之契约,(如买卖借贷雇佣运送等)则与公生活自无关系,自当适用私法之法规也。反是,以一私人而参与国家(公共团体)之公生活时,则规律其公生活之法,即为公法,而不能适用私法之规定,至于规律私人相互间之私生活之法律关系者,其属于私法,自不待言,故吾辈主张生活关系说。约言之,即公法者,规律团体的共同生活(公生活)之法也。私法者,规律个人的生活(私生活)之法也。前者为团体法。后者为个人法。国家或公共团体,因营私生活,而发生法律关系时,其所受规律,与个人无异。(私团体为一法人,其所受规律,亦与个人等。)①

总地说来,本节中尽管笔者仅仅只是以王觐和白鹏飞编撰《法学通论》教科书为中心,着重就《法学通论》的教学内容的编排和《法学通论》的正式文本及序跋等的问题进行阐述和介绍,以期观察这一时期《法学通论》教科书的表现形态及其文本实践,有"以偏概全"的嫌疑。但是,笔者相信,通过对王觐、白鹏飞他们的《法学通论》及其文本中的问题探讨,借以阐明20世纪20年代中国学者的《法学通论》,又是如何通过法学教育的方式而促进中国法理学向近代"嬗变"的问题的深入讨论,仍

---

① 白鹏飞:《法学通论》,上海民智书局1928年8月初版,1931年7月第4版,第37—38页。

不失为一个“必需的”选择的路径。舍此，别无他途。值得一提的是，近代化的自觉未必仅仅是由显而易见的变化所表现的。因为，一种思想意识在求变未果的过程中，也是可以认知的。因此，就这一时期的《法学通论》的文本研究，发现其“思想意识在求变未果”的过程中，那些可以认知的东西，特别是研究这些“无法绕过”的并向近代法学“嬗变”的媒介——《法学通论》教科书，对于中国法理学形成发展又作了哪些初步准备，同样意义非凡。

第六章　中国近代法理学的形成发展（1928—1938）

1928 年 12 月“东北易帜”后，南京国民政府在形式上完成了对中国的统一，知识界对国家统一颇抱期望。这一期望，在年初出版的《民国宪法及政治史》一书中早已表达出来。该书是作者陈茹玄在讲授“中国宪法问题”和“民国宪法史”的讲义的基础上编写而成的，于 1928 年初由上海政治学社出版。在该书自序中，陈茹玄如此说道：

> 世界各国当新旧势力递嬗时期，虽政象之纷乱恒难幸免，然未有如吾国之甚者也。溯自改元以来，政变十余次，根本大法经十余易，而迄未有所底定。横行四境之武人，日寻干戈，以相征讨。风雨飘摇，不足以一同舟之志。外侮频来，不足弥阋墙之争。蝮蛇蓁蓁，封狐千里，国运民生，奄奄向尽矣！今幸北伐成功，大局渐定。循环搏噬之军阀，波谲云幻之政局，朝令夕更之大法，俱从前种种如昨日之既死；惟望国人，惩前毖后，趁此一线时机，努力完成‘宪政时期’之工作，以达法治目的；毋覆辙再蹈，自贻伊戚，重陷国家于混沌扰乱之境，则幸甚矣。故余著是书毕，即起一宏愿：愿自今以后，吾国永远不复有如已往十七年之伤心政象，吾人亦再不续著此种伤心历史也。①

① 陈茹玄：《自序》（1928 年 6 月 20 日），载陈茹玄著：《民国宪法及政治史》，政治学社总发行，1928 年 8 月初版。

正是这种“吾国永远不复有”“伤心政象”,“吾人亦不再续”“伤心历史”之期望,南京国民政府成立后,一时间竟然大量出现了各种版本的《法学通论》教科书,而且以后均有再版。这一现象,既说明知识界对南京国民政府的法制建设充满期待,又直接促进了中国法理学的形成发展。

第一节 概说:以南京时期的《法学通论》教科书为中心

自1928年12月至1938年10月南京政府迁都重庆止,正好十年。客观地说这十年,是南京国民政府法制建设卓有成效的十年,以“六法全书”为标志,全新的、近代意义的法律体系基本形成,中国法典的近代化(或西化)任务基本完成。新式“法统”的建立,也是南京国民政府引为自豪的政绩之一。照理,法律近代化必然与社会近代化同步,在新法统的导引之下,中国应该顺利步上民主、宪政、法治之路。但事实并未如此。中国社会还没有完全进入“近代”,一边是非常近代的法律体系,一边却是根深蒂固的传统的社会结构、社会生活及社会观念。法律变革很大程度上还是以收回治外法权为主要动因,超然社会生活规则之上,难免与社会相脱节。这也是中国近代社会法治现代化无法顺利实现的根本症结所在。①

在中国法理学的发展时期(1928—1938),西方法学理论在中国传播的特点还表现在传播主体由业余转向职业,出现又一个高峰。表现在法理学、法学通论、法律哲学等方面的著述大量涌现,对日本,特别是对英美法学理论的译介亦达至一个新阶段。例如,1928年获美国芝加

① 张仁善:《法律社会史视野》,法律出版社2007年8月版,第26页。

哥大学法学院法学博士学位的梅汝璈先生，回国后编撰的《现代法学》(上海新月书店1932年版)一书，系统地介绍了西方法学思潮。全书共四章：第一章“现代法学背景”，介绍了古代希腊和罗马的法理思想；第二章“现代法学起源”，叙述了现代法学在12世纪起源的过程；第三章“现代法学之历史派别”，分别介绍了自然法学派、历史法学派、玄学派、分析法学派、社会哲学派、社会功利派、新康德派、新黑格尔派、法国新自然法学派、经济史观派、社会学派等主要观点；第四章“现代法学的趋势”，探讨了法学研究、法律应用、法律观念等方面的发展趋势。这十年，产生了一批学院化的专业法学家，他们秉承西方实证主义法学传统，谙熟西方法学理论发展趋势，奠定了中国近代法理学学科形态的基础——包括它的专业分类、叙事框架、话语方式，以及交流的办法和训练的途径，开创了中国法理学传统。梁治平曾如是说：

> 本世纪二三十年代，现代法典渐次编成、完善，法律教育初具规模，法学之发展遂进入一日渐繁荣的常规阶段，其间，法学研究及于法律的各部门和领域，法学分支学科如法理学、法律史、比较法、国际法及各类部门法学均获得长足进步，与此同时，法学专门人才源源而出，法学论著数量大增，新一代法学家，承先贤之余绪，多能以独立之精神，为自由之研究，其议论、文章，虽少忧患之辞，却更多学术之品貌。凡此，皆表明法学的成熟。①

在笔者看来，1928年以后的中国法学界，新的学术范式已经确立，作为法学的基本学科——法理学及重要命题已经勘定，20世纪影响深远的众多法学家也已经登场。② 许章润认为，这些“已经登场”的是中

① 梁治平：《法学盛衰说》，《比较法研究》1993年第1期。

② 如沈家本、梁启超、孟森、董康、王宠惠、王世杰、周鲠生、夏勤、王振先、白鹏飞、张知本、吴经熊、李达、燕树棠、张君劢等等，或开始撰写或已经完成其代表作，丘汉平、梅汝璈、孙晓楼、杨兆龙、蔡枢衡等也已经学成归来，并开始在大学传道授业。本世纪法学大家，尚未露面的当然还有，但毕竟数量不多。

国“第三代”法学家：

> 三十年代中期前后，受教于第二代，更有一批新人入围，业精于专，学见乎平，秉持专家本色，坚持学理探讨，注重中国问题，将已启其端绪的中国法学传统，渐予深化与光大，为第三代。①

另一方面，随着“舆论一律”、“司法党化”教育的推行，②晚清至“五四”开创的“众声喧哗”、思想多元的局面不复存在，取而代之的是立场坚定、旗帜鲜明的党派与主义之争，20世纪中国法理学从此进入了一个大发展的时代。

在中国法理学的发展时期，20世纪30年代，孙晓楼等一批法学家集中讨论了法学“理论教育”的重要性。不过，日本途径的《法学通论》开始慢慢淡出了人们的视野，中国学人自己编撰的《法学通论》则成为已经“法学的近代化”之新的参照系。当时，继续沿用《法学通论》名称

---

① 许章润：《书生事业 无限江山——关于近世中国五代法学家及其志业的一个学术史研究》，载《法学家的智慧——关于法律的知识品格与人文类型》，清华大学出版社2004年6月第1版，第6页。

② 张仁善先生认为：“司法党化”是司法制度移植中嫁接上的若干不该属于它的“附件”。前清没有司法官入党之说，北洋时期，司法官也盛行“不党”，把“司法党化”作为司法改革的目标之一为南京国民政府独创。提倡“司法党化”最早、宣传最卖力、阐述最详细的，均是法界“大腕”级人物，如王宠惠、居正、张知本等，他们的宗旨既要让司法官“灵魂深处”党化，又要使法律“党义化”；他们依靠自己在政坛和司法界的身份地位，不断使其成为司法改革的纲领而加以贯彻落实。王宠惠：《今后司法改良之方针》(一)，载《法律评论》第6卷第21号，总第281期，1929年3月3日出版；参见居正：《司法党化问题》，载《东方杂志》第32卷第10号，1935年5月16日印行；张知本：《中华民国法学会之使命》，载中华会创办《中华法学杂志》，新编第1卷第1号，1936年9月1号出版，第8—9页。很难想象，这些学贯中西、对西方司法模式烂熟于胸、享誉世界法坛的法学巨擘，在引进西方法律制度的同时，却没有引进其司法独立的理念！只有罗文干(英国牛津大学毕业，在伦敦燕拿专门学校当过讲师，北洋时期曾任司法总长、总检察长，南京国民政府早期任司法行政部部长、法官训练所所长等职)等极少数人，反对过“司法党化”，主张“以英为师”，以英国为榜样，法官不应参加任何党派。金沛伦：《国民党法官的训练、使用与司法党化》，载《文史资料选辑》第78辑，文史资料出版社1982年版，第102—104页。转引自张仁善：《法律社会史视野》，法律出版社2007年8月版，第79—80页。

的教科书大量涌现，并有以下几个特点：

第一，几乎都是凭一己之力独立著述完成，并多次再版。例如欧阳谿的《法学通论》[①]，上海法学编译社1931年初版，1932年再版，1933年列入上海法学编译社之"法学丛书"，此后，该书又多次重印和再版，到1934年已印至第10版，1946年，郭卫根据当时施行的法律对该书进行了修编，是为战后的重刊版，并于1947年再版；陶希晋的《法律学之基础知识》，上海新生命书局1929年初版，后数次再版；李景禧、刘子松编的《法学通论》，上海商务印书馆1934年初版，1935年再版，后又多次重版；胡庆育的《法学通论》[②]，上海太平洋书店1933年出版。

第二，多以丛书类的形式出版。例如世界书局的文化科学丛书(ABC)就有朱采真的《法律学通论》、张季忻的《法学通论概要》，上海中华书局的中华百科丛书就有吴学义的《法学纲要》(1935年出版)，上海三民公司的各科常识问答丛书就有钱香稻的《法学通论问答》，上海商务印书馆的新时代法学丛书就有丘汉平的《法学通论》等。

从类别上看，主要有这么两类：一是常识普及考试类教材，例如朱采真的《法学通论》(上海世界书局1928年初版，1930年再版)、张季忻的《法学通论》(上海世界书局1929年出版)、钱香稻的《法学通论问答》(上海三民公司1930年2月出版)、欧阳谿的《法学通论》(上海法

---

① 此书的版本很多。华东政法学院珍藏民国法律名著丛书已收入此书，依据的是民国二十二年(1933)的版本，由陈颐勘校，中国方正出版社2004年9月出版。

② 胡庆育著有《法学通论》一书，上海太平洋书店1933年出版。全书分为两编。第一编"总论"分上、中、下编，上编为"绪言"，包括：国家、主权两章；中编为"法"，包括：法之概念、法之渊源、法之分类、法之效力、法之适用与解释、法之成立与废改六章；下编为"法律之内容的研究"，包括：法律上之权利、法律上之义务、权利之分析、权利之得丧变更四章。第二编为各论，分上、下编，上编为"国内法"，包括：宪法、行政法、刑法、民法、国际私法、诉讼法六章；下编为"国际法"，为国际法一章。附录部分收录了《训政时期的约法》和1931年公布的《国民政府组织法》。

学编译社 1933 年出版)、胡崐的《法律学题解》(上海文业书店 1936 年出版);[1]二是军队政训处培训教材,例如毛家琪的《法学通论讲义》(1931 年 7 月出版)。

上述两类《法学通论》教材大量出现的原因如下:

第一是大学法学教育的扩张的需要,特别是适应律师职业考试的需要。

一方面,南京国民政府以孙中山五权理论为基础,建立行政院、立法院、司法院、考试院、监察院的五权体制。其中,考试院为国家最高考试机关,主持公务员及专业技术人员的资格考试。但实际上,律师考试的主管部门,继续归司法行政部门,仍然保持北洋政府时期的惯例而未作实际变动。至 1930 年 12 月 27 日,国民政府考试院同时公布了九项考试法规,其中包括《高等考试司法官、律师考试条例》共 17 条,根据规定,司法官考试分作三个阶段:初试、学习和再试。初试及格者,即可依法充任律师。当时,钱香稻的《法学通论问答》、张季忻的《法学通论》这两本书皆以问答形式编撰而成,均由上海世界书局出版,适应了当时职业教育的需求。

另一方面,进入 30 年代,民国法律教育体制逐渐完善,在高等教育方面,不同层次的学历教育逐渐形成。同时,近代教育体制培养的新一代青年知识分子也步入社会。律师后备队伍的基本素质有了明显的提高。这既体现了由于近代教育体制的普及使得律师后备队伍素质的提高,社会可以从人才较为充裕的后备队伍中择优选任,改变了民国初年人才匮乏、不得不放宽限制的状况;同时,也体现了律师法律制度自身的逐渐完善。当时,许多《法学通论》教材基本上都采取沿用将民法、商

---

① 胡崐:《法律学题解》(又名《法律学问答》),上海文业书店 1936 年版。该书共分六个部分,其中第二部分为"法学通论之部",共十题,介绍了法学方面的基本理论知识。

事法规、土地法、劳动法规、刑法、民事诉讼法、刑事诉讼法写入法学通论的"各论"这一编撰体例,与当时法律职业的选任制度及其考试制度的规定是有相当的联系的。

第二是官方话语的介入,特别是三民主义进入法学教材的需要。

当时出版的许多《法学通论》教材都提及这一点。例如,朱采真在其《法学通论》序中就说,"在国民党党治时代,法律的基本精神既然不能背乎党纲和党义;所以我就把三民主义里面可以法律化的学说,差不多完全採作本书的资料。"[①]甚至在该书再版时,不断强调三民主义精神,朱采真在其《法学通论》"重版时的话"中说道:"这一次的修订完全注重在三民主义的立法原理和现行法方面,要晓得这一年来我国立法事业是有飞跃的进步。……把三民主义的理论融化在法律的见解中以及尽量容纳现行法上的资料,就也足见本书的特性所在了。"[②]1930年2月,毛家琪在其编著的《法学通论讲义》序中亦提到:"……况吾人悉隶党治之下,尤应阐明总理主义以为立法之原则,以期实现三民主义之法律;须知法律平等,始为立脚点的平等之基本。苟不实施三民主义之法律,而望政治地位与经济地位之平等,其可得乎?此三民主义化的法律,为随时代最中和之法律,实为新编法学通论所涵养。"[③]

但是这种大量的应时之作,学术水准低下,极大降低了这门学科的声誉,以致批评之声,不绝于耳。这一期间,学术成就较高《法学通论》之代表作有:张映南的《法学通论》(上海大东书局1933年9月

---

① 朱采真:"《现代法学通论》自序"(1928),载朱采真:《现代法学通论》(文化科学丛书),上海世界书局1930年8月初版,1931年10月再版。

② 朱采真:"《现代法学通论》重版时的话"(1930年7月1日),载朱采真:《现代法学通论》(文化科学丛书),上海世界书局1930年8月初版,1931年10月再版,1934年第3版。

③ 毛家琪编:《法学通论讲义序》(1930),载毛家琪编:《法学通论讲义》(1930年初版),中央陆军军官学校政训处(政治丛书第二十二种)1931年版,第1页。

初版)[①]以及丘汉平的《法学通论》(上海商务印书馆 1933 年 12 月初版,到 1937 年 3 月已出至第 6 版)。

第二节　中国法理学的“近代性”与《法学通论》的表现形态

何勤华教授在《法学近代化论考》一文中,曾提出过“法学近代化的内涵及其一些基本标志”[②]。结合何勤华“法学近代化”内涵的分析成果,笔者提出,中国法理学的形成发展,亦有一个中国法理学的“近代性”的特征。

以“中国法理学的形成发展”为主题,来梳理这一时期中国法理学学术变迁的历史,无论如何,这一主题都绕不过这样一个问题,即中国法理学的“近代性”。所谓中国法理学的“近代性”,又是在清末民初以来中国法理学成长的基础上继续发展。不过,与清末汉译日本《法学通论》和夏勤、白鹏飞等人编撰适合中国国内法律教育的《法学通论》的时代所不同的是,这一时期(1928—1938),中国近代法典编纂运动渐至高

① 张映南的《法学通论》之编纂体例为:绪论分法律与社会及国家、潜势法与法律之力、自然法与规范法、社会惯习法与国家制定法、法律之语意和法学通论之意义五章,本论分国家、法、法之重要内容、权利与义务、法学五编,共二十六章。基本上仍是沿袭日本学者的观点。对此,作者张映南在其《法学通论》的卷首语中亦有交待,他说:“至若法学通论,固为研究法学者准备之门径,似甚浅近。究为法学全部所共通而有系统之学科,欲其提要钓玄,更属匪易。本书为余六年前在北京各校之讲义,迄今自视,多弗惬意,第其中悉匪余个人之臆说,多取材于日本法学博士三潴信三之原著。更参他书而为编纂,或亦可为初治法学者之一助。”参见张映南:《法学通论》,上海大东书局 1933 年版,第 1 页。

② 何勤华概括出法学近代化的内涵及其一些基本标志是:第一,必须形成近代资产阶级的法学世界观;第二,产生了系统发达的法律注释学;第三,出现了使法学成为一门发达的科学形态所必需的基础法学;第四,形成了门类齐全、系统发达的各个部门法学;第五,形成了职业的法学家阶层;第六,普及了大学法学院教育。参见何勤华:《法学近代化论考》,载《政治与法律》1999 年第 2 期。

潮:大规模立法活动的开展,不仅使“三民主义”的意识形态话语进入立法指导思想层面,而且为法学家提供了贡献其法学理论以支撑立法、司法和法律职业教育的活动舞台。与此同时,“一批基础较好,资质优良,而且系统接受过西方法律知识和方法训练的法律专家——第二代法学家——逐步成长起来。他们大都精于专业,熟谙西语,又对欧美近代法律训练有亲身体验,因此,他们大多能从世界法律教育发展的最新趋势着眼,以现实批判的精神,来反思当时的法律教育与学术研究,提出一些颇有参考价值的思想观点和实际改进方案,从而达到了中国近代法律史上法律教育研究的最高水平。”①伴随着中国法理学的“近代性”发展,这一时期,中国学者编撰的《法学通论》及其表现形态,着实丰富多样。而有关《法学通论》的表现形态的研究,目前国内研究中还不多见。其原因若从早期的法学教育的观点出发,《法学通论》的教学形态只不过是法学理论发展过程中的一个发展阶段,难以发现其自身价值和意义。为此,本节先就中国法理学的“近代性”与《法学通论》的表现形态这一问题,根据当时的史料和当事者的有关回忆,在尽可能的范围内予以澄清。因为对这一问题的澄清,有利于我们了解和掌握,已经开始对中国法学“近代性”有所意识的中国法理学发展的实际变化状态。

一、中国法理学的“近代性”

为了便于在研究中表达中国法理学的“近代性”,笔者将以东吴大学法学院的法学教育为中心,以期观察这一时期《法学通论》教科书的表现形态;反之,研究这一时期《法学通论》的表现形态及其东吴大学法学院的法律教育实践,又有助于分析中国法理学的“近代性”。此种关

① 王健:“《法律教育》·编者前言”,载孙晓楼:《法律教育》(20世纪中华法学文丛),中国政法大学出版社2004年版,第1页。

联性,还因为东吴大学法学院的所在地——上海——这一中国近代化程度极高的大都市而凸显出来。

首先,之所以要讨论中国法理学的“近代性”,是因为社会的变迁,先有知识的变迁,而知识的变迁则在教育。从分析框架上看,教育是社会变迁与社会控制的重要工具。唯它本身并非变数(Independent variable),而常受其他因素诸如科学技术、工商业及政治文化运动等的影响。如果它倾向于变革,则经过若干时日,将引导社会变迁与现代化。反之,则导致社会停滞不前。[①] 事实上,中国教育之近代化,亦是西方冲击的产物。就教育思想而言,整个清季于 1890 年以前,甚少讨论学校制度问题,“西文”、“西艺”的引进是争议的焦点。甲午战败后,“西文”、“西艺”教育受到抨击,争议的焦点转为要不要学习“西政”,反映在课程内容上,即应否在“中学”之外增加“西学”,以及应增加哪些“西学”才不损害“中学”的轴心地位。这种“中体西用”式的结论直到 1905 年废除科举后才最终确立,并发生具体影响,表现在这一时期法政教育的蓬勃兴起上。民元以后,政体变更,新思想迅速输入,教育思想的“瓶颈”消除,并向教育哲学、教育目标、教育制度与对象等方面发展。受欧美尤其是美国的影响加深,加之根据本国的社会需要,教育实用主义倾向愈来愈深,表现在法政教育上,开始有较多的反思和改革。

申而论之,法律知识的变迁在于法律教育,法律教育以法学院校课程设置为根本,而《法学通论》则是法理学课程内容的载体,不容忽视。这种研究方法也可以说是一种“以课程内容观察知识变迁”的“个案分析”的方法。甲午战后,晚清政府及各省大量延聘日本教习到新设学堂任教,至民初中日交恶,及美国退还庚款兴学,美国教习增多,影响力增

① 参见苏云峰:《中国新教育的萌芽与成长(1860—1928)》,北京大学出版社 2007 年版,第 3 页。

强。以至20世纪20年代后期开始，无论国立大学、教会大学还是私立大学，多模仿英美法教学。例如东吴法学院在创办之初，其学制和课程设置以美国的法学院为模式，授课的内容也以英美法为主。与此同时，英美归国的留学生充任法学院师资亦日渐增多。以上说明，包括《法学通论》等课程设置、教学研究方式也无不与英美法学有极密的渊源。这种情况的出现，开始改变自清末民初以来，与日本法律教育“对接”的格局。必须指出的是，20世纪20年代后期，中国主要法典的渐次制定扭转了法学院的教学方法和课程结构。[①] 到了30年代末期，法学院最终迫于政府的命令而改设标准的四年制学程。这意味着东吴法学院的办学模式逐步脱离美国的法学院模式而转向大陆制，即学生自中学毕业后直接考入法学院，进行四年以取得法学学士学位为目标的本科法律专业为学习。不过东吴法学院注重英美法和比较法训练的传统，仍在相当的程度上予以保持着。

其次，自课程内容而论及新知识的兴起，可以获得对这一时期出现的国人编撰《法学通论》教科书高潮的某种认知。尽管在当时的上海，存在许多近代法律院校，而且这些法律院校对办学宗旨的表述，也各有差异，但在“培养专门法律人才，以满足社会的需求”上，各院校是一致的。各家法学院在培养学生时除了要面向共同的国家司法体制外，还要面向共同的上海近代大市场。这就使得上海其他法律院校的毕业生和东吴法学院的毕业生一样，“除少部分人继续进行学习或任教外，大多数人从事司法实践工作或进入工商界”，因此，面向司法实践、面向上海工商市场成为上海近代法律教育的共同特色。这种“培养专门法律人才，以满足社会的需求”的“近代性”需求，或多或少地会反映在这一时期的法律教育中。随着公共租界的开拓，上海的商业、航运、对外贸

① 王健：《中国近代的法律教育》，中国政法大学出版社2001年版，第241页。

易和金融业日益地发达繁荣,并逐步形成全国经济和文化的重地。这为培养以职业律师为目标的法律教育的发展,提供了有利的物质条件。另外,从法科学生的法律职业准备的角度来看,法律知识即意味着权力,(法律)知识(包括学历)愈高,(社会)地位往往愈高。此种情形在中国尤其明显,因为中国传统社会是一个两极的社会——绅士与百姓。

第三,从"转型期中国"(1895—1925)及社会变迁的视角来看,研究中国法理学的"近代性",也许更有意义。1905年科举制度废除,新式学堂的兴起,留学风气的展开,知识追求的方式为之一变。这是一个新旧交替的时代,虽然有的人不因时代的改变而改变,但青年人几乎完全以追求新知识为主,时间愈久,旧的必然褪色,新的必然增光。新知识的传播以及现代化的趋势的不可遏止,来势日益强劲。所谓近代化(现代化)乃"社会的溶剂"(modernization as an universal solvent)。守旧辈不能自求蜕变,固守传统,但也有保守中的进取,或进取中的保守。例如,新式教育兴起,特别是新的学科体制建立,客观上为不必采用西式教科书,而使用适合中国国情的教科书创造了条件,这一时期,大量采取西化来的《法学通论》外观形式,编撰具有三民主义色彩内容的法学教科书,可以说是一种进取中的保守。杨鸿烈在他的《中国法律思想史》中,对法律思想发生变化的时代描述,为中国法理学的"近代性"加上了一个注脚,他说:

> 自世界大战告终前后,中国学术界有所谓"新文化运动"的兴起,文学革命、思想革命、社会革命,……就在全世界的变迁也很为剧烈!社会上平民生活的困难,阶级斗争的恐怖,都使以前个人主义为根据的法律不得不改变而以社会为本位。所以各国所颁布的法令都有使"法律趋于社会化","契约趋于集合化"的形势。流风所播,我国自然大受影响,而法律思想乃又发生一大变化。尤其是从民国十四年(1925)国民政府成立之后秉承孙中山先生的遗教,

制定许多名贵的法典,另辟中国法系的新纪元![1]

第四,笔者之所以选取东吴大学法学院法律教育来展开说明,是因为中国近代的大学教育基本都集中在城市,甚至是大城市。城市化(urbanization)是现代指标之一。有城市化必有现代化的发生。城市是行政中心、文化教育中心、经济或工商中心,中国近代的城市,往往兼具上述两项或三项功能。现代化发生后,一般经济功能十分突出。新式的知识,自以新式的学校、报纸、杂志为代表,凡有其一者,亦可以说现代化已经起步了。(法学)教育与现代化的关系有三个方面:发展工商经济,有赖于新知识的引入,知识的来源,在健全的教育系统;人民享有权利与善尽义务,其观念之养成,需要以教育达成之;政令之推行及其预期效果,需要以教育为辅助。放置在这样的理论框架下,研究《法学通论》的近代性及其表现形态,亦有特别意义。

作为当时中国文化中心的大上海,是外国租界与华界并存在大上海。作为文化中心,文化出版业相当发达,各种报刊与出版机构多如牛毛。与政治上国民党成为中心,成为主流相反,在文化上,虽然国民党不断对各种有红色嫌疑的报刊查禁,对认为有问题的书籍进行大肆删削乃至禁止印行,但由于上海特殊的政治情势,以及本身尚未建立行之有效的严重控制文化界,防患于未然,从根本上扼杀异端的机制,加之来自英美主流的法学话语尚未形成强势,以至于在二十世纪二三十年代,整个中国法学话语的表达,存在多元取向的态势。

从地理空间来看,西方化的法律传统,主要发端于中国沿海,特别是沿海的中心城市。以东吴大学法学院院长吴经熊为例,他作为一个成功的法律人,主要就是以上海这样一个相当西化的城市作为平台的。可以想象,如果没有上海这样的国际化城市,吴经熊所通晓的法律知识

---

① 杨鸿烈:《中国法律思想史》(1936),中国政法大学出版社2004年版,第301页。

是无从发挥的。西化的上海需要西化的吴经熊,西化的吴经熊也需要西化的上海。吴经熊之所以能够取得成功,就是因为他的法学知识恰到好处地契合了那个时代的上海的需要。[①]

二、《法学通论》的表现形态与“三民主义”话语的进入

朱采真是民国时期著名的法学家。他编著的《法律学通论》一书,最初由上海世界书局以《法学通论》之篇名初版于1928年,一年内多次再版。1930年8月,朱采真又以《法律学通论》书名对原书作了较大的修订,并列入上海世界书局的文化科学丛书。在1928年7月写的初版自序中,作者交待说:

> 最近国民政府对内施政方针的通电里面不是说励行法治么?这通电说得好:“政府于过去时间因全力于北伐:政治设施,诸凡草创。行政系统与法令规章,随时增益,未经厘定。以至社会秩序,人民生命财产,均无健全之保障。今全国统一,训政开始。一切政治主张,务使成为有条件之法律。政治组织,务使成为有系统之制度。”那么,在党治的意义上,我们当可深切感觉到有法治的必要了。提起法治,更有一种连带的意想就是怎样使法律智识普及于民间呢?这句普及的话本来是谈何容易。但是,简单的,比较的无办法的办法还是多刊行几部法律书罢。这一次世界书局很想在这一方面多多努力,救济民众法律智识的穷荒。我就首先替他做了一部法学通论。[②]

朱采真在1928年其《法学通论》初版序中认为,法学通论向来包括

---

① 参见喻中:《吴经熊与马锡五:现代中国两种法律传统的象征》,载《法商研究》2007年第1期。

② 朱采真:《法律学通论·自序(1928)》,载朱采真:《法律学通论》(文化科学丛书),上海世界书局1930年8月版。

两种材料,一种是法理学上的,一种是诸法纲领上的。在本书中,朱采真注重说明法律的一般的原理原则。同时指出,研究法学,可分为静的和动的两部分。在编撰这本法学通论的初意上,朱采真本想把旧式法学通论的编制方法大大革新一下子。后来转念到法学通论本是初学入门之书,如果加入不少动的法律学上的资料,虽则面目全新,却不便于初学研究之用,并且要丧失掉法学通论原来的意义。现在形式上虽然不免有点仍旧贯,但实质上却尽量吸收时代思想。作者还说,20 世纪 20 年代,我国法学界充满了大陆派的法律思想,近时英美派旗帜下的健者才渐渐抬起头来。本书混合了一部分英美派上的法律意见。这种混合亦是"五四"以来,接受英美法系的留学生渐次回国并开始表达法律意见的反映。

全书分十八章,依次是法学、法律是什么?法治论、法律的渊源、法律的系统、法律的分类、法律的成立公布施行和改废、法律的解释、法律的运用、法律的效力、法律的制裁、权利义务的法律观、权利的类别、义务的类别、权利义务的主体、权利义务的客体、权利的得丧变更和行使以及我国现行司法制度和现行法上的要点。一年后,作者对该书前 3 版作了修订,增加了 1/4 的内容。包括第十一章第四节防卫上制裁,第十三章第三节私权,第十五章权利义务的主体,第十七章权利义务的得丧变更行使等类都有根据民法总则进行修订。在第十八章关于"我国现行司法制度和现行法上的要点"中,亦增加不少民法债编和物编上的材料。与原书相比,《现代法学通论》主要注重三民主义的立法原理并增加了现行法方面的内容,尤其是新制定的刑法典和民法典的内容。正如著者所言:本书的特性就在于把"三民主义的理论融化在法律的见解中以及尽量容纳现行法上的资料。"①

---

① 朱采真:《法律学通论・重版时的话(1930)》,载朱采真:《法律学通论》(文化科学丛书),上海世界书局 1930 年 8 月版。

在第一章中,朱采真回答了一个“法学是什么——法学通论是什么?”这样一个问题。作者认为,法学就是研究法律的科学。或者说详细点儿,法学是研究社会现象里面的法律现象以及人类的行为现象。法学这个名词到了近世才显著存在。中古以前法学和法术的分野是很不明了,就是我国从前只有所谓刑名法术,并不把学和术分开来讲。现在是分作两途了:学是纯理的,术是应用的,前者是要有系统的研究,后者是对于片段的研究。所以要有一种科学的方法去研究法律才是法学。至于法学通论,却是搜罗关于法律的多方现象,研求其共通原理上的纲要。就是法学大意,是法学的 ABC。这样的法学通论当然是要适合现代一般人的需要,不能偏重著作主观的见解了。在讨论了法学在社会科学中是站在什么地位后,作者指出,社会科学里面的社会学、政治学和经济学等与法学最有密切关系。最后,作者讨论了法学的派别。认为法学的派别有归纳法学派即唯物派,重历史,为客观的和演绎法学派即唯心派,重理想,为主观的。这种分类,基本是还是沿袭之前的《法学通论》著述,在此就不再讨论。

第二章的标题是“法律是什么?”朱采真首先讨论“法律的性质”。朱采真从英美法系法学者常把 The Law 和 A Law 分别开来,展开论述。所谓 A Law 就是法律的单体,The Law 就是法律的整个。并且普通谈法律的人们,大概有两大类:一类是说明什么什么是法律,“他们解释怎样事实的法律现象是怎样的”。其他一类却是“说明什么事实应该有什么法律”。前一类大都是律师、法官,他们要适用法律,他们所说明的是法律的“是”(is)。后一类大都是立法者、政治家、舆论家,他们是要改造法律,他们所说明的是法律的“应该是”(ought to be)。但是上面说的两种人,都是以法律的单体为研究对象,无论他们所说的是 is 或者是 ought to be,却总没有说到法律是什么?法律的性质是怎样的?对此朱采真说了三点。第一,法律是抽象的、普遍的。“法律要适用到各造的多案,所以有普遍性;而且一条条文要总括将来发生的万变事实,不得不从抽象方面规定。”①第二,法律是确定的、统一的。“法律的确定性就是它胜过理性的优长之处。人类固然是富于理性,而且理性也足以指导人类的动作。但是我们何以仍旧需要法律呢?要晓得理性是个人的、主观的。环境一变,理性的结论就受着影响。法律就不然,它的本体就是不会流动,一经成立,或者是一种习惯,总是甲为甲,乙为乙,变不出什么花样来。至于说到它的统一,并非指那立法上的统一而言。……法律的统一是伴着它的确定性的,因为它的不变动,它的拘束力自然是整齐划一的,方向并不歧出。”②第三,法律是硬性的、保守的。“法律是硬性的,可以说是法律的一种缺陷。不过这种缺陷倒也无从避免。……要晓得硬性的缺陷是在空间上不能适应事势的变化;保守的缺陷是在时间上不能伴随思想的变迁。……人类无时不在进化途程之上,一个时代思潮到来,人们的思想就日新日日新,法律呢?它每每做了一个落伍者。这是法律本身的缺陷呢?还是别有原因?现在是不遑讨论,不过这种现象却从来如此。救济上面所说的法律缺陷,英国学者梅因提出了三种方法:1. 拟制(Legal Fiction);2. 衡平(Equity);3. 立法(Legislation)。拟制是过去的了;衡平是英国的特殊情形;立法的救济却为一般所采用。不过立法又何尝不时时落伍呢?仍旧是保守着不能猛进。”③

其次,朱采真从目的论与工具论的角度,讨论了法律与裁判的关系。作者从霍布斯和梅因那里获得理论启示。他说“是非须要辨别,要

① 朱采真:《法律学通论》(文化科学丛书),上海世界书局1930年8月版,第18页。

② 朱采真:《法律学通论》(文化科学丛书),上海世界书局1930年8月版,第18—19页。

③ 朱采真:《法律学通论》(文化科学丛书),上海世界书局1930年8月版,第19—20页。

辨别是非就得主张正谊,还得贯彻这主张。……道德是用良心责备去达到,宗教是用上帝威权去达到,政治的社会却用裁判力量去达到,就此可见裁判不是目的,是工具。法律呢?越发不是目的,并且要变成工具的工具了。梅因在他所著的《古代法》里说,荷马的史诗中已有裁判这个字,却不见法律这个字,古代既有无法律的裁判,这裁判仍旧是保有效力。……法律的全体并不是要供作裁判的工具的。当然,宪法也是法律。宪法是离开裁判的,它难道不是还有它的最高意义么?……所以法律不单是裁判的工具,就离开了裁判也不能就说它完全丧失法律的原来意义。"①

第三,朱采真花了较大的篇幅加以说明"法律的学理的基础"。作者认为,"法律不是一朝一夕所能成熟的;它有历史上的沿革,它受过多少时代的影响。它虽则是常常保守者,却终究跟着时代进化而生长。经过悠久的历程就发生了诸般互异的学说。这些学说是法律的整个解释,是说明法律是什么,并且法律学说中任凭是不妥当的,不适合的,有错误的,然而它们发生时却有种种根据,顺着当时的政治制度和法律现象,倡为法律是什么的学说。错不错是另一回事,不过它们都有时代价值。"②接下来,作者列举了具有时代价值的神权说、正义说、道德说、自然法说、秩序关系说、自由规律说、契约说、强行规则说、共同生活要件说和行为说共十种学说,它们"虽则都不能确实认定法律究竟是什么,但却各有一种时代性质。初学法律的人们应该知道各种学说的一个大概。详加研究却不在本论范围之内了。"③不过,朱采真认为上述学说中,奥斯汀的主权命令说,萨维尼的民众意识说和沙尔曼特(Sal-

---

① 朱采真:《法律学通论》(文化科学丛书),上海世界书局 1930 年 8 月版,第 22 页。

② 朱采真:《法律学通论》(文化科学丛书),上海世界书局 1930 年 8 月版,第 22—23 页。

③ 朱采真:《法律学通论》(文化科学丛书),上海世界书局 1930 年 8 月版,第 28 页。

mond)、葛莱(Gray)主张的裁判立法论似乎更为重要。针对第三种观点即裁判立法论,朱采真还评论说,“像葛莱这一派学者拿裁判说明法律,说是法律不经过裁判认识不会有效,这种立论基础是狭仄的,因为法律的运用不必全要经过一番裁判手续,很多的法律当立法程序完毕后便由行政机关执行,这种效力的发生哪里还要等到裁判认识或解释呢?葛莱他们过于重视裁判解释,虽则在英美法系下的法律制度,裁判解释的效力差不多等于立法,但是要说明整个的法律是什么,断不能是从裁判一方而观察。”①在作了上述分析后,作者总结说:“总之,前面列举过的各种学说都是法律一元论,根本上就不能说明法律的意义。”②

朱采真这本《法律学通论》还有一个比较突出的特点,体现在其第三章的“法治论”的内容中。在这一章中,作者首先论述了“国家是什么?”,在胪举并稍加批判地介绍神权说、民约说、强权说、契约说、有机体说、实利说等各学派关于“国家的学说”的观点后,作者指出:“我们要研究国家是什么,须得根据历史的、社会的事实做基础,同时要注意到血统、宗教、战争和经济等造成国家各种原动力。”③至于说到国家的性质,还得明了组成国家的土地、人民、组织和主权这四种要素。其次,作者从研究国体与政体分类的情形中,提出党治与法治的命题。作者比较敏锐地注意到当时,“新近发生的一个党国名称”,从学理上指出,中华民国仍旧不失其为是“民治国体”,所以“党国这一个名称是不会算到国家分类上去的,但是党国包含着以党治国的意义,那就要说到啧啧人口的党治问题了”。④ 朱采真先从国民党党治和英美国家政党政治之间的重大分别出发,认为国民党的“党治”,“却不许国内另有第二党存

① 朱采真:《法律学通论》(文化科学丛书),上海世界书局 1930 年 8 月版,第 32 页。
② 朱采真:《法律学通论》(文化科学丛书),上海世界书局 1930 年 8 月版,第 32 页。
③ 朱采真:《法律学通论》(文化科学丛书),上海世界书局 1930 年 8 月版,第 38 页。
④ 朱采真:《法律学通论》(文化科学丛书),上海世界书局 1930 年 8 月版,第 43 页。

在,只有一党独握治权。并且政党政治是施行本党的政策,以求博得选民的同情,这些政策只要不背宪法,却不必规定在宪法里面;至于国民党,他不仅有政策,他还有他的最高主义,将来宪法是要根据这种主义制定的。从这两点上我们不仅看出党治和政党政治的区别,我们还可以明了党治与法治的关系了。一党的党纲和党义既然要同化在宪法里面,那就施行党治非得根据宪法不可;那么,党治就须得拿了法律来做必要的工具,党治就离不开法律,党治就要和法治连锁在一起了。"[①]在关于党治与法治命题的说明中,朱采真极其认真地说:"宪法是国家的根本法也,就是法治精神发源地所在。实行党治的时期,一切不能离开宪法,那就党治精神处处要伴着法治精神。"[②]在对法治及法治精神进行现代解读后,朱采真认为,要养成现代法治精神,须得顾到以下三种要素:要有完备的法典、要法律民众化、要法律革命化。在这一章中,朱采真不仅指出"法律不是万能的",而且,他还从经济基本权说到法治。他认为,"法治是要注重各阶级的全生命,……20世纪以前的宪法只顾到政治基本权,忽略经济基本权,一般无产阶级中人生活不健全就也无法享受政治基本权的权利,所以多数人民就茫然于法治的利益。所谓经济基本权的内容可分为三种:1.劳动全收权;2.生存权;3.劳动权。"[③]在这一章结尾,朱采真有一段议论,颇有其所处的时代的特征,亦为中国法理学成长发展打上了不可缺少的时代印迹。这段议论文字不多,照录如下:

近年一般好谈唯物史观的人总说经济上的不安现象,法律是万万没有解决的力量。法治呢,不过是一个落伍的名词。他们不

① 朱采真:《法律学通论》(文化科学丛书),上海世界书局1930年8月版,第44页。

② 朱采真:《法律学通论》(文化科学丛书),上海世界书局1930年8月版,第45—46页。

③ 朱采真:《法律学通论》(文化科学丛书),上海世界书局1930年8月版,第52页。

了解法律是自然生长的，到了某时代就应该有某时代的法律。物质发达到了某种限度，难道法律就不能发达到某种限度么？法律可以保障经济基本权就和从前曾经保障过政治基本权一样。我不说它万能却说它可能；至于它的可能性能够扩大到如何程度，这是另一问题。我们总不该说法律对于经济问题是一无所能，除非是不承认一切权力作用。要晓得新理想主义和唯物主义的冲突之点全在唯物主义是属于运命论的，不是属于希望论的。重视经济的要素，不信理想能够产生事实；新理想主义重在理想之力和观念之力，……运用法的理想和正义的可能性，作为达到社会主义的目的之一种手段。这就是采取合法手段将现在资本主义的社会化作社会主义的社会，或者运用社会主义的意义解释现行法条文，引申他、贯彻他，发现其中留保的社会主义的权利。法的社会主义者主张基于法律的转化，把资本主义的社会化作社会主义的社会；他看得法律的可能性是何等的扩大。至于宪法上保障经济基本权，法治精神要普及于各阶级，……法律尽能担当得起哩。①

朱采真在《法律学通论》重版时曾交待说，大凡一种著作物本该具有一种特性，这种特性就是作者的思想表现处，也就是他的精神汇住处。不过呢，像法学通论这一类书原是叙述法学上的基础智识和普遍智识，所以其中一部分关于法律的渊源、系统、分类、解释和效力的材料是具有通性而缺乏特性的。本书为了读者便宜起见，没有完全打破历来所通行的编制方法，就也不能全部标新立异。但是，把三民主义的理论融化在法律的见解中以及尽量容纳现行法上的资料，就也足见本书

① 朱采真：《法律学通论》（文化科学丛书），上海世界书局1930年8月版，第53—54页。

的特性所在了。[①] 基于上述原因,笔者对该书的第四章至第十章法律的渊源、系统、分类、解释和效力等内容就不一一介绍了。

接下来,笔者仅对该书关于“三民主义的理论融化在法律中的见解”,再作些说明。朱采真在其《法律学通论》第五章法律的系统中,主要介绍了大陆法系、英美法系和中国法系,朱采真说,“中国法系这一名词要它存在,莫像印度法系、回回法系一样的湮灭了:那就第一要打倒法律上的传统思想,第二要法律思想去吸收现代的社会经济思想,那么,第三要使它主义化了:中国法系才可再重新创造起来!”[②]依据这一主张,朱采真认为,“现在是中国法系的复兴时代到了! 新立法是基准着一切建国工作的最高原则——整个三民主义——这是最高原则引导新立法精神集中于整个民族的社会生活和社会力量而确立一种规范,同时它的本身也主义化了。这个最高原则赋予它创造的活力,赋予它时代的新生命,赋予它民族的优秀性,赋予它中国法系的特异性。”[③]

从影响上说,朱采真这部《法律学通论》著作还直接影响了此后的钱香稻、张季忻等人出版的考试类法学通论的书籍编撰内容。[④]

三、《法学通论》与考试类用书

为适应国民政府考试院及其需要,上海三民公司就适时推出了“各科常识问答丛书”、“三民考试问答丛书12种”等所谓“考试必备”的书

---

① 朱采真:《法律学通论·重版时的话(1930)》,载朱采真:《法律学通论》(文化科学丛书),上海世界书局1930年8月版。

② 朱采真:《法律学通论》(文化科学丛书),上海世界书局1930年8月版,第81—82页。

③ 朱采真:《法律学通论》(文化科学丛书),上海世界书局1930年8月版,第82页。

④ 从内容上看,在钱香稻的《法学通论问答》(各科常识甲种第五)和张季忻的《法学通论概要》(“考试准备”政法概要丛书)中,许多问题均以朱采真的《法律学通论》的观点作答,此亦可证朱氏之书的影响。

籍。其中,在"各科常识问题丛书之甲组8种"中,就有《法学通论问答》1种,该书作者是钱香稻,由上海三民公司1930年3月印行。全书分"法学的性质地位和派别"、"法律的性质学说和类别"、"立法程序"、"法律的解释"、"法律的效力及其制裁"、"权利义务论"、"三民主义立法论"7个专题,共设有100问,均有简要的解答。这种问答小书,对当时《法学通论》的基本理论问题的普及,可以说也有一定的贡献。

钱香稻在这本《法学通论问答》第1问的回答中说:"法学为研究人类社会中法律现象的科学。法学和法术不同:前者在研究法律现象上的一般原理或原则,以发现共同原因与结果的共通关系,是纯理的研究;后者则研究法律的实际问题,是应用的方法。"[①]第3问是法学就研究方法和目的而言,可分几种?回答说:就研究法学方法和目的而言,法学可分:1.历史法学以研究国法的历史为目的;2.比较法学以研究或批评各国立法规例为目的;3.系统法学以研究一国法律的原理和原则为目的;4.法理学以研究整个法律的基本观念和原理为目的。[②] 在第5—12问中,分别回答了法学与哲学、社会学、政治学、经济学、心理学、伦理学、历史学和医学的关系,作者说:"如无哲学的基础,则不能从高处着眼,甚易流于法律文字上的注释,徒拘泥于其形式,而不能领会其精神,终必至于减损法学研究上的价值,故学法学的人,必以哲学为其最初的根底。"[③]"社会学不独研究人类在社会上的相互关系,并且研究社会组织和进化。人类最初因死亡恐怖而信仰宗教,因生存关系而组织国家。其后民智增进,宗教信仰失据,法律乃应运而生。所以社会组织的变迁和社会的进化和法学都有关系。"[④]"政治学研究的对象是国

---

① 钱香稻:《法学通论问答》,上海三民公司1930年2月版,第1—2页。

② 钱香稻:《法学通论问答》,上海三民公司1930年2月版,第2—3页。

③ 钱香稻:《法学通论问答》,上海三民公司1930年2月版,第4页。

④ 钱香稻:《法学通论问答》,上海三民公司1930年2月版,第5页。

家,国家成立而后有法律。国家政体或国体变动,则法律上亦必随之变动,故法律差不多为国家的工具。”①“法律亦即因经济关系的变动而变动。所以研究法学不可不先知道经济学。”②

在《法学通论问答》的第13—21问中,涉及法学的派别,作者分别就历史法学派、分析法学派、比较法学派、自然法学派、哲理法学派、社会哲学派、社会法学派的学理进行了回答。历史法学派亦称沿革法学派,根据历史上的事实以探求法律现象的变迁而发明一种原理或原则。分析法学派用分析解剖的方法以研究法律的组织成分,而发现其原理或原则。比较法学派的研究法律,尝以地域或人种为基础。其目的在探究世界各国法律所由发生的渊源,研究其系统上的异同。自然法学派的派别则有社会契约说、自然法说、上帝指示说和人性基础说。卢梭的社会契约说,就是指“人类生存于自然状态时所行的法则”而言,孟德斯鸠所主张的自然法与“自然法为自然赋予一切事物的法则”略近,神学派法学家则倡导“上帝指示”说,而格劳秀斯(Grotius)和霍布斯(Hobbes)则是认为自然法,系基于人性的法律。必先明白人类的本性,然后以适合此本性的原理原则而定法律的标准。而黑格尔、康德等哲理法学派则以为自然法不存在于人类之外,而在吾人理想之内。斯丹木拉(Stammler)和柯勒(Kohler)为代表的社会哲学派,“惟社会哲学色彩极浓”,注重方法论的研究。而社会法学派,以法为社会的法则,法的现象即社会现象,故常用社会学方法去研究法律。这一学派,于19世纪末因政治学、经济学及其他社会科学的发达而产生。庞德(Pound)、霍姆斯(Holems)、赛立尔(Saleilles)等都是这派著名的代表。③

① 钱香稻:《法学通论问答》,上海三民公司1930年2月版,第5页。

② 钱香稻:《法学通论问答》,上海三民公司1930年2月版,第5—6页。

③ 参见钱香稻:《法学通论问答》,上海三民公司1930年2月版,第8—12页。

从第22问开始,《法学通论问答》回答了法律的性质学说和类别等相关的问题。关于法律的性质,钱香稻在这里,基本上采用了朱采真《现代法学通论》中的观点来回答说,法律是抽象的普遍的,是确定的统一的,同时也是硬性的保守的。“法律愈求普遍,则硬性愈强。又法律不易变迁,故有保守性。硬性的缺陷,在空间上不能适应事物的变化;保守性的缺陷,在时间上不能随思想而变迁。法律的变迁,常在政治组织变化的影响而发动,甚至政治虽激进,而法律仍落后。这都是法律的缺点”。[①] 在回答有哪几种法律的学理基础有时代的价值时,作者指出法律的学理基础有神权说、正义说、道德说、自然法说、秩序关系说、自由规律说、契约说、强行规则说、共同生活要件说和行为说十种,都有时代的价值。其中,正义法律说,谓法律与正义,实为一体。道德法律说则有道德与法律是一体的,亦有道德以良心为主,由内制外,法律以行为为主,从外制内,故法律仅道德的一部分。因此,“今日的法律内容,未必尽合道德,甚至有与道德无关的,所以法律不能作道德解”。[②] 这样的回答,可谓旗帜鲜明,法理至明。类似的解答还有如“自然法律说要旨怎样”? 作者说,“自然法律派谓宇宙间万有现象,莫不受自然法则的支配,社会现象,亦不能脱自然法则的拘束。故法律实属于自然法则的一部分。这种学理,涵义颇深,至今仍保持相当的势力。”[③]关于“法律可否认作一种自由规律”? 作者先指出,哲学家康德说法律在根据自由的通则以调和各个人的专横,故规定各人自由行动的范围,实法律的性质。然后说,“法律固有保障个人自由的规定,亦有规定限制保障个人的自由以致限制他人的自由的,亦有规定限制一切人等皆不可有自

① 钱香稻:《法学通论问答》,上海三民公司1930年2月版,第13—14页。
② 钱香稻:《法学通论问答》,上海三民公司1930年2月版,第15—16页。
③ 钱香稻:《法学通论问答》,上海三民公司1930年2月版,第16页。

由的,故自由规律仅可说明法律的一部分,不是全体的。”[①]又如在回答“法律应否以强制力为要素”时,作者说,“主张以强行规则为法律要素的学派,谓道德与法律的区别,惟在强制力的有无,故无强制力,即非法律。但法律的要素,不但是强制力,故不足以概括整个的法律意义。”[②]同样,“法律本以人类的共同生活而发生,故实为一种要件,但未可以说明法律的全体。且法律亦有违反共同生活的要件的,但不因之否认为法律。”[③]以上这种解答,持论中允,对我们今天理解法律的性质,仍有启示意义。

在第35—37问中,钱香稻分别回答了人治、党治与法治的相关问题。钱香稻认为法治比人治好,这是因为人治,就是贤人政治。但是贤人不常有,政治清明难期。人治为时短促,又有任意浮动诸性,故实际无善可述。而法治则依一定程序施行政治,人民一律受治于国家法律之下;地位、权利、义务、法律待遇等等,莫不平等,其变动不易。[④] 至于党治和法治有什么关系?钱香稻认为,党治就是以党治国。唯一党政治与数党政治有别。一党政治有排他性,故不许国内有第二党存在。中国国民党,有最高的主义,将来宪法,当根据主义制定,故党治亦必须以法律为工具。这就是党治与法治两者的关系。在此基础上,钱香稻认为法治之要素有三件:必有完备的法典;法律必应使民众接近和了解的可能;法律必不背党治原则。[⑤] 在本书最后(第95—100问),钱香稻还设有“三民主义为什么是一切建国的最高原则?”、“离开三民主义为什么不能立法”、“三民主义的立法与中国从前的立法有什么不同?为

① 钱香稻:《法学通论问答》,上海三民公司1930年2月版,第17页。
② 钱香稻:《法学通论问答》,上海三民公司1930年2月版,第17页。
③ 钱香稻:《法学通论问答》,上海三民公司1930年2月版,第17—18页。
④ 钱香稻:《法学通论问答》,上海三民公司1930年2月版,第19页。
⑤ 钱香稻:《法学通论问答》,上海三民公司1930年2月版,第20页。

什么又与欧美立法精神不同？其立法范围怎样？”等6个问题，并一一作了回答。在此，笔者亦不再赘述。

笔者在知见毛家琪编写的《法学通论》封面时，特别注意到该书是中央陆军军官学校政训处政治丛书第22种。结合上述几种《法学通论》的表现形态的讨论，这一时期的《法学通论》教科书，或是为考试必备、或是要文化普及，或是为军队教育，此三类《法学通论》教科书，皆有其写作上的局限。此外，笔者还知见过张映南编撰的《法学通论》一书，该书是根据作者自己长期在北大课堂教学的教案修订而成。因此，笔者认为，张映南的这本《法学通论》，较前述几种《法学通论》，其学术性、系统性要高出许多也就顺理成章了。限于篇幅，有关这些《法学通论》教科书的法理精义，笔者在此就不多作介绍了，容以后专门讨论。

第三节　近代法理学的“嬗变”：以丘汉平的《法学通论》为中心

1933年12月，《东方杂志》继《梦想的中国》和《梦想的个人生活计划》(1933)两个征文并大获成功后，又推出《个人之来年计划》(1934)征文。关于这个征文，许多东吴人写了文章。丘汉平[①]在这一征文中说：

> 我的个人兴趣和事业截然不同。读书著书是我的兴趣，无论在何种忙碌情形下，我是继续欣赏的。但并不以读书著书是终生事业，我所欲做的事业是以能达到解决社会中心问题为准，因之，我从学工程而转商科，从商科而研究经济，从经济而改习法律，从

① 丘汉平(1904—1990)，字知行，原籍福建海澄(今龙海)人。生于缅甸仰光，1924年毕业于上海国立暨南大学商科。1925毕业于吴淞中国公学商学院。1927年又毕业于上海东吴大学法律学院。1928年春赴美留学，1929年获乔治·华盛顿大学法学博士学位，1930年赴欧洲考察，回国后在上海从事律师业。

攻读法律而注重人生哲学，直到现在，个人对于上述几种学问仍不断地追求，但欲觅出一个可以解决中国现实的严重问题者，始终认定现存社会制度必须彻底改造。我的改造方式不是革命的，也不是空洞的。第一，我信仰的社会是筑于“互助”基础之上。第二，保留个性发展，但不能危害群之生存。第三，人生问题不是单为吃饭的，但未能解决吃饭问题以前，什么精神生活都是谈不到。根据上述三点，个人的现在和来年的计划是试验“经济互助”的理论是否走得通。为欲达到试验有成绩，所以组织“经济合作社”。经济合作社是筑于互助理论之上。然“经济合作”非有良整的法律，不能长久。故在法律方面，来年要完成四年未竟之《法理学》一书，公诸同好的批评指导。依照个人的研究所得，来实现经济互助的办法就是个人来年之计划。[①]

在这一个计划的征文里，我们可以知道，丘汉平期待在 1934 年完成的已经写了四年的《法理学》一书，其实就是于 1933 年 12 月由上海商务印书馆出版的《法学通论》。在笔者看来，这部《法学通论》教科书，无论从体例结构还是内容知识，可以说基本上完成了由中国“传统”的法学向近代法理学的“嬗变”。

一、学科创制过程中的思想与学术

丘汉平是东吴法学学者的代表，他长期在上海从事律师业，并任教东吴法学院，在中国法律史研究、罗马法研究、法理学研究、宪法学研究和华侨法制研究方面都作出了成就。在 20 世纪 30 年代，如果选择后“五四”时代知识分子突出的代表人物作为研究视角，那么，丘汉平可以

---

① 丘汉平：《个人计划》，载刘仰东编：《梦想的中国》，西苑出版社 1998 年版，225—226 页。

说是突出的代表之一。所谓后“五四”时代的知识分子，他们大多依托于学院体制的职业学者，其充当思想界的重要角色，往往在思想论述中打上深深的学术烙印。也许他们的主张多具书生意气，但他们的优势也是很明显的，他们的西学知识不再是支离破碎的、一知半解的，他们对于社会问题和法律问题的判断，往往比对经过科学的盘诘，具有扎实的学理依据。因而他们对待传统和西方法律文化往往采取较为平静与理性的态度，对“五四”一代知识分子激进的思想批判，亦多能予以双重反省。在某种程度上，也正体现了时代思想水准的总体提升。

丘汉平留学前，从学工程而转商科，从商科而研究经济，从经济而改习法律，从攻读法律而注重人生哲学，留学回国后长期供职于东吴大学和上海律师界。如此复杂的训练，也许正是促成他在方法上游走法理和法史之间，绝不囿于门户的主因。在他的身上，那种经由法律学训练和传统文化熏陶而形成与强化的“社会选择”的独特思想方法，可以说是牢不可破、自觉到家的。他以此观察和思考各种社会和法律问题，也以此为评断世间诸事，所思所见，极其发人深省，这是他作为学者型的法学家的一个突出的特色。当他在论述某一论点时忍不住要起而辩论，这种主动选择的运思方式既成习惯，也就有力地保证了丘汉平总体思想的理性品格。比如他在论及慎子关于“法律性质”时，就用今人的口气加以叙述说，法律是“社会意志的结晶”，是“不可侵犯的”，是具有“制裁力”的。又如立法权问题，既认为梁任公评他们(法学)为不彻底，十分的对，又指出慎到算是个法家，但他对于立法权问题，总也想不出一个好办法。除了叫君主“爱民”以外，别无他法了。

丘汉平一生著述甚丰，与他时时处处用功的治学态度有关。何勤华教授认为，丘汉平对中国近代法学贡献最大的是他关于法律史的研究业绩。在笔者看来，丘汉平法理学方面的成就更值得好好整理和总结。在这一领域，丘汉平涉猎既广，关怀亦深，先后出版《法学通论》

(1933 年 12 月)[①]和《法理学讲义》等著作。关于法理学领域的论文,主要有《现代法律哲学之三大派别》(1927)、《斯丹木拉法律哲学述要》[②](1927 年,初稿登在《时事新报学灯》栏。略为修改,重登在本校《法学季刊》上。附论有胡汉民对斯氏的批评)、《法治进化论》、《从西半球的法学说到三民主义的法理学》(1935)等,此外还有《法律的意义》(1926)、《正法的概念》、《正法的问题》和《法治进化论》[③](1937)等法理学方面的翻译文章。

丘汉平是中国"罗马法"研究的重要代表人物,其所著《罗马法》一书于 1933 年由上海法学编译社出版。丘汉平认为,清末民初,中国模仿西方先进的法律模式立法,自己固有的法制几无一存。在中国移植过来的西方法律之中,不仅大陆法都源自罗马法,即使是英美法中,也接受了不少罗马法原则。因此,研究罗马法就是一件非常基础性的工作。然而,要研究罗马法,首先应了解罗马法的近代化进程,大体上有三个阶段,即教会法之影响阶段、罗马法复兴阶段和罗马法之适应中世纪社会阶段。在何勤华教授看来,丘汉平这本《罗马法》著作,与陈允、应时、金兰荪、黄右昌、陈朝壁、王去非等人研究罗马法的成果相比,具

---

① 丘汉平《法学通论》一书共十四章,每章后附思考题,注释。该书第一、二、三章分别是关于"法律之现象"、"法律之科学"和"法律之观念"等内容。第四、五、六、七、八章分别是关于"法律之渊源"、"法律之效力"、"法律之解释"、"法律之执行"和"法律之制裁"等内容。第九、十、十一、十二章分别是关于"权利义务之意义"、"权利义务之种类"、"权利之分析"、"权利之行使"等内容。第十三、十四章是关于"法律之种类"和"法律内容之分类"等内容。上海商务印书馆(新时代法学丛书),中华民国二十二年(1933)12 月版,全书 149 页。

② Stammler,即斯丹木拉。

③ 丘汉平:《法治进化论》,载《东方杂志》1937 年第 34 卷第 9 号。本文共分五部分:法律界说部分对十四种有关法律为何物的理论进行了评述;法律与现代化部分对法律的现代化的原因在原因及变化进行了分析;在法律的定义部分作者主要阐述的法律是一种行为规则,它维护人与人之间的相互关系,它的目标是追求实现共同生活;第四部分为本文重点,作者按照五个阶段对法治的演进进行了详细的分析和论述。在以上论述的基础上,作者得出了人类社会的发展史是人治与法治协调的历史,人治与法治同等重要,立法与司法不可偏废的观点。

有“体系完整、注释详尽、内容充实、语言流畅等优点。”[①]在其《法学通论》中，他极其娴熟地列举罗马法对法律原理加以说明，极大地丰富了他的《法学通论》的写法，这在讲求方法门派，人人画地自限的民国法学界，不能不说是个异数。

接下来，笔者再结合丘汉平《法学通论》之法理学思想的分析，揭示其在中国近代法理学形成发展的历史地位。

二、丘汉平《法学通论》的学术思想特征

丘汉平对中国近代法理学的贡献，也体现在其先秦法律思想史的成就上。在他的《法学通论》中，丘汉平就多采用先秦法律思想来定义“法律概念”并说明法律原理。这是因为，丘汉平不仅仅是一个法理学家，而且还是一名在法律史领域有卓越贡献的法学家。在整个民国时期，虽有梁启超的《先秦政治思想史》一书面世，但以法律思想史为论述主题的，丘汉平是第一人。《先秦法律思想》一书是中国古代法律思想史研究的开拓之作，它和该领域的奠基之作即杨鸿烈的《中国法律思想史》(上海商务印书馆 1937 年出版)一起，共同支撑了中国近代法律思想中的科学体系大厦。

丘汉平认为，在诸多社会现象中，以法律现象最为明显。在丘汉平看来，“凡为人群所遵守不违者，皆为法律。”[②]“法律乃由习惯进至明文，由无意识进至有意识，法律遂为社会之经纬，而成今日之鲜明法治世界。”[③]丘汉平指出，法治亦非尽弃生人之道而行死人之理，法治与人

---

① 何勤华：《编者前言》，载《丘汉平法学文集》(20 世纪中华法学文丛)，中国政法大学出版社 2004 年版，第 7—11 页。

② 丘汉平：《法学通论》，上海商务印书馆 1933 年 12 月初版，1937 年 3 月第 6 版，第 3 页。

③ 丘汉平：《法学通论》，上海商务印书馆 1933 年 12 月初版，1937 年 3 月第 6 版，第 3 页。

治乃相对而言。凡以法律为社会国家之唯一准则者,不论其准则是否为正义、公平、合理,皆曰法治。反之,社会国家间虽有一定之遵循法则,但其适用之范围,却视身份地位阶级而殊别,则为人治。在法治国家,法律为神圣之物,无论何人,不得侵犯。在人治国家,一切政规,均视人而伸缩改变。所谓"人存政举人亡政息"是也。

在第三章"法律之语源"一节中,丘汉平沿着梁启超在《中国法理学发达史论》中所开辟的道路,同时,也吸收了王振先《中国古代法理学》的研究成果,对法律之语源作了阐述。他认为,"法"之本字为灋,"律"之原字为均平之义。在这里,丘汉平借鉴了晚清学者孙贻让的工作成果,所论证之材料,有《说文解字》、《神异经》、《三国图会》、《后汉书舆图志》、《墨子明鬼篇》、《桂馥义证》、《史记律论》、《孔(颖达)疏》、《尹文子大道篇》等,这些材料有些虽不是先秦时期的,但有助于印证先秦法律思想。丘汉平在其《法学通论》亦如是说,"由此观之,法律之语源,实含有公平、正直之意义。然欲达公平正直之目的,则有待于决讼之法焉"。[①]

在论及"法律为实现道德之最低限度也"时,丘汉平说,吾国夙昔崇奉礼教,故曰:"礼施未然之先"、"法禁已然之后"。又曰:"刑不上大夫,礼不下庶人"、"不入于礼者入于刑"。历代皆认法律为制治之末,非制治之本。儒家耻谈刑名,律学遂一蹶不振,学说误人之深,一至于此,可不慎哉。[②] 以上说明,多用先秦法律思想来定义"法学中的基本概念"或说明法律原理,是丘汉平这本《法学通论》的一个重要的学术思想特征。

---

① 丘汉平:《法学通论》,上海商务印书馆 1933 年 12 月初版,1937 年 3 月第 6 版,第 15 页。

② 丘汉平:《法学通论》,上海商务印书馆 1933 年 12 月初版,1937 年 3 月第 6 版,第 23 页。

丘汉平在写作这本《法学通论》时，早已是一名在英美法传统下成长起来的民国著名的法学学者。正因为其接受的是英美法学的训练，反映在其撰写的《法学通论》上，亦形成了一些不同于来自日本的大陆法系的学术风格和特色。特别是较之前多采用日本学者的观点编撰的《法学通论》，丘汉平这本《法学通论》则尽可能地直接采用当时西方法学大家的观点来阐述"法律之观念"。例如，在"法律之定义"一节中，丘汉平就引用了霍兰的《法理学大纲》(*Holland Elenent of Jurisprudence*)、庞德的《法律哲学概论》(*Pound Introduction to Philosphy of Law*)和(Korkunor General Theorg of Law(Trauze by Hastnigs))的观点说："法律者规范也，何谓规范？即指示人类实现一定目的之法则也。"①

又如，在法律与礼仪一节中，丘汉平引用德儒 Gareis 的观点说，礼仪即社会生活之特定样式，为众人应遵守之规范也。往昔社会，法律、道德、礼仪、宗教不分，故无所谓区别。逮至近世，文化日启，制度渐备，于是礼仪渐有其范围。②

在这本《法学通论》中，丘汉平对法律之渊源的论述，亦采用了斯丹木拉(Stammler，Jurisprudence)、霍兰德(Holland，Jurisprudence)、格雷(Gray，The Nature and Sources of Law)等当时西方法学权威的观点加以说明。可以说，多用英美法学思想来阐述"法律之观念"，是丘汉平这本《法学通论》的又一重要的学术思想特征。

正如西方法律文化对中国现代法学家存在一个如何影响、多大程度上影响的问题，中国传统法律文化之于中国现代法学家也同样存在

---

① 丘汉平：《法学通论》，上海商务印书馆 1933 年 12 月初版，1937 年 3 月第 6 版，第 16 页。

② 丘汉平：《法学通论》，上海商务印书馆 1933 年 12 月初版，1937 年 3 月第 6 版，第 25 页。

这样的问题。换句话说,作为主体的人与作为客体的"传统"之间的关系是怎样的。要考察此种关系,在根本上要涉及人学观,即如何认识人的本质。马克思在《1844年经济学哲学手稿》中对"人"有这样深刻的认识:一个种的整体特性、种的类特性就在于生命活动的性质,而自由的有意识的活动恰恰就是人的类特性。也即"人的类本质"。[①] 此处"有意识的"就是"自觉的"。丘汉平的《法学通论》一书,可以说基于一种"自觉的"马克思主义人学观。进而丘汉平认为,"社会与法律相互表现"[②],社会形成法律,而法律亦可左右社会。在他看来,社会之由简入杂,法律之由浅入深,同一理也。两者之关系成为比例。他还说,法律者社会力也。何谓社会力?即以众人集合之力量,强制使各个人服从也。在这里,丘汉平强调说,不言强力而曰社会力曰公力者,因无论何种之社会,其法律之实行,皆借一种超然之力量也,即使是专制之君主,其执行法律时,亦莫不藉为代天行道。此天或神,在斯社会中之人,莫不视为公力。毋敢稍违。国家之产生,较社会为后,故言法律为主权者之命令,不惟反乎历史,且抹杀法律之本质也。[③] 丘汉平进而指出,近代法律之执行,皆归国家掌管之,而所谓"法律为国家(或主权者)之命令"之观念,遂流行于近代,然以此说未能概括法律之本质。[④] 故吾人之定义,依人类进化之启示,改为社会生活之强制规范也。法律既为社会生活之规范,则其实行必有待于社会力。盖社会生活之变化,常足使社会力之观念不同:由天意神意武力君权等观念,逐次转移至主权在民

---

① 马克思:《1844年经济学哲学手稿》,人民出版社2000年版,第57、58页。

② 丘汉平:《法学通论》,上海商务印书馆1933年12月初版,1937年3月第6版,第18页。

③ 丘汉平:《法学通论》,上海商务印书馆1933年12月初版,1937年3月第6版,第19页。

④ 丘汉平:《法学通论》,上海商务印书馆1933年12月初版,1937年3月第6版,第20页。

说。故吾人若依通说,则不免削足适履之讥,违反人类进化之历史。[①]

法学到底是什么?在今人看来,阅读秩序、寻找规则、编织意义。然这三者,从语境上说,又有"时间、空间、人"三者,则"一个也不能少"。于是吴经熊的法律三度论,在丘汉平那里,又获得了新的意义。在论及法律与道德的关系时,丘汉平不仅指出,"道德之有时代性,正复与法律相同。兹为简赅起见,道德可谓为社会生活之当由规范。"[②]而且在引注中,丘汉平强调对该问题的深切研究,可参看下列诸书:包括奥斯汀等及孙晓楼的《法律与道德关系论》(见《法学杂志》第6卷第2期)。联系到20世纪30年代主流法学话语的多面性,[③]丘汉平开始用马克思主义法律原理说明"法律之本质",亦成为这一时期中国近代法理学的重要学术特征。

丘汉平在他的法学研究中非常有特点,他的论述中常有自己的识见,例如他将分析法学与实证主义法学区别开来,分别加以研究,这在民国法学家中就是仅有所见。正因为有识见,丘汉平对分析法学的研究也就成绩斐然。他认为,分析法学派的特点就是追求对法律词语作精确的分析。事实上,早在1931年,丘汉平就发表了《法律之语源》一文,就对"法"在中国语源的意义进行了考证,阐述了"法"、"刑"、"律"、"典"、"则"、"范"等字的含义,然后以罗马法中的"Jus"一词为例,对"法"在外国语源中的意义作了论证说明。这样的研究在当时也是非常先进的。因此,在他的《法学通论》中对上述观点加以吸收。

丘汉平认为,社会生活之复杂,其间有变动甚无一定者,倘若尽将

① 丘汉平:《法学通论》,上海商务印书馆1933年12月初版,1937年3月第6版,第20—21页。

② 丘汉平:《法学通论》,上海商务印书馆1933年12月初版,1937年3月第6版,第21页。

③ 参见拙文:《二十世纪二三十年代中国法学话语的多面性》,载《法学杂志》2011年第4期,第23—26页。

社会生活之内容厘定之,诚恐流于青黄不接之弊,阻碍社会之发展。故近代国家,依社会生活之需要程度,而定法律制定之标准。[①] 丘汉平进而认为,法律犹药方,病有缓急,故药有轻重。社会生活有繁简轻重,则法律不可不谋迎合,以免背驰。[②]

在"法律之制裁"一章中,丘汉平给制裁下了一个定义:"制裁者,即法律予以违法者以不良之效果也。"[③]对这一定义,丘氏补充道"制裁(Sanction)为法律之生命,然若法律失去衡平,不察社会之程度,则制裁之用实甚危险,且每因此而造成社会革命也"。[④]

在这本《法学通论》附录中,丘汉平不仅将"坊间所出《法学通论》多编译自日本,兹特就搜得译本列后,以供读者参考焉"[⑤],而且还特别讨论了《法学通论》与中国法学理论研究的关系。他认为,中国法理学一直照抄日本的模式,如法学通论这门学科,尽管已经讲授和研究了多年,但一直没有摆脱冈田朝太郎《法学通论》的体系,这实在是中国法学界的羞耻之事。[⑥] 因此,丘氏在大学讲授这门课程之后,力图予以变革,加以创新,从而构造了自己的体系,即多讲法理学的内容,增加总论

---

① 丘汉平:《法学通论》,上海商务印书馆 1933 年 12 月初版,1937 年 3 月第 6 版,第 32 页。

② 丘汉平:《法学通论》,上海商务印书馆 1933 年 12 月初版,1937 年 3 月第 6 版,第 38 页。

③ 丘汉平:《法学通论》,上海商务印书馆 1933 年 12 月初版,1937 年 3 月第 6 版,第 74 页。

④ 丘汉平:《法学通论》,上海商务印书馆 1933 年 12 月初版,1937 年 3 月第 6 版,第 84—85 页。

⑤ 这些译本有:日本冈田博士著的《法学通论》;日本矶谷幸次朗讲述,王国维译的《法学通论》;朝阳大学讲义;日本梅谦次郎述,陈敬第编的《法学通论》;日本织田万著,刘崇佑译的《法学通论》;日本三潴信三著、邓公杰译的《近世法学通论》(丘汉平认为,白鹏飞编的《法学通论》,大半根据此书);日本中村进午讲义,葛遵礼译编的《法学通论》等。

⑥ 丘汉平:"自序",载丘汉平:《法学通论》,上海商务印书馆 1933 年 12 月初版,1937 年 3 月第 6 版,第 1 页。

的比重,减少各论的叙述。丘汉平对来自日本的,特别是将“法学通论”分为总论、分论的编撰模式颇有微词,并如是说道:

> 现实法学或实证法学(Positive Science of Law)乃着重于现行法。所谓现行法,系指某一时代之法律而言,其以一般法律现象为研究对象者,是为法学概论或法学通论(Introduction to the Science of Law),但通常我国人所习见之法学通论,则尽皆为日本之物,包罗万象,论载无系统,实为其特色。夫法学通论之目的,在于叙述法律现象之一般原理,非为法律大纲或法律全书之节本。为便读者易于领会并明了其本国法律之梗概,固可胪举现行法以为说明之用。然若将法学通论专述一国之现行法,则先去其主旨矣。今人且有将法学通论分总论、分论二篇,更属欠当。既为法学通论矣,所谓总论分论,究作何解?[①]

正是带着这种质疑精神,且论述法律问题时多有自己的识见,既融汇古今法意,又贯通中西法理,笔者认为,正是丘汉平这本《法学通论》,完成了“传统”法学向“近代”法理学的“嬗变”。

---

① 丘汉平:《法学通论》,上海商务印书馆1933年12月初版,1937年3月第6版,第11—12页。

第七章　中国近代法理学的“批判”与“自觉”(1938—1949)

20世纪40年代,中国法理学进入到一个“批判”与“自觉的发展”时期。战争是这一时期最重大的社会事件,它影响了所有中国人的日常生活和命运,对其精神产生了极其深远的影响。对法律人而言,由于战争使得人类以往的法律秩序甚至某些道德准则,都失去了约束人的行为的效力,因此,思考战后如何恢复法律秩序,重建人们的法律信仰就有了现实的可能。这一时期,西方法学理论在中国的传播又出现一个高潮,其特点是传播内容由理论转向方法。中、西法学理论研究,虽然不及前十年那么丰富,但总体水平上,却有质的发展,最重要的法学家都试图构建自己的法律本体论体系,并且熟练和自如地运用着西方法学范式和方法,在中西法学思想的会通方面也达到相当的水平。

第一节　概说:以枪炮年代的《法学通论》教科书为中心

从1938年到1949年,蔡枢衡将其有关法理学领域的许多论文结集出版,著名的有《中国法律之批判》(1942)、《中国法理自觉的发展》(1947)两种。这一时期,一些20世纪30年代就已闻名全国的法学家又有可代表其水平的《法学通论》教材问世:例如,楼桐荪的《法学通论》(正中书局,1940年7月出版)、高维濬的《法学通论》(南京国立编译馆,1943年初版,1944年再版)、何任清的《法学通论》(商务印书馆,1945年1月出版)、林振镛、王冠英编著的《法学通论》(重庆中国书店,1945年出版)、夏勤的《法学通论》[①](高承恩发行,正中书局印刷实验所,1946年10月出版)。除沿用“法学通论”名称的教材外,这一时期法理学教科书作品,重要的还有梅仲协的《法律论》[②](1943年12月初版,1947年3月再版)、童沂的《现代法学》(大公书店,1946年5月初版发行)、高承元的《正负法论——辩证法的法律学方法论》(高承元律师事务所,1937年7月初版发行,1948年1月再版)、龚钺的《比较法概要》(商务印书馆,1947年5月初版)等,这些作品(包括仍以《法学通论》命名的著作),部分原因可能是,受《中国法律之批判》等作品的影响,呈现出以下两个特点:

第一,突破传统的法理学和法学通论写作框架的法学理论著作开始出现。事实上,上述《法学通论》及法理学专著基本上都带有突破传统的法理学和法学通论写作框架的特征。例如,民二十八年(1939)12月,随南京政府迁至重庆的国民党立法委员楼桐荪,在他即将出版的《法学通论》一书中,对国民党法制建设,充满自信地认为,“中国的法律,大体上可以说已经臻于完备”,这一乐观的情绪,即便是在抗日战争最艰难的岁月中,亦可在其书中感受出来。这一时期,梅仲协的《法律论》(一名《法理学大纲》),从体例上看,亦可以看出是全新的。又如,夏勤的《法学通论》则补入大量关于中国传统法论的内容。

在何任清的《法学通论》中,尽管在编纂体例大体上,仍然是沿袭清末汉译日本学者《法学通论》的编纂体例,特别是受织田万的《法学通

---

① 夏勤:《法学通论》,高承恩发行,正中书局印刷实验所1946年10月版。

② 此书版本还有:重庆公成法律1944年版,共165页;文化建设印刷公司1944年版,共165页;南京建国法商学院1947年版,共167页。参见中国政法大学图书馆编:《中国法律图书总书目》,第602页。

论》的总论编纂体例，以及国内欧阳谿的《法学通论》编纂方法的影响，将其《法学通论》仍然分为“法学”、“法律”、“国家”、“权利及义务”四编结构。在第一编法学中，何任清分法学之意义、分类、研究方法及学派和法系之概略等四章进行论述。在特别强调“法学为权利义务之学”后，就时间、方法和范围，对法学分类简要地加以叙述，并对法律科学与法律哲学进行了界分，认为其主要区别在于，一则重经验，一则重思考。依演绎研究方法，何任清介绍了纯哲学法学派和自然法学派，依归纳研究方法，又分别介绍了分析法学派、历史法学派、比较法学派和社会法学派。介绍内容相当丰富。沿用从前《法学通论》做法，将法系放入法学编讨论，涉及埃及、美索不达米亚、中华、印度、希伯来、希腊、罗马、迦仑、日耳曼、回回、海商、斯拉夫共 12 个法系，较欧阳谿的《法学通论》多论述了 5 个法系，是这一时期论述法系最多的法学通论著作。第二编法律，共分法律之本质、法律之进化、法律之内容、法律之种别、法律之渊源、法律之效力、法律之解释、法律之适用和法律之制裁九章。第三编国家，共有国家之意义、国家之分类、国家之基本权利、国家之义务及责任和国家之主权五章。第四编权利及义务，分权利之意义、权利之分类、权利之主体、权利之客体、权利之取得及其行使、权利之变更及丧失和义务共七章。吴经熊审阅后为该书写序说：

> 余审阅全书分四编数十章，都十分余万言，每章之末附有问答暨注解，极为详尽，颇适合大学教科之用。我国今日之法学著作，贫乏极矣，得何君之书，其有助于法学之发展，盖无疑矣。[①]

---

① 吴经熊序的全文如下，“何君任清，昔从余学法律，一弹指又十余年矣。现代法学之进步，一日千里，而何君终能刻苦研究，与时俱进，其进取精神殊不可多得。年来埋头教学，继《国际公法》出版之后，复编成《法学通论》一书，列为复旦大学丛书之一，不久将在商务印书馆出版。何君以该书排印在即，央余作序，余审阅全书分四编数十章，都十分余万言，每章之末附有问答暨注解，极为详尽，颇适合大学教科之用。我国今日之法学著作，贫乏极矣，得何君之书，其有助于法学之发展，盖无疑矣。是为序”。

特别值得一提的是林振镛、王冠英编著的《法学通论》(重庆中国书店,1945年出版),据作者交待,本书体例首导言、次总论、又次各论,其中以各论之叙述,较为详尽,用以课后参考需要,并以别于一般法学通论。其实,在当时,这种编纂体例已经不大流行,作者反其道而编之,在今天的研究者看来,表面上,似乎是作者整个地回归以往存在、时今不尚的《法学通论》编撰体例,深层次看,却是作者对当时“法令又兹”①一现象的深刻反思。作者在自序中,大致也交待了这种编纂体例的原因。他说:

> 吾国之倡法治,实始于春秋之管子,管子说,“法不一则国有不祥”,继之者为韩非之言曰:“明主之国,无书简文,以法为教,无先王之语,以吏为师;是以境内之民,所言谈者,必轨于法”。……清季民初,士大夫稍稍有讲求变法者,然变乱相寻,……徒有法治之名,而鲜见其实。……北伐成功,统一全国,廓清积弊,……然以民知未开,法学未昌,而法令又滋者,不可以悉举,学者欲求一较详晰

---

① 作者林振镛对当时“法令又兹”一现象的深刻反思,在今天仍有启发意义。参见赵晓耕:“法深无善治”(2009年11月18日,赵晓耕教授在中国人民大学法学院第12届教授沙龙的主题发言)。赵晓耕教授的报告主要分为四个部分。他首先从中外法律代表性图像说起。西方的法律标志为正义女神,而中国古代的法律标志为独角兽,之后便是包公,不仅是人兽之别,还有男女之别,二者所蕴涵的法律价值更不一样。然后引出了第二部分,即中国传统法律并非一个独立的系统,它是同整个社会认知体系相连的,具体地讲便是“天道观”。法律源于一种对自然最淳朴的认识,这样古代法律便有了最深厚的社会基础,因此古代法律的普及程度很高,并通过同社会的价值相接,使得法律得到最基本的认同。第三部分是演讲的核心——“法深无善治”。此语虽出自于北宋陈亮之口,但渊源却要追溯到老子的“法令滋彰,盗贼多有”一句。“深”有多种意义,但其中最为重要的一个意思便是“多”,秦朝和东汉时期的立法“多如凝脂,繁于秋荼”,直接造成了当时王朝的快速灭亡,历史的经验使得古人作出了“非不能也,实不为也”的实践选择。中国几千年的法律传统仅仅因为近两百年来的失利就遭致抛弃,实在是对历史的背弃和对现实社会资源的一种浪费。为了进一步说明这个问题,演讲的第四部分从实证的角度,统计分析了自1949年至今我国立法的数量和适用的情况,尤其是分析了改革开放以后的三十多年来立法数量成为一个政绩工程,几乎达到每天都有一部法规被制定出来的密度。这样的状况即使专家也应接不暇,更何况百姓对法律的普及与接受。

> 之法学著述,概括法学全貌,以备研讨,盖未易得。往者虽有通论概论之刊行,而时代推移,内容渐失其效用。以为法治之基础,在使每一人民,皆能知法,日知法之精神所在。……爰不自揣,辄取现行各种法律,……汇兹一卷,并益以有关法理学法史学之要义,列为总论,以应社会之需要。

如果说民国以来的标准《法学通论》教科书,不讨论当时中国现实生活中的法律状态,是因为现实生活中的法制正在创建过程中,无法联系。但是,也要看到,1931年"司法党化"教育推行以后,《法学通论》教科书真要联系现实法制又几无可能。第一情形可能是身不由己,而第二情形却可能是自愿的(尽可能远离现实)。因此,在这样的观照意义下,再看林振镛这本《法学通论》教科书,持"益以有关法理学法史学之要义"略加对"法令又滋"诸现象说明,期待该书"稍有助于学者之探讨,致力于法学之昌明,导全民于法治之,以立宪政之始基"的编纂目的,仍然令人起敬。

此外,曾留学欧洲前后十年,获 Crenoble 大学法律博士学位,并"服务外交,两摄驻巴黎总领事"①的龚钺先生,主张《法学通论》的编纂要阐明固有文化,兼采各国之长。在其编撰的《比较法学概要》之导言中,龚钺说:"本书虽以我国法律为主,而间述各国法律,以资比较,足明了现今制度所本。法学有共通之原理,公认之原则。举其概要,足助吾人了解现实法之意义。"②龚钺认为,时人编《法学通论》,如果在体裁上采英美派著作,既不能翻译原书以充用,又不能在体裁上过于因袭,因此,"吾人编《法学通论》,当注意此书在我国之用途。法学范围极广,何

---

① 王宠惠:《王序》,载龚钺:《比较法学概要》(上海商务印书馆1947年版),北京大学出版社2008年版。

② 龚钺:《比较法学概要》(上海商务印书馆1947年版),北京大学出版社2008年版。第2页。

者应行采入，何者可以从略，何者综合讨论，何者分别叙述，其间伸缩留汰，应从慎重。”①

针对当时流行按照现行法之篇章次序编纂的《法学通论》之著作，龚钺的《比较法学概要》，在编撰体系上进行了大胆的突破，完全不受成文法体例之拘束。龚钺在其《比较法学概要》的导言中，还如是说：“惟第一篇涉及学理，述法学之范围与其研究之方法，并将各种法学派之学说略为比较。第二篇法律概念，言法律之形式与实质，并及法律之种类。第三篇言国家与立法，盖以研究法律，须有国家概念，而制定法律之程序，亦于此篇说明。由国家而及个人，第四篇以‘人’(Person)命题，略述法律人格，行为能力，各种身份，如国民与外国人、公民、成年人、家属、亲属、配偶、血亲、姻亲等以及于法人。由人格而发生权利义务之关系，是以第五篇为‘权利与义务’。权利之类别既繁，本篇于习见之分类外，更分类为人权、政治权、亲属权、财产权四者言之。既明了权义关系，进而讨论行为，是以第六篇为‘行为’。吾人行为或以道德为标准，或以法律为标准。违反法律之行为，须受法制之制裁。制裁之者，乃国家司法机关，是以第七篇为‘司法组织’。又以今日国际关系之密切，国际法在近期，必有长足发展。私人间往来，多有根据国际法之必要。是以最后一篇为‘国际法律冲突问题’。盖以国际法中所谓法律冲突问题，在最近期间，必将从专门学识而成为一般应有之常识也。”②尽管龚钺谦逊地说：“本书编次如是，尚属尝试，是否有当，容以后加以修正”，③但为龚钺《比较法学概要》作序的民国著名法学家王宠惠则嘉许

① 龚钺：《比较法学概要》(上海商务印书馆1947年版)，北京大学出版社2008年版，第1页。

② 龚钺：《比较法学概要》(上海商务印书馆1947年版)，北京大学出版社2008年版，第2—3页。

③ 龚钺：《比较法学概要》(上海商务印书馆1947年版)，北京大学出版社2008年版，第3页。

说:“错综复杂之法律问题,经其分析比较,简明扼要。其论我国法律思想、论法治、论行为、论法律与礼诸章,合前后而观之,自成系统,具有其深心独诣,与寻常泛论法学书不同。而其释分权制度,述各派学说,举重若轻,亦足见其研究有素。”①

第二,这一时期,法理学专题专论的著述开始大量出现,例如李祖荫著的《法律学方法论》(国立湖南大学法律学会,1944 年 2 月出版)、高承元著的《正负法论——辩证法的法律学方法论》(战后订正再版,民国三十七年(1948)高承元律师事务所发行)、唐表民著的《法律之谜》是主要代表。其中,李祖荫的《法律学方法论》是这一时期比较重要的法理学专题作品,在该书的自序中,李祖荫指出,关于法律学的方法,学者所说的也不一致,英国蒲莱士(Bryce,1838—1922)以为研究法律学有玄学、历史、分析和比较四种方法。日本穗积重远则以为有分析、历史、比较、社会学、哲学五种方法。对此,李祖荫认为穗积重远的五种方法“兼用为当”,“因为仅用分析、历史、比较三法,很容易流于板滞,涉于空虚,若增加哲学方法使它灵活,再添社会学方使它切实,岂不更好吗?”②在这篇序中,李祖荫还大致交待了《法学方法论》的成书经过:民国二十五年(1936)3 月 1 日,时任天津法商学院院长的吕健秋(复)先生,特地从天津跑到北平来邀请李祖荫到他的学校作学术演讲,讲题是“研究民法的方法法——综合的方法”,讲演之后,李祖荫说,他“时时想写一首《民法学方法论》,迁延至今未篡成,连年觅集的资料,也散失殆尽了。去年秋天,应国立湖南大学第二次的聘,讲授民法学、民事特别法学兼法学通论,爰于课暇,草成法律学方法论,较在天津所讲的稍为推广,而内容则因文献阙如,自愧荛浅,深望法学名家有以教正之,大中

① 王宠惠:《王序》,载龚钺:《比较法学概要》(上海商务印书馆 1947 年版),北京大学出版社 2008 年版。

② 李祖荫:《法律学方法论》,国立湖南大学法律学会 1944 年版,第 4 页。

华民国三十年(1941)3 月 1 日李祖荫麋寿序于国立湖南大学。越三十三年(1944)2 月 1 日骤然高兴,加之法律学系的同学也怂恿我,于是又鼓其勇气,提笔删增,又五日竣事,麋寿附记于辰溪龙头比较民法室”。[①]

值得关注的是,一些通俗的面向大众的法学理论作品亦开始增多,例如,费孝通的《民主・宪法・人权》(生活书店,1946 年 8 月初版,当年 12 月就出至第 3 版)、吴之椿的《法治与民治》(生活书店,1946 年 10 月初版发行)。在《民治与法治》一书中,吴之椿期待未来的三十年之内,“注意民生,提高民智,发扬民权,光大民治”,中国可能“成功一个像样的法治国家”。[②] 对此,吴之椿分“法治问题的说明”、“中国法治的困难”和“近代民治与法治”三个标题展开,论述的主旨在于“说明民治是法治的基础,无民治即无以言法治。”[③]这些论文集和法学专著的出版,标志着中国法学界对中国法理学的批判的开始,近代中国法理学进入到一个“自觉的发展”的新阶段。

此外,这一时期,上述所有书籍的纸张(如土纸)、印刷、装帧质量均较前十年下降了许多,可见战争带来的破坏是无处不在的。

第二节 跨越法学的批判:法学理论的本土化表达

1942 年 1 月,收入中国人文社科丛刊,并由重庆正中书局印行出版的《中国法律之批判》,是西南联大法律系教授蔡枢衡(1904—1983)的个人论文集。蔡枢衡生于晚清 1904 年,幼入私塾,少进新式学堂,在

---

① 李祖荫:《法律学方法论》,国立湖南大学法律学会 1944 年版,第 4—5 页。
② 吴之椿:《民治与法治》,生活书店 1946 年版,第 48 页。
③ 吴之椿:《民治与法治》,生活书店 1946 年版,第 1 页。

西式中学毕业后,直接东瀛留学。在日本的14年间,遍读牧野英一博士的著作,二进大学院研修刑法学,终列于牧野英一博士的门墙而受导师欣赏。1935年回国,获推荐经考核执教于北京法学杏坛。1935至1938年,业精于勤达刑法研究高峰,[①]四年内三获晋升,从讲师(1935)、副教授(1936)直至教授(1938)。后随北京大学内迁,兼任西南联合大学教授,兼修法理与法史,开中国法律批判之先河。蔡枢衡的主要专业是刑法学,但他自师从牧野博士时就开始,对法理与法史两方面均有兴趣,这一点,只要读一读这本《中国法律之批判》著作中所收入的文章,[②]就不难理解。

一、蔡枢衡的学术贡献:发现中国法学幼稚

20世纪40年代前的中国法理学,处在中国近代法学的形成时期,在中国法学近代化中,虽占有十分重要的地位,但实在不敢称大。论作品数量,论作品的成熟程度,论多数作品的理论水平所达到的高度,无论如何都不敢望与这一时期的文史哲比肩。[③] 诚如蔡枢衡先生所言:

---

① 蔡枢衡自1933年在《法律评论》上发表"行刑之将来"一文为始,其刑法学研究在1934、1935、1936年达到高峰,陆续在上海的《时事新报》、《法律评论》、《北京大学社会科学季刊》上发表"刑法修正案初稿批评"(连载)、"教育刑主义概观"、"刑法文化之展望"、"罪刑法定主义之立法及解释"、"三十年来中国刑法之辩证发展"、"罪刑法定主义之检讨"、"未遂犯与客观主义及主观主义"等。

② 《中国法律的批判》一书,由一篇正文(分六个标题)和六篇附录文章组成一本小册子。其中,附录中的文章,大都曾发表在《今日评论》、《云南日报·星期论文》等杂志和报刊上,用今天的评价标准来论,不能说是纯粹的学术论文,但这并不影响文章的学术水平和它在中国法理学学术史上的分量。

③ 何勤华先生亦认为:"中国近代法学在中国近代社会科学体系中一直处于落后的地位。比如,在史学界,罗振玉、王国维、郭沫若、陈寅恪等人的成果,曾为中国近(现)代历史学赢得了杰出声誉。在哲学界和文学界,也分别有胡适、冯友兰等人的作品,以及鲁迅、巴金、茅盾、老舍等人的经典作品面世。而法学界,虽然民国时期也有5500余种法律著作出版,但经典作品不多。"参见何勤华:《法律文化史谭》,商务印书馆2004年版,第317页。

中国近代法学已有数十年历史，就其内容与实质言，纵谓中国尚无法学文化，似亦非过当之论。盖中国法学文化大半为翻译文化、移植文化。……中国法学之现实在另一面为讲义文化、教科书文化及解释法学文化。……中国法学著作中虽非绝无出类拔萃者，然大半不免上述之缺憾。近来坊间之法学书籍，尤多粗制滥造之作。学力水准之向上及治学方法之反省，实为目前最感迫切之需要。①

针对“三十年来”中国法学“幼稚病”的种种症状：“十之八九的法学著作，都显示着法和社会、法和哲学的脱节，法学的科学性之不明显，充其量只算成功了政治和立法政策的法律学，遗弃了法学的哲学性和社会的科学性。”②蔡枢衡发现，这个时期中国法学的病象是“质低量微”，③而病因却是多方面的，既有“法律和社会不适合，各历史不连接”④以及“社会不需要”的原因，也包括当时“学人的能力不够大”。⑤他用“中国法学之贫困”⑥来结论20世纪初期的中国法学。

作为蔡枢衡的一大学术贡献，即他从法理学的角度审视中国近代法学的发展，以及关于中国近代法学仍然相当“幼稚”的判断，都可以证明他对法理与法史的兴趣是从很早就开始了的。从沈家本变法修律到

① 蔡枢衡：《抗战建国与法的现实》(1938年12月11日《云南日报·星期论文》)，载《中国法理自觉的发展》(汉语法学文丛)，清华大学出版社2005年版，第25页。

② 蔡枢衡：《沈家本派及其反对派》，载《中国法理自觉的发展》(汉语法学文丛)，清华大学出版社2005年版，第33页。

③ 蔡枢衡：《中国法学的病和药》，载《中国法理自觉的发展》(汉语法学文丛)，清华大学出版社2005年版，第88页。

④ 蔡枢衡：《法哲学及法史学上二大问题》，载《中国法理自觉的发展》(汉语法学文丛)，清华大学出版社2005年版，第31页。

⑤ 蔡枢衡：《中国法学的病和药》，载《中国法理自觉的发展》(汉语法学文丛)，清华大学出版社2005年版，第89页。

⑥ 蔡枢衡：《中国法学之贫困与出路》，载《中国法理自觉的发展》(汉语法学文丛)，清华大学出版社2005年版，第93页。

蔡枢衡写作《中国法律之批判》,得出中国法学幼稚的判断,大约有 40 年,历经晚清、民国和南京国民政府三个时期,恰与蔡枢衡的成长经历相仿。现代学人许章润在综括蔡先生诸文之意后,亦如是说:

> 通观全书,蔡枢衡对中国当下的历史中的法意与法制的省察,紧系对于本国族人生与人心的危难的体认,对于包括法制和法意在内的大规模“由东徂西”的不得不然及其深刻的悖论性质的提示,从而始终不忘以提升中国国族的人世生活与人间秩序为依归,从中国为世界的一部分一环节、世界乃是一个由强权控制着不平等秩序这一“世界眼光”着眼而进求着手。①

许章润的上述解说,对蔡枢衡的深刻性已成功地予以发掘。基于此,接下来,笔者仍将聚焦于蔡枢衡的《中国法律之批判》,以期能更深入地解读其思想深刻性的内在原因。

二、对近四十年来中国法律及其意识的批判

《中国法律之批判》这本小册子是蔡枢衡于 1940 年春假中,用很短的时间写成的。据作者交待,其写作背景是对“近四十年来中国法律及其意识的批判”。所采用的研究方法,在笔者看来,是一种“跨越法学的批判”方法。也是蔡枢衡先生在该书中所说的,“抗战建国的现实也已经促使法学人士注意到立法、司法和法治问题。不过,视线的焦点和立场局限于制度的批评和建议,以及制度和现实不符合的指摘。大体说来,本质上都是政治问题或从政治政策出发的探讨。”②

在《中国法律之批判》一书中,蔡枢衡开篇就提出一个生动的判断,

---

① 许章润:《法律的文化自觉——蔡枢衡与〈中国法律之批判〉》,载许章润:《法学家的智慧:关于法律的知识品格与人文类型》,清华大学出版社 2004 年版,第 114 页。

② 参见蔡枢衡:《写在前面》(1940 年 9 月),载《中国法律之批判》,正中书局 1942 年版,第 2 页。

“三十年来中国法和中国法的历史脱了节，和中国社会现实也不适合。”这种法律和社会不适合，和历史不连接的“问题大得可怕，而讨论的量小质微又足以警人”。[①]

证据比论述更重要。以下所列的是蔡枢衡《中国法律之批判》正文中精彩的片断。蔡枢衡认为，中国当时接受西洋近代的和现代的新法律，算是反沈派的国情论失败的表现，也是沈家本派的政策论胜利的记录。但是，二派各自有“不可救药的致命伤”。[②] 在蔡枢衡看来，三十年来的中国法律、法学和法学人士，大体上都是这种胜利记录的继承和维护者。只要反沈派人士提不出新理由，在大多数法学人士眼光中，法律和历史不连接，和社会不适合，只是两个不成问题的问题，所以问题虽大，讨论会少。然而，上述“不适合”和“不连接”问题在理论上却是“一个问题之二面，应合而不可分”，“问题的真正解答需要站在第三个立场”。[③] 因此，在“沈家本派及其反对派”一章中，蔡枢衡结合清末变法修律近四十年的历史，对两派的观点分别加以胪举后，不惜笔墨，对沈派及反沈派的世界观、法律观和方法论，进行了跨越法学领域的批判：

第一，沈派取消了新法和社会不适合这问题；反沈派肯定了新法和法律史不连接是反映客观现实的真理。蔡枢衡认为，两派的问题既是事实问题也是理论问题。一方面，沈家本派关于“问题的取消绝不是问题的解答”，而反沈派肯定不连接是真理，“究比单纯取消问题办法高明一筹。”另一方面，由于“理论可以歪曲，并且可用常识来代替”，这样，反沈派的处境较沈派有利。加之沈派对于“脱节的看法”，“虽期期以为不

① 蔡枢衡：《法哲学及法史学上二大问题》，载《中国法理自觉的发展》（汉语法学文丛），清华大学出版社 2005 年版，第 29、30 页。

② 蔡枢衡：《法哲学及法史学上二大问题》，载《中国法理自觉的发展》（汉语法学文丛），清华大学出版社，第 32 页。

③ 蔡枢衡：《法哲学及法史学上二大问题》，载《中国法理自觉的发展》（汉语法学文丛），清华大学出版社，第 31—32 页。

可，而说不出理由”，或因“一般人免不了没有判断标准”，在主流的宣传话语下“中毒”而动摇或投降。所以整个说来，“沈派的人数虽多，事势却十分不利。”[①]

事势虽不利于沈派，但是，“数十年来的立法政策，不论在积极方面或消极方面，都是一贯支持沈派的立场”。反沈派的见解，始终不得意于立法政策，即使与沈家本同时的董康，遇有机会“便站在反沈派的立场作主张”，或新刑法修订时，罗文干等主张恢复流刑，也没曾实现。但同时，蔡枢衡敏锐地指出：“民族自我意识之欠，却算是沈派先天的缺憾。”在这里，蔡枢衡议论的中心主题出来了，那就是大体上还处于农业社会的中国却接受金融资本主义的法律，“结果只落得两重不适合——农业社会和资本主义社会规范间不适合，农业社会和金融资本主义社会规范间的不适合。”[②]这一方面的批评，后来，李达在其《法理学大纲》(1947)中，用马克思主义原理加以表达，李达如是说道：

> 法律是社会的上层建筑。上层建筑的法律，已进步到了帝国主义国家的法律的水准，而社会现实却落后到与殖民地状况相平行，最进步的上层，最退步的下层，这样大不相称的建筑，无疑的是不合理的。[③]

第二，针对反沈派的注意只集中在历史，而忽略了现实，蔡枢衡亦指出，反沈派的民族自觉意识中，同时又“包藏着不自觉或反自我的成分。”在蔡枢衡看来，反沈派只限于农业社会，而遗漏了民族工商业，又因为视野不完全，遂给客观真实以“从人丛中”逃去的机会，不能把握住

---

① 蔡枢衡：《沈家本派及其反对派》，载《中国法理自觉的发展》(汉语法学文丛)，清华大学出版社，第32页。

② 蔡枢衡：《沈家本派及其反对派》，载《中国法理自觉的发展》(汉语法学文丛)，清华大学出版社2005年版，第33—34页。

③ 李达：《法理学大纲》(1947)，法律出版社1984年版，第11页。

正体。结果只能意识着民族自我之落后形态，而不认识前进的因素，抓不住问题的核心。[①] 而反沈派种种结论谬误的总原因或幼稚所在，是由于其看法不能超出农业社会的经验或常识范围，常把旧道德当作批评新法律的标准，“还有一点，反沈派同时也就是礼法论者。然而，礼是一种社会生活的道德，表现的形式是习惯。在某种意义上，礼、习惯和道德三者，不过一事异名，本质都是一种社会意识。把意识作为法律的标准自然是一种唯心论。”在这里，蔡枢衡批评了这种将法律道德合一的“幼稚病”的种种表现，从法理上指出，法律和道德只有内容的相当，作用的重复，没有什么合一。如果把“礼”相对称的“法”，看作是“刑”，不仅和现代“法”观念根本不同，而且把历史上的礼治和法治的论争场面搬到现代来应用，“徒然开着时代错误的笑话。”此外，蔡枢衡对反沈派的“幼稚病”的另一表现，即主张“把法律手段达到礼治的目的”，亦进行深刻了的批判，他说，这“显然犯着不知礼法各自的长短的毛病。”“至于一面主张礼治，一面主张法治，那更是陷入了矛盾的深渊，不可救药了”。[②]

第三，蔡枢衡认为，撤销领事裁判权是清末以来，沈家本派变法修律(新法制)的目的和共同意识的所在。但这在沈派意识范围内，既没有意识到当时中国被殖民地化的身份，又对新法和历史不联接、和社会不适合这两个问题，始终抱着取消问题的态度，这二者都是断定沈派是唯心论的重要旁证。蔡枢衡接下来分析说，沈派关于撤销领事裁判权的目的有二，一是“自强”而变法，二是“图强”而修律。这二者本质都是唯心论。这样，即使认为沈派的目的观比反沈派的法律道德合一论胜

① 蔡枢衡:《沈家本派及其反对派》，载《中国法理自觉的发展》(汉语法学文丛)，清华大学出版社 2005 年版，第 35 页。

② 蔡枢衡:《沈家本派及其反对派》，载《中国法理自觉的发展》(汉语法学文丛)，清华大学出版社 2005 年版，第 38、39 页。

一筹,但在蔡枢衡看来,“也只是胜一筹”,“唯一的关键不在撤销领事裁判和图强的目的或法律道德的合一,而在现实的次殖民地或半殖民地身份,沈派的政策和立场因为无意识的和近百年来现实的民族身份相适合,所以能占上风;反沈派因为没有正确把握住现实,所以终落下风。将来殖民地身份之丧失,自然也是沈派失足的契机”。[①]

我们说蔡枢衡的深刻性,重要的还不是他对现行中国法的批判,而是他对近代以来,西方法学理论的中国化研究。尽管作者曾谦虚地说,这本小册子“只是一种既没有成熟而又不完全的认识。拿来问世,实在有点近于荒唐。不过,若从弥补法律及法学方面的探讨目前现实所表现的缺陷看,这篇文章付刊也许不是毫无意义的”。[②] 在笔者看来,蔡枢衡上述关于“弥补法律及法学方面”在探讨现实“所表现的缺陷”的意义深处,正是其着力要表达的问题:对当时盛行的西化法学话语的质疑。

三、中国法应有之面目和精神

在正文“明日的中国法应有之面目和精神”一节中,蔡枢衡从第一个假设出发,得出中国法制上的两个变化,这个假设是,抗战最后胜利获得了,领事裁判权消灭了,中国独立自主了。法制上的第一个变化是“法的支配领域由不完全变为完全。”由于消灭了不平等条约的束缚,又可算是第三阶段法出现的起点。第二个变化是所有现行法规一概废止,或重要部分完全废止,重订新法,对这种法律的形式和内容之大变

---

① 蔡枢衡:《沈家本派及其反对派》,载《中国法理自觉的发展》(汉语法学文丛),清华大学出版社2005年版,第40页。

② 蔡枢衡:《写在前面》(1940年9月),载《中国法律之批判》,正中书局1942年版,第3页。

动，尽管蔡枢衡也认为，“这是一个疑问”。[①] 然而，针对第二种法制的变化，即假设是重订新法，那么，蔡枢衡认为，重订新法的指导原理之认定，在客观上就有了两种可能性。

第一种可能性是认为新法的重订，“也必须把旧律的精神和技术作标准。”对此，蔡枢衡批判说，这种看法，“在理论上是不可的，事实上也是不能的。”[②]

第二种可能性是中国未来的新法制之重订，“也必须把产业资本主义社会的法制作模型”。对此，蔡枢衡基于过去的经验认为，“中国变法之初所采用的法例全是尖端的金融资本主义社会的法律意识。”[③]用今天的话说，这也是超前立法。

蔡枢衡进而指出，把抗战最后胜利作起点的中国法自然也不是维持现阶段法律的原状。第一，因为现阶段的法制中包含着不少幼稚的成分。第二，现阶段中国法的发生过程中，还包藏着殖民地性质。即使是三十年来的法律发展过程中的殖民地性一部分的抛弃，“这种不应有的现象也是应该修正，而不能保存的”。[④] 而另一部分殖民地性的抛弃是现行法规和将来长成了的新社会不适合的地方修正的过程。[⑤] 在蔡枢衡看来，没有幼稚病，也没有了唯新是从所生的种种矛盾和不一致，并且适合新中国的经济、社会和政治目的的法律是第三阶段中国法应

---

① 蔡枢衡：《明日的中国法应有之面目和精神》，载《中国法理自觉的发展》(汉语法学文丛)，清华大学出版社2005年版，第52页。

② 蔡枢衡：《明日的中国法应有之面目和精神》，载《中国法理自觉的发展》(汉语法学文丛)，清华大学出版社2005年版，第53页。

③ 蔡枢衡：《明日的中国法应有之面目和精神》，载《中国法理自觉的发展》(汉语法学文丛)，清华大学出版社2005年版，第53—54页。

④ 蔡枢衡：《明日的中国法应有之面目和精神》，载《中国法理自觉的发展》(汉语法学文丛)，清华大学出版社2005年版，第55页。

⑤ 蔡枢衡：《明日的中国法应有之面目和精神》，载《中国法理自觉的发展》(汉语法学文丛)，清华大学出版社2005年版，第56页。

有的形式和内容。

对此,蔡枢衡首先给出一个理想主义的判断,他指出,现阶段中国法的形式和内容,虽不因抗战胜利之获得,即时发生绝大的变化。第三阶段中国法的应有面目和精神,虽亦不因抗战胜利而即时出现。可是现行法之殖民地性,却因抗战胜利和不平等条约之撤销而即时消灭。代之而起,成为法律本质的是独立自主的民族性或民族社会。目前法律和社会不适合的地方,也会用最大的速度来接近或适合。[①] 但同时,蔡枢衡也看到,随着现行法之殖民地性的消减而消灭的是现行法的形式和内容所体现的金融资本主义性。结果是:在法规上是个人为团体而存在;在现实社会却是竞争为独占而存在;在国际关系上便成了中国为外国而存在,中国农工商业为外国工商业的利益而存在。[②]

总之,对蔡枢衡来说,上述"四个问题"以及"中国法的应有面目和精神",即使不经过史料的鉴别,也能看出其正确反映其生活时代历史特征的史料价值而予以利用。如果不是对自己把握时代特征的历史认识有足够自信的话,蔡枢衡是绝对说不上上述一番话的。笔者认为,蔡枢衡关于"明日的中国法应有之面目和精神"的论述,在某种意义上是关于西方法学理论的中国化研究。蔡枢衡所表现出来的特定时代之中国化,不是从逻辑上,而是由敏锐的感觉上去把握、去判断其史料价值,进而由此去接近西方法学理论中国化的世界。

四、中国法理自觉的发展

与西方法学理论"中国化"密切相关的问题是关于中国法的发展方

① 蔡枢衡:《明日的中国法应有之面目和精神》,载《中国法理自觉的发展》(汉语法学文丛),清华大学出版社 2005 年版,第 56 页。

② 蔡枢衡:《明日的中国法应有之面目和精神》,载《中国法理自觉的发展》(汉语法学文丛),清华大学出版社 2005 年版,第 57 页。

向。“西洋法律的输入”这篇文章中，蔡枢衡用世界眼光来观照中国法律的近代化，并“站在和中国旧律对比的观点看”，他认为“初期仿自日本，后来效法欧洲”[①]的中国法律近代化特色是：一、法律与道德分离；二、法文规定概括而抽象，刑法规定尤其显著；三、司法行政分立；四、法律和命令分立；五、成文法律优越于命令、风俗及习惯，刑法且排斥命令、风俗及习惯的规范性；六、法律的成立必须经过一定的立法手续；七、废止体刑和流刑，以自由刑为中心；八、法律之前万人平等；九、在法律范围内各人有绝对自由；十、自由和权利的限制须以法律为根据，自由不得抛弃；十一、法律体裁复杂，内容丰富。这些特点，虽不假思索也可以断定大半都是民主政治、法治思想、自由主义和个人主义的必然产物。[②]

现代法律的这些特点，若和上述中国法律的特色关联起来，可以说，个人主义是家族主义的对立物，自由主义和专制政治是互相矛盾的，民主政治是君主政治的克星，法治思想是礼治思想的催命符。[③] 对中国社会发展之如此规定性，亦预示着蔡枢衡所关心的中国法学的发展方向。蔡枢衡甚至期望，殖民地身份消灭了，法制又能发挥帮助社会发展的作用。不久将来的中国，自然是法治中国。[④] 但是，蔡枢衡思想的深刻性在于，他指出如下的事实来告诉我们：

> 法治这东西是八面玲珑的。它可以和君主同居，也可以和民

---

① 蔡枢衡：《法治与法学》，载《中国法理自觉的发展》(汉语法学文丛)，清华大学出版社2005年版，第99页。

② 蔡枢衡：《西洋法律的输入》，载《中国法理自觉的发展》(汉语法学文丛)，清华大学出版社2005年版，第78页。

③ 蔡枢衡：《西洋法律的输入》，载《中国法理自觉的发展》(汉语法学文丛)，清华大学出版社2005年版，第78页。

④ 蔡枢衡：《明日的中国法应有之面目和精神》，载《中国法理自觉的发展》(汉语法学文丛)，清华大学出版社2005年版，第58页。

主结合,还可以同独裁握手。从历史过程看,明日中国所应实现的是民主的法治。但是19世纪历史发展之结果,显然是保存了法治,创造了独裁,而抛弃了民主。……法治是19世纪历史的遗产;独裁也是19世纪历史的成果;专制却是19世纪所抛弃的渣滓,万劫不复的恶魔。……有人认为现阶段中国政治的现实是名副其实的国民党独裁。可是事实告诉我们:国民党独裁只是在立法程序和立法精神两点上算是实现了,行政方面似乎和独裁间还隔着一个历史阶段。因此,把对于目前政治和行政现实的不满当作反对独裁政治的理由,未免有些文不对题!我觉得尽管反对者尽力反对,历史的归宿仍会遵循它自己内在的必然性。[①]

读蔡枢衡上述"历史的归宿"之言论,笔者亦"想起了钱端升"。民国时期,钱端升撰写过大量文章,其中不乏介绍各国政制,批评时政。1934年钱端升主笔天津《益世报》时写过大量的社论,1939—1941年,在昆明主持的蔡枢衡经常投稿的《今日评论》刊物,以及后来为《观察》杂志写的政论,均多次抨击当时国民党的独裁统治。钱端升留美而蔡枢衡留日,其受教育的背景不一;钱端升主政治学兼修宪政、宪法而蔡枢衡主刑法学兼修法理、法史,其治学的路数亦大相径庭。但他们对于当时中国推行的"民主"政治基本持否定态度,对"独裁"或极权政治却津津乐道,对"法治"皆相对谨慎。在上述问题上,他们"一样一样的"态度,其实,是需要细细解读的。例如,早在1934年,钱端升在《东方杂志》上发表《民主政治乎极权政治乎》一文,集中体现了他的政治观:"第一,民主政治非放弃不可。第二,紧接民主政治而起的大概会是一种独裁制度。第三,在民族情绪没有减低以前,国家权力一定是无所不包的

---

① 蔡枢衡:《明日的中国法应有之面目和精神》,载《中国法理自觉的发展》(汉语法学文丛),清华大学出版社2005年版,第58—59页。

即极权国家。”[①]对中国而言，“没有一个强有力的政府，必绝对无成的。欲有一强有力的政府，则提倡民主政治不但缓不济急，更是缘木求鱼。”[②]毋庸讳言，用今天的语境看，这一言论似有言过其实之嫌，“二战”后的世界政治局势的发展，是彻底否定极权制度，但民主并未如此转向独裁。应当指出的是，钱端升当时所指的“独裁”并不是一般的独裁，他所谓的独裁，“一定要独裁者——无论是一人，或一群人，或一党——能有组织、有理想，能为民众谋实际的福利，能对现代经济制度有认识，能刻苦耐劳，先天下之忧而忧，后天下之乐而乐。苟独裁能增加民族经济的实力，则独裁便是无可幸免的制度。”[③]如此看来，作为“受过民主政治极久熏陶的”民国的在野学者，钱端升并非独裁政治的辩护士。他不过是认为，“一切的制度本是有时代性的”，“但如果我们要使中国成为一个强有力的近代国家，我们恐怕也非改变我们的成见不可。”[④]此外，钱端升在对待“法治”的谨慎态度上，更多强调的是法制。他在20世纪30年代中期撰写的《政治活动应制度化》(1935)，认为不能“即时采用高度的法治”，只能因事制宜，利用目前的形势，使之逐渐地趋于制度化，“以作法治的张本”。钱端升的这些观点主张，对20世纪中期回国任教的蔡枢衡先生，产生过影响也未可知。

回到蔡枢衡的《中国法律之批判》。也许，正是因为看到“法治”这东西的“八面玲珑”性。因此，蔡枢衡于1941年8月的《当代评论》上，撰写《中国法治的根本问题》一文，他提出“天理、国法、人情”三位一体，或天理、国法、人情同一之处，便是正确妥当的法律。而这种“完全又妥当的”、“真正的”法律，也就是当作法治标准的东西。但是，什么是“完

① 钱端升:《民主政治乎极权政治乎》，载《东方杂志》1934年1月第31卷第1期。

② 钱端升:《民主政治乎极权政治乎》，载《东方杂志》1934年1月第31卷第1期。

③ 钱端升:《民主政治乎极权政治乎》，载《东方杂志》1934年1月第31卷第1期。

④ 钱端升:《民主政治乎极权政治乎》，载《东方杂志》1934年1月第31卷第1期。

全的法律”？蔡枢衡从法学的全体进行了回答，他说，“法律科学是骨肉，法律哲学是灵魂。骨肉灵魂互相结合，才是全法律。”①在这里，蔡枢衡一方面，指出中国法学之“不幸”在于，既暴露“连条文文理之最低限度的整理，都没有办到的地方，并不是罕见的事情”，又“连所谓论理解释，也是不常见的。”②另一方面，蔡枢衡认为，无可讳言，“现代中国没有法律哲学”，这样，欠缺了“哲学性”的法律科学，就是“变态的”法律科学，不是“真正的”法律科学，从而不是法律科学。所以一般说来：

> 现代中国没有法律科学——当然更没有法学，有的只是冒牌货或伪造品。从而当作法治标准的法，根本不存在。③

所谓“冒牌货或伪造品”，在蔡枢衡看来，是中国社会没有普遍支配的秩序，以至于产生“有所偏畸的天理、国法和人情”，而且，作为“法治标准”的“天理、国法、人情三概念之正面具体的含义，互相矛盾。”正是这种看问题的深刻性，蔡枢衡又回到他对中国法学“幼稚”的基本判断上，他说：

> 骤然看来，目前中国法学，只是一个量——发达不发达的问题，实际上，却是一个质——有无的问题。④

这一见解，可谓一针见血。对此，蔡枢衡意味深长地说：

> 数十年的中国法学和裁判，没有完成发现完全而正确妥当的法律，以为法治创造基础之任务。当作今后法治基础的完全而正

---

① 蔡枢衡：《中国法治的根本问题》，载《中国法理自觉的发展》(汉语法学文丛)，清华大学出版社2005年版，第140—141页。

② 蔡枢衡：《中国法治的根本问题》，载《中国法理自觉的发展》(汉语法学文丛)，清华大学出版社2005年版，第141页。

③ 蔡枢衡：《中国法治的根本问题》，载《中国法理自觉的发展》(汉语法学文丛)，清华大学出版社2005年版，第141页。

④ 蔡枢衡：《中国法治的根本问题》，载《中国法理自觉的发展》(汉语法学文丛)，清华大学出版社2005年版，第141页。

确妥当的法律之发现，还是法学和裁判的使命。严正而且深刻批判过去的法学和裁判，便是完成这个使命的出发点。[①]

在《中国法律之批判》正文的最后一部分，蔡枢衡以“建设新中国法学之基本原则和前提条件”为题立论。蔡枢衡指出：

中国成文法律发达很早。但是在海禁大开以前，中国没有近代式的法学，海禁大开后，变法完成前，只有外国法学著作的翻译、介绍和移植。外国法学的摘拾和祖述，都是变法完成后至于今日的现象。……翻译是非自我的，但有非自我的认识；祖述是自我的，但不是觉醒的自我，结局只能是无我，摘拾算不得体系，所以自海禁大开以来，大体上可以说，中国有法律意识，而没有自我觉醒的法律意识，也很少有意识的体系。……祖述和摘拾成了一个国家的法学著作、教室讲话和法学论文的普遍现象，这正是殖民地的风景。[②]

蔡枢衡的这番评论表达了他对盛行的西化法学话语的质疑。值得一提的是，针对中国近代法学和法律实践中的某些西化倾向，社会学家费孝通在他的代表作《乡土中国》中，文学家沈从文在他的代表作《长河》中，都曾从不同的视角表达了自己的疑虑。也许，这些作品都处于枪炮有声的战争年代，所谓“枪炮有声法无声”，因此，在 20 世纪 40 年代，蔡枢衡一番关于中国法学的总结批判，似乎并未引起学界的注意，到 20 世纪 80 年代，“法学幼稚”仍在大陆流行时，殊不知，这一流行语早已在蔡枢衡的笔下有过深刻的批判。李贵连认为，这种现象，至少说明两个问题：一是对 20 世纪中国法学学术，学界尚未进行认真清理；二

① 蔡枢衡：《中国法治的根本问题》，载《中国法理自觉的发展》(汉语法学文丛)，清华大学出版社 2005 年版，第 144 页。

② 蔡枢衡：《建设新中国法学之基本原则和前提条件》，载《中国法理自觉的发展》(汉语法学文丛)，清华大学出版社 2005 年版，第 59—60 页。

是“法学幼稚”这一20世纪40年代的旧酒，在20世纪80年代被学界当新酒饮用，这种现象本身，正说明法学的幼稚。[①]

蔡枢衡为人沉默、不喜多谈，不常与人交往，生活亦极为简单、恬淡，大部分时间在读书中度过。由于“晚近留学日本者易受人过分贱视，几成先天宿命。宿命一经降临，任何真理均须受其修正，遭彼歪曲。”[②]加之蔡枢衡对当时民国法学界“有好恶而无是非，有感情而无真理，有师生而无道义，有滥权而无理性，有压抑而无公道，有权力而无道德，有关系而无学问，有专制、垄断与欺瞒而无民主、法治与诚实”[③]之现状深恶痛绝，因此，蔡枢衡之选择沉默也就可以理解了。但是，作为一个留日学成归国，以教授刑法为安身立命的法学学者，蔡枢衡却比较早地开始了对中国法理学的自觉的展开等问题进行思考。1942年，他首先结集出版的文集就是《中国法律之批判》，蔡枢衡在一定意义上建立了一个法理学的“批判”传统，这一传统与梅仲协、李达等站在时代前列，建构中国的《法理学大纲》的事业相比，毫不逊色。

到1947年，蔡枢衡自费将其自1938—1947年以来的文章结集出版，这就是《中国法理自觉的发展》一书。在“写在前面”的序文中，蔡枢衡谦虚地说，“我不敢说我这些文章在客观上有多大的价值，只可说这些都是我的思维发展过程中的痕迹。方法论、世界观以及法律观，始终一致。问题都是中国文化问题的一部分。”[④]书中各篇，蔡枢衡一再揭

---

① 参见李贵连:《20世纪初期的中国法学(续)》，载李贵连:《近代中国法制与法学》，北京大学出版社2002年版，第228页。

② 蔡枢衡:《法治与法学》，载《中国法理自觉的发展》(汉语法学文丛)，清华大学出版社2005年版，第99页。

③ 蔡枢衡:《法治与法学》，载《中国法理自觉的发展》(汉语法学文丛)，清华大学出版社2005年版，第100页。

④ 蔡枢衡:《写在前面》(1947)，载《中国法理自觉的发展》(汉语法学文丛)，清华大学出版社2005年版，第7页。

示如何造就各种新潮法理的狼奔豕突。如此春秋笔法，无疑是对西方法学理论的一种有效的“祛魅”。蔡枢衡的“祛魅”方法，贯穿全书，形成具有中国气派的“法学”批判文风，展现西方法学理论与中国传统法律变革思潮的交错互动。同时，也点出中国学人顽强追踪西方法理的动力所在。随着蔡枢衡关于中国法理学“自觉的发展”，我们亦发现蔡枢衡实际上是心系两头，一面是欧美动向，钻研各路新学；一面着眼于中国自身，强调我们研习西方法理的根本目的，是领会其批判精神，学习其综合方法，以此更新中国的法学学术。

例如，在一篇题为“法治与法学”的文章中，蔡枢衡明确回答了中国法学的历史使命，他说：

> 中国为成文法国家，随时赋予每一抽象而普遍的成文法以特殊性和具体性，又属于理解法律、研讨法学的人士之任务。总而言之，使易于僵化之概念不致僵化，使易于丧失真理性之法律随时保持真理性；使一般而抽象的法律随时有化为特殊而具体之可能；使不完全之条文适用时成为完全，均为必须理解法律，研讨法学之理由，亦即国家社会需要法曹及法学人士之合理依据，同时复为法学及全体法学再生产的法学教育必须重视之理论的基础。[①]

以上可说是蔡枢衡对中国法学之“存中国性”的具体要求。

至于中国法学如何“去西方化”，蔡枢衡首先对中国“初期模仿日本，后来效法西洋”的一切制度文化进行描摹写照。从总体上指出，中国法学“直为一幅次殖民地风景图”：

> 在法哲学方面，留美学成回国者，例有一套 Pound 学说之转播；出身法国者，必有 Dugiut 之学说服膺拳拳；德国回来者，则于

① 蔡枢衡：《法治与法学》，载《中国法理自觉的发展》(汉语法学文丛)，清华大学出版社 2005 年版，第 98 页。

新康德派之Starmmler法哲学五体投地;以中国闭关时代的农业社会为背景之理论家,又有其王道、礼治、德治之古说。五颜六色,尽漫然杂居之壮观。然考其本质,无一为自我现实之反映;无一为自我明日之预言;无一为国家民族利益之代表者;无一能负建国过程中法学理论应负之责任。[①]

然后,蔡枢衡加以批评说,中国迄今仅有三民主义的法律,尚无三民主义的法学,无三民主义的法学界,尤无三民主义的法学教育。[②]

无独有偶,在蔡枢衡描摹中国法学"次殖民地风景图"的同时代,或者说在蔡枢衡提出"中国法理自觉的发展"这一命题的同时代,费孝通先生在其《乡土中国》中,也描绘了当时中国的"法治图景",或者说提出一个"礼治"与"法治"的命题。1947年,费孝通完成了《乡土中国》的分析,现代经济的诉求被抽出去了,只剩下传统中国社会的一个静态的模型(杜维明语),正是在这种静态的模型中,费孝通提出"礼治"与"法治"的命题,同样发人深省。他说:

现行的司法制度在乡间发生了很特殊的副作用,它破坏了原有的礼治秩序,但并不能有效地建立起法治秩序。法治秩序的建立不能单靠制定若干法律条文和设立若干法庭,重要的还得看人民怎样去应用这些设备。更进一步,在社会结构和思想观念上还得先有一番改革。如果在这些方面不加以改革,单把法律和法庭推行下乡,结果法治秩序的好处未得,而破坏礼治秩序的弊病却已先发生了。[③]

---

① 蔡枢衡:《法治与法学》,载《中国法理自觉的发展》(汉语法学文丛),清华大学出版社2005年版,第98—99页。另参见蔡枢衡:《中国司法之理想》,载《中国法理自觉的发展》(汉语法学文丛),清华大学出版社2005年版,第165—166页。

② 蔡枢衡:《治与法学》,载《中国法理自觉的发展》(汉语法学文丛),清华大学出版社2005年版,第101页。

③ 费孝通:《乡土中国·生育制度》,北京大学出版社1998年版,第58页。

> 法治和礼治是发生在两种不同的社会情态中。这里所谓礼治也许就是普通所谓人治，但……礼治和这种个人好恶的统治相差很远，因为礼是传统，是整个社会历史在维持这种秩序。礼治社会并不能在变迁很快的时代中出现的，这是乡土社会的特色。[①]

这种“乡土社会的特色”，其实就是法律，也就是所谓的“法治”，亦是费孝通——一个社会学家眼中的乡土中国及其法治图景。与蔡枢衡、费孝通生活在同时代的沈从文先生，也有类似的看法，他说：

> 表面上看来，事事物物自然都有了极大进步，试仔细注意，便见出在变化中堕落趋势。最明显的事，即农村社会所保有那点正直素朴人情美，几乎快要消失无余，代替而来的却是近二十年来实际社会培养成功的一种唯实唯利庸俗人生观。敬鬼神畏天命的迷信固然已经被常识所摧毁，然而做人时的义利取舍是非辨别也随同泯没了。“现代”二字已到了湘西，可是具体的东西，不过是点缀都市文明的奢侈品大量输入，上等纸烟和各样罐头在各阶层间作广泛的消费。抽象的东西，竟只有流行政治中的公文八股和交际世故。[②]

再回到蔡枢衡的分析轨道上，基于对当时中国法律思想处于这种“有人无我，有古无今之状况”的批评，蔡枢衡还表达了他对“整个法学，亦成一塌糊涂”[③]的忧患。他写道：

> 在研究成文的中国法的规范之前提下，可以发现反对使用《六法全书》的主张。在应用法规于事实时，又可发现抽去不作为之作为义务，而论不作为的责任之作风。在法规范学中，可以发现认历

① 费孝通：《乡土中国·生育制度》，北京大学出版社 1998 年版，第 52—53 页。

② 参见沈从文：《长河集》，岳麓书社 1992 年版，第 17 页。

③ 蔡枢衡：“法治与法学”，载《中国法理自觉的发展》(汉语法学文丛)，清华大学出版社 2005 年版，第 99 页。

史、比较及哲学的三事为法规范学之三个研究方法;关于以国家生活为前提的法规范之说明,始终无法发现法规范中国家因素之作用;在说明法规范之过程中,可以发现理想法与实定法混成一团,无差别亦无关联……。总而言之,一无对象,二无方法。[①]

在上述忧患之余,一方面,蔡枢衡对总体上是"西方进入中国"的近代法学发展状态,清晰地指出:"一百多年间,汉语文明一直处于接受西方法律文明的境地,迄今而未止。"这意味着,西化未必能"去",因为继受而来西法,可以成为传统的一部分并被继承,从而被中国固有传统所内化;另一方面,蔡枢衡指出:"今日中国法学中,未曾孕育中国民族之灵魂;今日中国之法学界,殊少造福民族国家之企图;今日中国法学教育,亦不能满足建国事业关于法学人才之需要。"因此,"新法学之建设,法学界之自己反省,及法学教育之更张,宜为当前之急务。"[②]所有这些,又同样预示着"中国性"不能不"存"。

第三节 "横的了解"和"纵的领悟":以梅仲协《法律论》(一名《法理学大纲》)为中心

在我们研究的这个时期(1938—1949),没有哪一位法学家比梅仲协[③]更难评价和排位了。这种困难部分来自于他自己的宽容,他的阅

---

① 蔡枢衡:"法治与法学",载《中国法理自觉的发展》(汉语法学文丛),清华大学出版社2005年版,第99页。

② 蔡枢衡:"法治与法学",载《中国法理自觉的发展》(汉语法学文丛),清华大学出版社2005年版,第101页。

③ 梅仲协(1900—1971)字祖芳,浙江永嘉人。法国巴黎大学法学硕士,1933年后在国立中央大学和中央政治学校担任民法讲席,曾任中央政治学校法律学系主任,抗战期间重庆东吴大学教授。后到台湾,历任国立台湾大学法学院民法教授,是著名民法学家,被誉为"中国民法三杰"之一。

读非常广泛，而且至少有一种开放的态度对待法理学。梅仲协原计划是写一本《法理学大纲》，只是关于法律思想史部分，尚未脱稿，故暂用《法律论》作为其书名。[①] 在该书的序中，梅仲协指出这样一个事实，即我国各大学的法学院，对于法理学，“似不甚加以注意”。[②] 然而，梅仲协强调说，“法理学这门功课，不特法律学系的学生，必须攻读，就是习政治经济的，亦要研究。现代各国的法制，大抵采成文法主义，各种基本的法规，都已制成了法典。因此实证法的讲解，不得不偏于条文的诠释，以致支离破碎，呆板枯燥，只有横的了解，而无纵的领悟。如果不着重于法理学的研讨，便无从得其要领。”[③]“在法治的国家，一切政治经济上的设施，必须制成了法律，始足以资信守，而利推行，所以政治家与经济学家，亦须懂得法律的原理，才不致有所贻误。”[④]

梅仲协的《法律论》完成于民国三十二年(1943)，全书共十一章165页，凡7万字左右，篇幅不大，绝非卷帙浩繁之作。基本内容依次为法律泛言、法律的普遍性与确实性、自然的法理、法律与实力、法律与经济、法律与技术、法律与习惯、法律与正义、法律与道德、法律与礼、权利与义务。从上述编撰体例上可以看出，梅先生并不满意当时流行的《法学通论》的编纂方式，而是注重法理，各部门法基本不讲，但仍保留权利与义务一章。全书阐述了法律的本质，以及法律与其他社会科学的关系。既通过论述法律的普遍性与确定性，以奠定法治之理论基础。又力言法律乃本诸人类理性而产生，而非系主权者之命令，甚至主张国际法的基本原理，亦端赖自然法理以维系。

---

① 从《法律论》的共十一章来看，其编纂结构较传统的《法学通论》已有较大的不同。可看成是流行的《法学通论》四编编纂体例中的一编，即“法律”编，但内容上较以往的法学通论又有较大的突破。

② 梅仲协：《法律论》，建国法商学院1943年12月初版，1947年5月再版，第1页。

③ 梅仲协：《法律论》，建国法商学院1943年12月初版，1947年5月再版，第1页。

④ 梅仲协：《法律论》，建国法商学院1943年12月初版，1947年5月再版，第1页。

一、法律观与学脉渊源

在《法律论》第一章开篇，梅先生就法律下了一个定义，他说，“法律是支配人类的法则，而不及于人类以外的自然界。”[①]尽管法律与自然法则，用语相同，都称之曰“法”(Law；Loi；Gesetz)，但是，此两者的性质，则全异其趣。自然法则，系支配自然之必然的因果律，而自然界却不具有理性，法律是支配人类的社会，而人类则具有理性。所以自然法则，绝非吾人心力所能左右，而对于法律，则有时可运用吾人之自由意思，与之相违抗。要之，法律的实施，端赖人类自由意思为前提，而并不是必然的因果关系。再者，习惯、道德与宗教，亦都是人类行为的规范，就这一点言，此三者亦可称为广义的法律。不过今兹所欲论述者，则仅及于狭义的法律，亦即吾人通常所谓之“法”或“法律”，而以之与习惯、道德、宗教等相对称。

运用这种理论，梅仲协表达了其法律观：第一，梅仲协认为法律的目的在于就人与人之间的关系，而规范其特定的外部行为；第二，人与人的关系，往往依赖自然的一部分，尤其是具有经济价值财富为媒介，而引起种种的接触，比如所有权，固以物之支配为其目的，但在为物之支配时，常利用自然的支配或经济的事实为媒介，使所有人与第三人发生许多法律上的关系；第三，法律虽然只规定人类之外部行为，但是对于人类之内部动机，绝不能等闲视之，此法律所以与道德、风俗、经济诸端，亦会发生其密切的关系的原因。[②]

关于“有社会必有法律，有法律斯有社会”这一拉丁谚语，梅仲协举德、法两国关于社会(Gesellschaft 或 Societe)的文字，先证明其关于社

① 梅仲协：《法律论》，建国法商学院 1943 年 12 月初版，1947 年 5 月再版，第 1 页。

② 梅仲协：《法律论》，建国法商学院 1943 年 12 月初版，1947 年 5 月再版，第 2 页。

会的观点，再提出法律是社会生活要件的结论。他说，所谓社会，绝不是专指有机组织的集体生活而言，只需具有交互作用（Wechselwirkung），即使二人之间的契约关系，亦何尝不可谓为社会。人类总是生存于这样的社会之中。梅仲协服膺耶林关于法律是“社会生活要件”，认为没有法律，人类便不能营其社会生活……社会的范围愈广，所需法律之处便愈多。如此观察社会与法律，必然结论就是“法律与社会，相辅相依，关系至切”。①

梅仲协从上述历史经验式的考察结论出发，提出了一个无论在法理学上或立法政策上，都应一体注意的论点，这就是，“我们要认识法律规范的内容，非彻底了解社会生活状态不可，尤其是有关经济历史与其他条件”这样一个与唯物史观相近的观点，并指出，从前的学者，对此“都未曾予以充分的认识，只承认法律是国家或主权者的命令。唯有国家的法律，才算是法，法典是其主要渊源。习惯法的拘束力，亦有待于国家的决定。”②梅仲协坚持认为，国家绝不是唯一的社会组织，国家以内的各种团体，如乡镇等公法人，公司合作社、相互保险社等私法人，以及学会、工会、农会、商会等职业团体，无一而非社会，各受其固有的法律之支配。梅仲协在得出上述结论的同时，还借欧洲社会思想变迁的事实指出，19世纪末期与20世纪开初，新兴的学派，则皆认社会的经济生活现实，亦为法律形成之基础。③

细考梅仲协上述思想之渊源，可以清晰地从梅仲协留学法国巴黎的背景，看到其受法国狄骥社会连带思想的影响。此外，德国历史法学派的思想对梅仲协的影响也是很大的。他说，“历史法学派的主张，对于法律之形成，以及法律之渊源诸问题，均具有重要意义，不容

① 梅仲协：《法律论》，建国法商学院1943年12月初版，1947年5月再版，第4页。
② 梅仲协：《法律论》，建国法商学院1943年12月初版，1947年5月再版，第6页。
③ 梅仲协：《法律论》，建国法商学院1943年12月初版，1947年5月再版，第7—8页。

忽视。”[1]我们从其对主权理论的批判、对国际法的性质的解释以及对国际私法的理解，还可以知道梅仲协的法学思想是很先进的，他说现代法律思想，尚为国家法律万能主义所支配，不承认有超越国界的社会，以及作此社会而存在的法律，流弊所至，产生了许多不同的自然的状态。……今日，全世界人类的经济关系，至为密切，堪称为大同经济时代，自应产生大同社会的法律。

此外，梅仲协的结论亦值得重视，他说：“法律现象，绝不能限于国家的法律而已，所以法理学的研究，应该深入国家以内的一切社会，同时又应该扩而充之，普及于超国家的社会，亦即所谓全人类的大同社会，认法律是国家主权者的命令之说，乃是过去法律思想的渣滓，而对于法律的性质，缺乏了正确的认识。”[2]在指出把法律与国家的意思，或主权者命令，混为一事的三个原因后，梅仲协乐观地指出，“我们如果能够涤除所谓国家的法律观，而就社会生活的现实，以观察法律，则对于国际私法上所谓法律本质的检讨，一定会发现崭新的指导原理。”[3]从学脉渊源上看，梅仲协先生著作最贴近的思想，看来是德国法学家耶林的著作，特别是耶林的权利理论。在权利理论上，梅仲协无论在方法上还是在内容上，一般都遵循了耶林的分析，在法律的普遍性和确实性理论上，德国人的影响是支配性的，尽管也受到英国人奥斯汀的影响。

二、法治的理论基础与本诸人类理性而产生的法律

在《法律论》的第二章，梅仲协讨论法律的普遍性与确定性，在他看来，这一问题的讨论有助于奠定法治之理论的基础。梅仲协从“法律对社会生活的本身，亦有其功能，一切构成社会的分子，即所谓个人，凡所

---

① 梅仲协:《法律论》,建国法商学院 1943 年 12 月初版,1947 年 5 月再版,第 14 页。
② 梅仲协:《法律论》,建国法商学院 1943 年 12 月初版,1947 年 5 月再版,第 12—13 页。
③ 梅仲协:《法律论》,建国法商学院 1943 年 12 月初版,1947 年 5 月再版,第 13 页。

行动，必须以法律为准据”出发，认为法律“具有适用于一般情形，而非仅适用于特定之人或特定之事的性质”。这种关于法律的普遍性，在梅仲协看来，是直接渊源于法律之具有行为规范的性质而来，其“一体适用”才是法律的正义之特色，不得有例外。而就立法政策上言，对于某一原则，所以必须设定例外者，必系因其原则之为绝对适用，将会对于个别的情事，惹起不正当的结果，而这种不正常的结果，必将继续发生，因而亦显现其社会性。在这里，梅仲协还进一步讨论了这种法律普遍性所产生的“法之极，害之至”流弊，为矫正此流弊，产生了英国的衡平法院，对普通法的严重性，得有权予以和缓。而立法者之所以有“例外规定”，亦因“法律普遍性而惹起的不当结果”所致。在此，梅仲协从法理上阐明立法者，“不能株守着抽象的原则，而强其绝对施行”。①

梅仲协毕竟是对民法素有研究的法学家，因此，在实证法上，“揭示若干概括而普遍的种类概念”时，梅仲协习惯将民法上的“人”、“物”、“法律行为”、“所有权”等概念作为例证，对法律之具有普遍性加以说明。在梅仲协看来，民法规定中，之所以有任意性和强制性规范的区分，亦源于对法律的普遍性的认识。例如，通过例举民法上诸如法人、买卖、婚姻、票据、强制执行等制度，梅仲协认为，“立法者常考虑其目的，设定相互关联的若干规定，而自成一典型之种类概念，系包括许多复杂而特殊的事件，而此特殊事件，于现实的法律生活中，又有一定之典型。典型的性质，则又视法域之差异而有不同。”如民法中的物权法、亲属法、继承法、股份有限公司法、票据法等，其性质均系严格而固定，而民法中关于契约的性质，则仅具有一种示范作用，当事人……可依契约自由原则，任意创设新的典型。②

① 梅仲协:《法律论》，建国法商学院 1943 年 12 月初版，1947 年 5 月再版，第 19 页。

② 梅仲协:《法律论》，建国法商学院 1943 年 12 月初版，1947 年 5 月再版，第 20 页。

在法律适用上，梅仲协从法律的普遍性推出“法律与自然法则一样，是最平等最公允的”。对法律之平等与公允，梅仲协既从儒家经典寻求解释，“君臣上下贵贱皆从法，此之谓大治”(管子语)，亦从英国法律权威中获得求证，“法律不择人而施，平等即是公允(Pollock)”。同时，梅仲协亦指出，“法律之实施在人(人类的正义感，毕竟与自然法则不同)，有意的或无意的发生不公平之结果，往往不免，所以立法者为求法律之公平的实现，不能不建树种种制度。”对当时南京国民政府的行政法规，梅仲协点评道：“固未见其十分完备，而民刑事的司法范围，却已相当周密”，不过无论怎样周密完备，法律究竟有待乎人心的运用，非若自然法则之得以机动的实现。[①] 在这里，梅仲协表达对法律机械适用的不满。

法律系社会生活之规范，具有普遍性，因此，从法理上，梅仲协指出“使人民恪遵毋违，共营社会生活”之法律法规的三个要件：第一，法律的存在及其内容，应该力求明晰；第二法律的存在，应有持续性；第三，于一定的程度之下，应力求法律的实现。通过阐明法律的确实性，并指示其功效之重要，梅仲协一方面指出，在社会生活中，法律是人人所应履践的轨道，循此轨道，以辨别邪正善恶。另一方面，他又认为人世的法律，却不能达某种“绝对”的确实性，只是力求接近此一理想而已。这种确实性，是法律的本质之所系，故法律又不能不具有保守的色彩。“法律的本身，固然随着社会生活的向上而渐次进步，但是一经成为规范以后，便复还于静止而保守。革命的精神，只能使新法起来代替旧法，却不能根本否认法律的确实性与保守性——法律的确实性，有赖于科学的司法制度，及其他实现法律的种种制度以维持”。[②]

---

① 梅仲协：《法律论》，建国法商学院 1943 年 12 月初版，1947 年 5 月再版，第 21 页。

② 梅仲协：《法律论》，建国法商学院 1943 年 12 月初版，1947 年 5 月再版，第 25 页。

正是基于上述分析，梅仲协认为：“在近代社会，法律不能不认为是一种科学。法理学固然以法律为其研究的对象，但是法律（实证法）本身的建设，则仍有待于法理学的努力。立法者考虑社会生活的一切需要——个人的需要、社会的需要、经济的需要、技术的需要、文化的需要，依照共同生活的理想，而为价值判断，以决定法律的内容。不过理想的生活与现实的生活，其间如相隔过远，则法律便缺乏实现力，无从完成其功效。要使法律完成其功效，则立法者不得不就社会需要，有充分的了解，并且还须考虑社会的力量与经济的力量，而于某种情形之下，即便予以自用。”[①]在这种情形下，法理学将何以自处？梅仲协说：“法律的任务，应该是就社会生活的现时水准，略略使其提高，而向着思想的境域以迈进。这种法律的发现，固不能专靠着法理学的贡献，但是法理学，具有组织的力量与论理的力量，自有其伟大的表现。抑且实现法律的方法，是一种纯粹的技术，法理学对于此点，贡献独多，并世各国实证法的体系，其规模之宏大，内容之细密，不能不认为出于近代法理学之所赐，这好像现时工业的发达，有赖乎自然科学之应用技术，正复相同。”[②]

《法律论》的第三章，梅仲协以“自然的法理”为标题，力言法律乃本诸人类理性而产生，而非系主权者之命令，国际法的基本原理，端赖自然法理以维系。梅仲协首先从西方法谚：“有社会必有法律，有法律斯有社会”展开论述，在指出，“法律是针对着社会而存在”，一切的法律，“必随着社会生活的内容之互殊而有差异”后，梅仲协定义了来自学者所认同之事实，即所谓法律之相对性（Relativite du droit）。[③] 这种相对性，在希腊学者那里，早已注意到人间的法律与习俗，千差万别，至

---

① 梅仲协：《法律论》，建国法商学院 1943 年 12 月初版，1947 年 5 月再版，第 25—26 页。

② 梅仲协：《法律论》，建国法商学院 1943 年 12 月初版，1947 年 5 月再版，第 26 页。

③ 梅仲协：《法律论》，建国法商学院 1943 年 12 月初版，1947 年 5 月再版，第 27 页。

19世纪历史法学派，认法律是民族精神之产物，法律犹如语言，在各民族间，自有其相对的关系，所以不会有普遍妥当的法律原理之存在。这一观点，在法律实证主义诸学派、比较法学派、人种法学派、社会学的和社会主义法学派中，基本上都坚持否认普遍妥当的法律原理或承认法律之相对性。

在西方法律思想史上，虽然亦有许多法学派如新康德派等，否定了普遍妥当的法律原理之存在，然这一否定之主张并未获得支配地位。从19世纪开始，虽然是法律实证主义全盛的时代，但进至20世纪，自然法仍"益见昌盛，更生了新的势力，而支配了整个法学界。"[①]在中国，梅仲协认为我国儒家者流如孟子等，亦主张自然法，所谓法律之普遍性，便是从自然法之所出也。

三、法律与其他社会生活领域的关系

在20世纪相当长的一段时间里，法学通论几乎成为中国近代法理学研究中的"普通话"，部门法学即法学通论中的"各论"等则有些像各地的"方言"，要保全自身也多少带点"草间苟活"的意味。近年来的趋向则相反，法学通论雄风不再，即使研究法理学的学者也往往掺入其他部门法的"方言"风味。在近年中国内处于上升地位的各部门法学的研究中，部门法理学就是其中之一，而部门法理学应当怎样研究，也成为不少学者关注的问题。多数人似乎希望部门法理学的研究更开放而非更封闭，民国时期著名的民法学者梅仲协先生，对此亦早有论述和实践。

梅仲协治法理学最重通识，所谓通识，涵盖今人所说的历时性和共时性。梅仲协的名言是"法律系培养法官和法学家"，"害怕课程繁重的

① 梅仲协:《法律论》，建国法商学院1943年12月初版，1947年5月再版，第28页。

人不要到法律系来”。[1] 中国治学传统本推广博，有“一事不知中，儒者之耻”的说法。近代学人胡适亦主张“读一书而已，则不足以知一书；多读书，然后可能以专读一书。”他举(墨子)为例说，“在一百年前，清朝的学者懂得此书还不多。到了近代，有人知道光学、几何学、力学、工程学等，一看《墨子》，才知道其中有许多部分是必须用这些科学的知识方才能懂的。后来有人知道了论理学、心理学等，懂得《墨子》更多了”。故“读别种书愈多，《墨子》愈懂得多”。胡适以为，读书“不可不博”，即“什么书都要读”，这样才能“加添参考材料”，知识广博而后“读书时容易得‘暗示’”，可触类旁通。[2] 类似的观点在民初学界并不少见，且多近于今日所谓“跨学科”的含义。

从社会视角考察思想学术的取向渊源出现甚早，例如，韦伯在其所著《古犹太教》中一开始就说，他无意“展示什么‘新’事实和‘新见解’”，与既往的同主题研究相比，该书“若有什么是新的，那就是社会学的提问，并且在此提问下处理事情。”[3]这部分体现了一种谦逊的态度，但也明确指出，该书的新意义落实在提问层面之上。在中国近代法理学这样的领域，当基本编写体例是个常数，研究者提出的问题不同，他实际可能“看到”的材料就必不同，其所使用的材料亦然。从思想学术的社会视角看问题，是梅仲协治法学理论的特点之一。在梅仲协的《法律论》第四章至第十章，主要讨论了法律与其他社会生活领域的关系，这些关系依次是“法律与实力”(即法律与政治——引者注)、法律与经济、

---

① 谢怀栻：“谢序”，载梅仲协：《民法要义》，中国政法大学出版社 1998 年版，第 1 页。关于谢怀栻的回忆，谢怀栻的同学姚瑞光亦说：“(梅仲协)严正地宣布，法律系很难念，必修德文和日文，他校法律系不必修的‘立法技术研究’，我们也是必修。”参见姚瑞光：“怀式与我”，载《谢怀栻先生纪念文集》，第 61 页。

② 胡适：“读书”(1925 年 4 月)，载欧阳哲生编：《胡适文存》(第 4 册)，北京大学出版社 1998 年版，第 128—129 页。

③ [德]韦伯：《古犹太教》，康乐、简惠美译，台北远流出版公司 2005 年版，第 10 页。

法律与技术、法律与习惯、法律与正义、法律与道德、法律与礼等，正是如此宽广的讨论视野，又使这本《法律论》有了不同以往的同类教科书的特点。例如，关于法律与礼，梅仲协自认为，之所以编写这一章，就是要说明法即是礼，礼即是法，以矫正国人对于法律之顽固的错误观念。

梅仲协自20世纪30年代开始研究法学，其《法律论》和《民法要义》研究最富有个性，也最有影响。他打破传统的《法学通论》的编纂体例，重点评论法律的本质以及法律与其他社会现象的关系，特别是将法律与礼写入其《法律论》一书中，无疑如石破天惊，而那些结论显然是建立在严格论证的基础之上，没有人云亦云，他注重法理学的研究，从宏观把握到具体例证，形成了他写作的独特风格。所以读梅仲协的《法律论》，通篇共十一章的内容，我既钦佩其雄厚的文献功底和国学基础，又惊叹他把西方法学发展脉络的史学家的眼光，更激赏他对法律学特别是法理学的精湛的议论和充满经验的评论。因此，可以称梅仲协《法律论》中的十一章，是十一篇研究法理学的论文。而这样的论文，既没有附上任何参考书目，也没有一处引注，如果不是梅仲协，以今天的教授们来评价，当有一句经常的话，不合学术规范。

第四节　马克思主义法理学的“知识论述”

李达(1890—1969)[①]的政治实践和学术活动，开始于20世纪20

① 李达(1890—1969)，字永锡，号鹤鸣。1913年、1917年、1918年曾三次赴日本留学。先学日文、数理，主张“实业救国”，1918年6月后，“停止物理数学的学习，专事马克思主义的学习。”从此，成为马克思主义的信仰者和宣传者。1920年夏，“回国寻找同志干社会革命。”到上海后，立即投入中国共产党的建党活动。建党期间，担任《共产党》月刊的主编，并参加《新青年》的编辑，为中国的马克思主义理论建设做了大量的基础工作。如果说建党中“南陈(独秀)北李(大钊)”起了重要作用，那么，马克思主义在中国传播的中，则有“三李”(李大钊、李汉俊、李达)并称。

年代。1920年夏,他从日本留学归来,在上海代陈独秀主编《新青年》,同时参加建党活动,努力宣传马克思主义的革命理论,成为我国第一批“普罗米修斯”式的播火者之一。中国共产党成立后,李达任党中央宣传局主任,主编《共产党》等刊物,成为党在思想战线上的“一员猛将”。当时,他对无政府主义思潮、改良主义思潮及各种反社会主义思潮的批判,锋芒所向,无不披靡,筚路蓝缕,以启山林。毛泽东曾因此赞扬他是“黑旋风李逵”,“不只两板斧,还有三板斧”,又称他为中国“理论界的鲁迅”。1922年秋,李达由沪回湘,在长沙主持湖南自修大学,开始专注于马克思主义理论的教学与研究。与毛泽东等创办《新时代》月刊,以宣传马克思主义、研究中国社会问题、图谋社会改造为己任,先后发表《何谓帝国主义》(1923年4月)、《马克思学说与中国》(1923年5月)等论文。1923年11月,到湖南法政专门学校(湖南大学前身)任学监和教授开始,至1927年到武昌担任中央军事政治学校代理政治总教官期间,李达集中研究马克思主义唯物史观,并以唯物史观为指导,力求联系中国社会现实,说明中国社会发展的问题。在20世纪30年代反文化围剿中,他更是坚毅不屈,不仅是国内外公认的马克思主义理论家,[①]更是享誉南北的“红色教授”。[②]

---

① 在1935年,郭湛波先生就已经指出:“中国研究马克思及辩证唯物的要以陈独秀、李大钊、李达为最早,最有贡献;至于今日,一死,一囚;所以只有李达氏了,在近日介绍成绩最佳,影响最大,当然是李氏。”“今日辩证唯物论之所以澎湃于中国社会,固因时代潮流之所趋,非人力之所能左右,然李先生一番介绍翻译的工作,在近五十年思想史之功绩不可忘记。”参见郭湛波:《近五十年中国思想史》(北平人文书店1935年版),山东人民出版社1997年版,第281、179页。

② 1932年秋到1937抗战爆发,李达一直在北平法商学院任教,亦兼任中国大学、朝阳大学教授,讲授马克思主义哲学、社会发展史、政治经济学、货币学等多门课程,被进步学生和进步报刊称为“红色教授”。侯外庐说:李达来到北平商学院,“立刻是全校声望最高的一位教授”,“抗战前,在北平敢于宣讲马克思主义学说的学者,党内外都有,大家都是很冒风险的,但是,就达到的水平和系统性而言,无一人出李达之右。”“我自识得李达同志,仅半年交往,便终生师事。”参见侯外庐:《为真理而斗争的李达同志》(1981年6月8日《光明日报》),载侯外庐:《韧的追求》(回忆录),三联书店1985年版,第36页。

李达的学术研究领域极为广阔,包括马克思主义的哲学、政治经济学、社会学、货币学和法理学等,其中,对马克思主义哲学在中国的系统研究和阐释,贡献尤大。笔者认为,李达对马克思主义法学理论的贡献,从而也是对中国近代法理学的贡献,第一是他促进了马克思主义法学方法意识的觉醒——即用社会学的方法进行法律的社会学研究;第二是他力图运用马克思主义"科学的法律观"为我国法学研究开辟一条新的路子。尽管有如此之结论,但由于系统地总结和梳理李达先生法律社会学思想及其"科学的法律观"对中国近代法理学的贡献之著述,尚付阙如。因此,接下来,笔者将秉承学术自由之精神,以李达 1947 年在湖南大学撰写的《法理学大纲》文本为中心,闯进李达法理学思想体系的深处及其关于中国近代法理学的"问题域"。从最具其思想特质的"科学的法律观"之种种议论入手,探寻李达关于马克思主义法理学的"知识论述"在法律本质、法律价值属性和法哲学方法论等方面的话语表达。既介绍李达这部《法理学大纲》文本所体现的马克思主义法理学的基本思想,又回答如何走出李达关于中国近代法理学的"问题域"。

一、"科学的法律观"及其中国法律、法学与中国社会的关系

1947 年 2 月,李达经历五年多的失业生活后,[①]第二次到湖南大学法学院任教,校方害怕李达宣传马克思主义,不准他讲他所擅长的社会学,而让李达讲自己不太熟悉的法理学。李达则坚定地说,"要我不宣传马克思主义,办不到!法理学中,不是同样可以宣传马克思主义吗?

---

① 1940 年秋,李达从广西大学应聘到广东坪石中山大学任教,次年 7 月又被国民党教育部电令解聘,不得不回家乡,继续从事著述。1944 年 8 月零陵沦陷,为躲避日军搜捕,李达携家人逃往大瑶山避难,直到抗战胜利,才重返家乡。从被解聘到 1947 年任湖南大学法律系教授止,失业五年有余。

马克思主义的一些原理，不是同样可以贯穿到教学中去吗?”凭着这种信念，李达经过艰辛的创作，终于在1947年暑期，完成一部优秀的法理学著作——《法理学大纲》，当年，湖南大学分上、下两册石印出版，作为法律系的内部教材。李达逝世后，人们才从他遗留的文稿中发现这部讲义的上册。但这剩余部分自成一个法哲学体系，从今天来看，仍然是中国近代法理学领域的一份珍贵遗产。1983年，武汉大学法律系组织韩德培、何华辉、王应瑄、李双元等人，参加了李达《法理学大纲》遗著的整理工作，1984年1月，李达的《法理学大纲》在法律出版社正式出版。著名法学家韩德培先生为该书写了序言，序中说：

> 从这部著作中可以看出，他是力图运用马克思主义的观点为我国法学研究开辟一条新的路子。他在五十多年前，就已开始这样做了。我们不妨说，他是我国最早运用马克思主义研究法学的一位拓荒者和带路人。他的这部讲义是我国法学研究中的重要文献，也是他对我国法学的重大贡献。[①]

接下来，笔者将从李达关于马克思主义法理学与科学的法律观、法律的本质、法律价值属性和法哲学的方法论问题等方面的“知识论述”，介绍李达这部《法理学大纲》文本所体现的马克思主义法理学的基本思想。

《法理学大纲》开宗明义地提出：“本书所采用的哲学，是一个科学的世界观”，[②]其在法律学领域中的应用和扩张，就构成为科学的法律观——这就是法理学。

李达以唯物史观作指导，把法律制度当作建立于经济基础之上的上层建筑去理解。同时，以辩证法作指导，主张“在全体的关联上去理

---

① 韩德培：《〈法理学大纲〉序》(1983)，载李达：《法理学大纲》(1947)，法律出版社1984年版，第1页。

② 李达：《法理学大纲》(1947)，法律出版社1984年版，第1页。

解各种社会现象”,“在发展过程上去理解各种社会现象。”[①]他把这一原理引入法理学研究领域,指出,法律现象内部的各部分是彼此相关联的,同时它又与政治现象、经济现象等社会现象存在着有机的联系,同时,法律又是在不断发展的,它的发展是世界发展、社会发展的一部分。李达说:

> 法理学必须接受科学社会观的指导,把法律制度当作建立于经济构造之上的上层建筑去理解;阐明法制这东西,是随着经济构造之历史的发展而发展,而取得历史上所规定的特殊形态,阐明其特殊的发展法则,使法律的理论从神秘的玄学的见解中解放出来,而构成科学的法律观。[②]

怎样才能成为“科学的法律观”? 在李达看来,法理学必须阐明法律的发展法则,才能形成为科学的法律观。由于从来的法理学,派别很多,因此,李达在胪举哲学派、自然派、分析学派、历史学派、比较学派、社会学派等关于“法理学的对象是什么”之后提出,“法理学要能成为科学,成为科学的法律观,就必须和其他科学一样,阐明其对象的发展法则,即法律的发展法则。”[③]对此,李达一环套一环地作了极其有说服力的说明。在科学法律观的指导下,李达特别批判“以为法律是人类意志造出的规范,它本身已是法则”的“观念论的法理学”,针对这种法理学,在法律的领域中,大都采目的论,放弃因果律,或者崇奉市民社会学,不承认法律发展的法则,李达指出,这种“观念论”的法理学的研究对象皆是错误的。[④] 他说:

> 各派法理学所以以为研究的对象,都是主观的恣意的东西;其

---

① 李达:《法理学大纲》(1947),法律出版社 1984 年版,第 5 页。

② 李达:《法理学大纲》(1947),法律出版社 1984 年版,第 6 页。

③ 李达:《法理学大纲》(1947),法律出版社 1984 年版,第 7 页。

④ 参见李达:《法理学大纲》(1947),法律出版社 1984 年版,第 7—8 页。

所展开的理论，无非是为某种统治目的说教，想把他们所服务的阶级的意志，掺合于统治万民的法律之中。其必然的归趋，是回避现实，文饰现实，不能也不愿暴露法律的发展法则。①

在这里，李达旗帜鲜明地表达其马克思主义科学的法律观，这就是以暴露法律发展法则为对象的科学。

李达认为，作为社会科学之一的法理学，如果坚持用“科学的法律观”去阐明法律的发展法则，就可以依据这法则以改造法律，使法律适应于社会生活，并促进现实社会的发展，这是关于法理学的任务的问题。因此，李达特别强调，研究法理学的任务，“不能不以中国的法律、法学及其与中国社会的关系为问题。”②

在李达看来，中国法系的本身，由现行的一套新法律来代替了。现行的新法律体系，肇端于满清末年的“变法图强”的国策，其动机是由于想收回领事裁判权，并适应当时帝国主义经济的隶属关系。基于这种动机，被迫接受了宗主国的法律原理，并延请帝国主义法学家，编纂了六法草案。民国成立以后，六法之一的刑律，曾由国民党政府略加删改，付之施行。其他民律，亦凡经修改。直到国府奠都南京之后，立法院根据三民主义与世界新潮，将前述之刑律与民律等草案，大加增删，陆续颁行。这就是现行新法律体系。粗粗地看，李达以上观点基本上是他那个时代的共识，似无深意。

李达继续说道，现行法律体系，是中国法系的代位继承者，比较旧法系，是一大进步，其内容与近代最进步国家的法律，“毫无逊色”，单就民法来看，据吴经熊所说：

试就新《民法》从第 1 条到第 1225 条仔细研究一遍，再和《德

① 李达:《法理学大纲》(1947)，法律出版社 1984 年版，第 8 页。
② 李达:《法理学大纲》(1947)，法律出版社 1984 年版，第 9 页。

意志民法》及《瑞士民法》和“债编”逐条对校一下,倒有百分之九十五是有来历的,不是照帐誊录,便是改头换面!……选择得当就是创作,一切创作也无非是选择。因此,我们《民法》虽然大部分以德、瑞民法作借镜,要不能不问底细地就认作盲从。况且订立《民法》和个人著作是截然两事。著作也许是独出心裁,不落恒蹊为名贵;而立法本可不必问渊源之所自,只要问是否适应我们民族性。俗言说的好,无巧不成事,刚好泰西最新法律思想和立法趋势,和中国原有的民族心理相吻合,简直是天衣无缝![①]

针对吴经熊认为,现行民法,是从德、瑞民法中选择了百分之九十五与中国民族心理相合的条文而成的创作,“简直是天衣无缝”的说法,李达指出,吴氏这一“天衣无缝”论,对于我国民族心理所由产生的民族社会的实际状况,究竟如何,这一层却不曾顾到。作为上层建筑的法律,已进步到了帝国主义国家的法律的水准,而社会现实却落后到与殖民地状况相平行,这样大不相称的建筑,无疑的是不合理的。[②] 其实,看到这种不合理性的人,在当时或以后,蔡枢衡、王伯琦都可为代表,此亦不能证明李达的贡献特殊。

李达的文章的确有看来平易的特点,然其思想体系的深处,贯穿着深刻的道理。李达剖析了上述“不合理”的中国法学研究现状产生的原因,他说:“肇始于满清末年的日本留学生,与日人冈田朝太郎、松冈正义所主讲的北京法律学堂。”[③]随着舶来品的法律之输入,那注释法学、概念法学也同时输入了。在满清变法图强的初期,法律的概念及条文的注释,当然是重要的。所以外国的注释法学的翻译与介绍,从此开端

① 吴经熊:《新民法和民族主义》,载吴经熊:《法律哲学研究》(汉语法学文丛),清华大学出版社 2005 年版,第 192—173 页。

② 李达:《法理学大纲》(1947),法律出版社 1984 年版,第 11 页。

③ 李达:《法理学大纲》(1947),法律出版社 1984 年版,第 11 页。

了。法律既然是外国的，法律的注释，当然也是外国的。从此注释法学概念法学之在中国，就由萌芽期而进于成熟期。于是，中国的法学家也能够写出很好的所谓"选择得当就是创作"(吴经熊语)的概念法学了。[①] 正是针对能写出很好的概念法学，以及"精当赅博、注释工作，宜臻上乘"的法学研究现状，李达并不满意地说：

> 至于说到这一套法律，是否与中国社会现实相适应，法学家却认为那是立法者所应答复的问题。他们分内的事，是就法论法，现有什么法条，就对那法条加以注释。若再问一问：为什么解释法律时，一定要采取新学说或新主义？他们必定说："泰西最新法律思想和立法趋势，和中国原有的民族心理相吻合，"若更问一问，"民法1225条中，现在通常适用的究有几多条，适用时有无困难？"他们是不能答复的。[②]

接下来，看似平易的李达思想之深刻性开始凸显出来：法学对于法律，果然配合得好，这只是问题的一方面，而问题的另一面，却是法学对于中国社会的现实，"是否也能配合"，这才是中国法学方面"最重要的根本的问题"。他说：

> 这个问题如不解决，中国法学自身没有生机，也不能促进法律的改造，因而也不能促进社会的进步。……在目前法学界各自独立，各自就其特殊部门专门注释工作的今日，恐怕只有法理学一门来做专门研究了。[③]

也正是在这里，李达深刻地指出，当时中国法理学的现状是"不能实践的"。这表现在：各大学法律系，对法理学这门功课，主讲的先生们，如果"多采用外国人所著的原本或译本作教本的"话，那么连法理学

---

① 李达：《法理学大纲》(1947)，法律出版社1984年版，第11页。
② 李达：《法理学大纲》(1947)，法律出版社1984年版，第11页。
③ 李达：《法理学大纲》(1947)，法律出版社1984年版，第12页。

也是舶来品了。至于坊间所传播的法理学书籍,也是译本居多,国人自己的著作,除了一两本之外,还有几篇片段的文章,社会法学和新分析法学,曾经有人似是而非的写过一些著作,那也不过是认为"泰西最新法律思想"和"中国原有的民族心理相吻合",却并不曾对中国社会的现实,给予一瞥。同时,李达更为深刻地指出,当时中国法理学的研究也是"不发达"的。这种不发达的原因,在李达看来,主要的是由于法学家们不予重视,好像认为是一个冷门。教者不感兴趣,学生也勉强听讲。因为应考试、做法官或律师,都不需要法理学。在培养注释法学的师资与司法人才的今日法学教育环境中,这许是法理学的研究所以不发达的原因了。①

当然,李达的上述说法并不是无的放矢。针对当时领事裁判权已经收回而高唱司法改良,法学的更新运动,是司法界"一致承认"的。不"新"不能迎头赶上不说,外国人也"必加非难",还得担心"在中国境内不肯接受我司法裁判"。在此语境下,李达仍纠缠吴经熊的"天衣无缝"论不放,实际上这种"纠缠"也是对中国法学理论研究现状深刻的批判,他说:

> 中国法学原是"新"的,只要"泰西"有"最新的法律思想"或学说,无不认为与"中国原有的民族心理适相吻合",拿来作注释的根据。在这种意义上,中国的法学是够"新"的了,也许可以说"新"到不能再"新"了。但问题就在这个"新"字上。那种与"泰西最新法律思想"适相吻合的"中国民族心理",固然是"最新"的了,但是产生那种民族心理的社会现实,是否也是"最新"的?泰西的最新法律思想所由形成的社会现实,是否也与中国的社会现实适相吻合?民族心理和法律意识已经"迎头赶上"了,民族社会的现实是不是

① 李达:《法理学大纲》(1947),法律出版社1984年版,第12页。

也要“迎头赶上”呢？如果单是前者至少前进了一百年，而后者老是落后一百年而跟不去，然则如之何？法学家对此难道可以忽视么？①

李达毕竟是一个有哲学素养的思想家，对上述一连串的疑问，他很快就抽象出问题的实质：“法律与社会现实的平行，只是偶然的；两者脱节，却是必然的。”②如果联系蔡枢衡早在《中国法律之批判》中的判断：“三十年来中国法和中国法的历史脱了节，和中国社会现实也不适合。”这种法律和社会不适合，和历史不连接的“问题大得可怕，而讨论的量小质微又足以警人”。③ 他们抽象问题的能力和方式，可谓异曲同工，更重要的是，他们对问题的回答同样具有深刻性。李达的深刻性在于，他已经洞察到，在社会现实前进而法律落后的情势中，如何使“法律”迎头赶上使与“社会现实”相配合，这是第一个问题。在法律前进而社会现实落后的情势中，如何使“社会现实”迎头赶上使与“法律”相配合，这是第二个问题。“关于这两种问题的解决，都是法理学的任务”。④ 李达又接着指出：

> 大概说来，泰西各国的法理学，注重于展开第一种问题；而中国的法理学，却注重于展开第二种问题。这两种问题的展开，都是“最新”的，并且两者的原理也都一致，所不同的地方，只是那个原理在特殊形态中的应用罢了。⑤

在某种意义上，提出问题比解决问题更重要。因此，李达提出所谓“中国的法律前进而社会现实落后”的命题的重要性，大过那种“头痛医

---

① 李达：《法理学大纲》(1947)，法律出版社 1984 年版，第 12—13 页。

② 李达：《法理学大纲》(1947)，法律出版社 1984 年版，第 13 页。

③ 蔡枢衡：《中国法理自觉的发展》(汉语法学文丛)，清华大学出版社 2005 年版，第 29 页。

④ 李达：《法理学大纲》(1947)，法律出版社 1984 年版，第 13 页。

⑤ 李达：《法理学大纲》(1947)，法律出版社 1984 年版，第 13 页。

头,脚痛医脚”式的解决问题。套用黄宗智先生的话说:提出问题是一回事,解决问题是一回事,但连接起来,又是另一回事。用李达的话说:

> 从帝国主义国家的法律“照帐誊录”过来的法律,虽然是“最新”的东西,却不是中国社会发展过程中所必需的东西。因为它不是中国社会发展过程中所必需的东西,所以就应当根据对于中国社会发展法则的认识,把法律加一番改造。……现行法律体系,绝不是中国社会现实的反映。……根据主观的见解……来就外国法律“改头换面”和“照帐誊录”,对于中国社会现实,并不曾有什么认识,这是可以断言的。①

以上是李达64年前,运用马克思主义“科学的法律观”分析同时代中国法律和法学实践的典型例子。李达从讨论中国法律、法学及其中国社会的关系出发,切入“法理学的任务”这一研究论题,为我国法学研究开辟一条新的路子。沿着这条新路,李达用他惯常朴实的写作态度和平易近人的叙述语言,表达了其关于中国法理学研究实践及其思想深处忧虑。例如,李达关于“中国的法律前进而社会现实落后”的命题,关于“中国法理学的现状是不能实践的和不发达”的结论,无论在当时还是在今天,其思想深处的忧虑和问题的深刻性仍值得我们注意,至少对“中国近代法理学”的学术史的梳理,仍是有意义的。

二、客观论理学的方法及其对各派法理学的批判

法律哲学的方法论问题,是关于如何认识法律现象的本质和规律性的哲学方法的总和。它和法哲学和本体论、价值论一样,也是法哲学理论体系中不可缺少的组成部分。

李达在《法理学大纲》中,除通篇贯串着辩证唯物主义和历史唯物

---

① 李达:《法理学大纲》(1947),法律出版社1984年版,第13—14页。

主义的世界观和方法论以外，还专门写了一章"法理学的研究方法"，李达在说明自己的研究方法之前，对各派法理学所采用的形形色色的主观主义、缺乏发展和联系的观点，与社会实践相隔离的方法作了检讨。他指出，各派法理学所习用的哲学的方法、分析的方法、历史的方法、比较的方法、社会学的方法，只是各派标明其研究的重心或研究的方向，并不就是研究方法。实际上各派的研究方法，都是"形式论理学"或"主观论理学"。[①]

科学的方法应该是"客观论理学"，即辩证逻辑的方法。这种科学的逻辑思维方法，把反映着客观世界的发展法则，即矛盾同一的法则，当作思维的根本法则。它认定客观世界中一切对象都在运动中，联系中，没有绝对安定的东西，没有绝对孤立的东西，一切对象，都包含着对立的动因，其分裂与交互作用，引导到矛盾之内的斗争，矛盾之内的斗争，是对象发展的"起动力"。客观对象在其发展形态之中，通过种种不同的形态和阶段。所以客观论理学，不仅是反映客观世界发展法则的理论，也是科学的认识方法和实践方法，是认识与实践统一的论理学。[②]

李达认为，现代国家的现实法，可分为成文法、判例法和习惯法三种。这些现实法，是概念、判断和推理的集合体。基于这一认识，李达运用客观论理学，从方法论的意义上，为我们提供了如何运用原理来分析法律上的概念、判断和推理的理论典范。

先说李达研究法律上概念之方法运用。李达认为，概念包括认识的主体——立法者，认识的客体——社会关系和认识主体与认识客体的统一——社会关系在立法者头脑中的反映或映象。在客观论理学

① 李达：《法理学大纲》(1947)，法律出版社 1984 年版，第 19—20 页。
② 参见李达：《法理学大纲》(1947)，法律出版社 1984 年版，第 20—21 页。

上,法律上的任何概念,都是具体的概念,包括普遍、个别和特殊三个因子——它们即“同是客观的实在”,又“是不可分离地结合着”,这样的概念,“才是具体的完全的概念”。例如法律上的“自然人”这个概念,是指普遍的自然人,它包含着个别的自然人与特殊的自然人。我们可以用“自然人”这个概念,来例证上述原理。[①] 除此以外,李达认为,在客观论理学上,法律上的一切概念,具有联结性、全体性,又具有发展性、柔软性。而“形式论理学”的法学家和司法者,大都把法律上的概念,当作固定不变的东西,当作孤立隔绝的东西。他们不能理解法律的概念所反映的各种社会关系是互相联系的,同时又是不断变化的。[②]

再说法律上的判断。李达认为,法律上的判断,是法律上的概念运动形式,反映出社会关系法则的联系及其发展的形式。例如,李达运用“财产权是动产特权”、“财产权是动产特权加不动产物权”和“财产权是物权和债权的总和”这三个顺次发展的判断,以及“犯罪主体是人加物加自然力”、“犯罪主体是责任能力的人”和“犯罪主体是人”(指后资本主义时期,法律对无责任能力的人,也规定了保安处分)这三个法律上的判断之变迁,以此来说明“法律与社会现实的联系的发展”。[③]

关于法律上的推理。李达认为,法律上的推理是“法律认识的最高的形式”。推理的形式,主要有演绎推理和归纳推理两种。在形式论理学看来,是个别的单独推理法,两者各自独立,期间并无联系。而客观论理学,形式的归纳法和形式的演绎法,都不能单独成为推理法。归纳与演绎,必须统一运用,并且要注重于客观对象的内容的本质,不能拘泥于形式的标帜,然后才能理解经验与思维的内容和联系。因为归纳是从具体到抽象,从个别到普通的认识;演绎是从抽象到具体,从普遍

① 李达:《法理学大纲》(1947),法律出版社 1984 年版,第 21—22 页。

② 李达:《法理学大纲》(1947),法律出版社 1984 年版,第 22 页。

③ 李达:《法理学大纲》(1947),法律出版社 1984 年版,第 23 页。

到个别的认识。在客观现实上,个别与普遍,是不可分离的结合着。[1]

总之,李达关于“客观论理学”的法理学方法,是由一系列既相区别又相联系的方法所组成的整体,贯串于法律上的概念、判断、推理过程之中。其中主要有归纳和演绎、分析和综合、抽象到具体等方法。在李达看来,把马克思主义的法哲学方法限制为其中的某一个,是不科学的,也是与客观对象属性不符合的。

在《法理学大纲》第二篇,李达运用历史唯物主义观点,对历史上希腊的法理学、罗马的法理学、中世纪的神学派、自然法学派、玄学派、历史学派与分析学派、社会哲学派与比较法学派、社会法学派等各派法理学进行了实事求是的分析和批判。在该篇第六章第一节的结尾处,李达写了一段总结性的文字。他说:

> 各派法理学对于各该时代的法律都有相当的贡献,后起的各派对于先起的各派,都有其补偏救弊的功能,但同时又各自暴露其自身的矛盾,暴露其所主张的学说都不是科学的。[2]

马克思主义法律观的要旨在于,将法律观置于辩证唯物主义的基础上,运用历史唯物主义观点分析法律制度及其相关的现象,以普遍联系的观点分析法律现象中的地位及其相互关系,承认阶级性是法律的本质。李达指出,历史上各种法理学派不可能做到这些,因而它们不可能成为科学的法律观。相反,它们却有四个共同的缺陷:

第一个缺陷是:各派法理学的哲学基础,都是观念论。[3] 观念论即唯心论,它在法律领域中的运用,就是从主观的意念中,假设一个标准作为考察法律的依据,使现实中的法律与头脑中的法律相符合,因而是不科学的。

---

① 李达:《法理学大纲》(1947),法律出版社 1984 年版,第 23—26 页。

② 李达:《法理学大纲》(1947),法律出版社 1984 年版,第 84 页。

③ 李达:《法理学大纲》(1947),法律出版社 1984 年版,第 85 页。

第二个缺陷是:各派法理学都没有历史主义的观点。[1] 它们不懂人类社会历史,不懂得国家是社会过程中的必然的产物,因而也不懂得法律与国家的关系,以及法律与国家随着社会发展而发展的过程,因而也不可能具有科学的性质。

第三个缺陷是:各派法理学都缺乏社会现象互相联系的观点。[2] 不懂得法律在社会诸现象中所处的地位。他们不愿意理解现实社会的真相,而与社会现实相隔离。

第四个缺陷是:各派法理学都是站在不公平的基础上去觅求公平的。[3] 它们所寻求的法律公平或正义,是不公平中的公平,不正义中的正义。

总的说来,李达把批判的矛头指向:"市民的法理学,只是想把自己阶级的意志加入于统治万人的法律之中,他们的意志之根本的性质与方向,是受他们的阶级的存在之经济条件所决定的。"[4]可以说,李达对西方各派法理学的批判是深刻的,对各派法理学的产生、发展、变革的历史,不是孤立地分析,而是把它置于整个社会历史的大背景中。同时指出,各派法理学都未构成科学体系,共同缺陷之一,就是它们的"哲学基础都是观念论",[5]即"主张国家和法律是观念或精神——或神、上帝、观念、自然、绝对精神、世界理论——的产物,并由此出发,以演绎法律原理。"[6]而建立在历史唯物主义基础上的马克思主义法律哲学,则在法哲学发展史上,第一次使法律从虚幻不定的神的意旨或理性的境界落到了"现实的基础"之上,从而使法学成为真正的科学。

---

① 李达:《法理学大纲》(1947),法律出版社 1984 年版,第 85 页。
② 李达:《法理学大纲》(1947),法律出版社 1984 年版,第 86 页。
③ 李达:《法理学大纲》(1947),法律出版社 1984 年版,第 86 页。
④ 李达:《法理学大纲》(1947),法律出版社 1984 年版,第 86 页。
⑤ 李达:《法理学大纲》(1947),法律出版社 1984 年版,第 85 页。
⑥ 李达:《法理学大纲》(1947),法律出版社 1984 年版,第 85 页。

三、“法律是附丽于国家而存在的”

从《法理学大纲》的第三篇开始，李达不仅交待是篇“就法律作论理的考察，研究法律的概念，阐明其本质与属性，借以探求法律的发展法则”，而且还特别指出：“在从事法律之论理的考察时，有一个先决问题，必须予以解决，才能进行研究。这个问题，就是法律与国家的关系如何的问题。”①

法律与国家或法律制度与国家形态，在李达看来，是“一体两面”，国家是法律的形体，法律是国家的灵魂。但它们都是社会的上层建筑，其基础即是经济结构，即是“生产关系总体”。“上层建筑，从基础发生，并受基础所规定，同时对于基础也有一定的反作用”。② 所以，特定的政治的法制的上层建筑，就适应于特定的经济基础，“随着这基础的发展而一同发展，一同转变为高级形态”。正是运用这一历史唯物主义的法学原理，李达指出，“若切断法律与国家的联系或不能正确的理解两者的关联，对于法律的性质与功能，也就无从理解。”③

李达指出，从来各派的法理学，在描写其法律本质论时，大都先叙述其一定的国家观。因此，李达先检讨各派法理学特别是神学、绝对主义、民约论和玄学等四种国家观和法律观。并认为，这四种国家观和法律观，其发展路线，是从天上到地下，从神意到人意，从君意到民意，到绝对理性，可以说是逐步前进的。既是各该时代的产物，也反映着各时代特殊阶级的利害，但从理论的角度看，李达指出：

> 上述各派的国家观与法律观，虽是各该时代的产物，虽是反映着各时代特殊阶级的利害，但从理论的角度看，它们都是主观的，

---

① 李达：《法理学大纲》(1947)，法律出版社 1984 年版，第 87 页。

② 李达：《法理学大纲》(1947)，法律出版社 1984 年版，第 15—16 页。

③ 李达：《法理学大纲》(1947)，法律出版社 1984 年版，第 87 页。

不是客观的;是玄虚的,不是科学的。并且,这些学说,不曾理解国家与社会的区别,也不能阐明国家的本质,因而不能阐明法律的本质。①

而科学的国家观和法律观,在于"成为社会发展产物而出现的国家,是阶级社会之政治的上层建筑,其基础是阶级的经济结构,即阶级的生产关系之体系。"因此,国家为保障其特定的阶级的经济结构,必须履行两种基本的任务,即对内"防止经济结构的破坏",对外"维护经济结构的安全"。② 基于完成这两大任务的需要,首先,必须有一定的物质力的强制装置——公权力。其次是国家保障阶级的经济结构的各种规则——成为人民行为的准绳。"人民的行为,如果逾越了那些规则的范围,国家又用另行拟订的许多规则来处置他们,其后盾就是公权力"。以上种种规则的总和,就是国家规范——法律。从根本上说,法律的功用,就是实现国家的目的。对此,李达概括说道:"法律是附丽于国家而存在的。"③

从"法律是附丽于国家而存在的"这一科学的国家观与法律观出发,李达批判了各派法理学者"把国家与社会视为同一,把国家规范与社会规范视为同一"的"流弊"和"谬误"。例如,"有法律则有社会"、"有社会则有法律"等等。李达指出,上述错误见解"既不能理解国家的本质,却又妄谈其法律的本质论","实有予以纠正的必要"。④ 因此,一方面,李达指出,混淆国家规范与社会规范,把两者视为同一,"是很严重的错误"。另一方面,李达又揭示这种错误产生的原因。

除此之外,李达还特别批评像美侬部达吉等一类学者,认为他们之

---

① 李达:《法理学大纲》(1947),法律出版社 1984 年版,第 90 页。
② 李达:《法理学大纲》(1947),法律出版社 1984 年版,第 91 页。
③ 李达:《法理学大纲》(1947),法律出版社 1984 年版,第 93 页。
④ 李达:《法理学大纲》(1947),法律出版社 1984 年版,第 93 页。

所以“滥用法律的概念”，无非是想借以证明其“有社会则有法律”之观念论的虚构，但在另一方面，却暴露了自己对于人类社会历史的无知。[①] 这种批评可谓一针见血，至今仍有警示作用。

四、马克思主义法理学的“知识论述”在法律本质上的表达

法律的本质问题，是法理学体系中的核心问题（争论也很大）。李达在当时的历史条件下，巧妙地运用马克思主义辩证唯物主义和历史唯物主义世界观，分析法律的现象，考察法律的历史，批判西方形形色色反科学的法学观，并联系中国社会的现实，研究法律的本质属性，形成了以下关于法律本质的马克思主义法理学的“知识论述”的基本观点：

第一，李达认为，“法律的本质，即是法律现象的各种形态中所潜藏的根本关系”，[②]要发现法律的本质，必先考察法律的现象。法律的现象，即是法律关系的表现形态。“最初一看”，法律的现象，表现为个人自由的保障和人人平等的实现。但是，深入地考察，“法律的现象中，又潜藏着个人的不自由与个人的不平等的规定。”可以说，“法律是实现不自由基础上的自由，不平等基础上的平等，因而是实现不公道基础上的公道的。”[③]它背后实际上隐藏着统治阶级的意志，对此，李达从更深层次上进行了分析，凸显法律的阶级性这一法律本质的显现过程。

李达通过对法律关系的阶级分析，得出对其关于法律本质的结论。在李达看来，“法律关系中最根本的关系，即是阶级关系。”因为“法律是国家的统治者用以保障特定阶级的经济结构的许多规则之总和”，是各个不同类型社会中居于统治地位的那个阶级意志的体现。正是从这个

---

① 李达：《法理学大纲》(1947)，法律出版社 1984 年版，第 95 页。

② 李达：《法理学大纲》(1947)，法律出版社 1984 年版，第 99 页。

③ 李达：《法理学大纲》(1947)，法律出版社 1984 年版，第 101 页。

意义上,李达指出:“法律的本质,即是阶级关系,即是阶级性。”①他还运用马克思主义的阶级分析方法,系统研究了奴隶社会、封建社会和资本主义社会的法律,认为阶级性是各不同类型法律的共同本质。

以上观点,从不同的层次上反映了法律的本质。人们对事物的认识,是一个由现象到本质,由初级的本质到第二本质,不断深化的过程。首先要发现作为行为规范的法律背后隐藏着的是统治阶级的意志。然后,进而认识到,这种统治阶级的意志的内容,是由它们的物质的本质,可采取倒叙法,或者把两层意思结合一起叙述。李达是把两层意思结合一起论述的,最后落脚到法律本质的阶级性。

第二,李达还从法律与道德关系的角度,分析了法律的本质问题。李达认为:“法律与道德的区别,只是国家规范中非道德部分的法律与道德规范中未经法律化的部分的道德的区别。”②当阶级社会出现后,“普遍的全面的道德,就变成偏颇的阶级的道德了。”③因此,已被确定为法律的道德,是有利于统治阶级的经济结构的部分,至于道德中妨害统治阶级的经济结构的部分,就制定为禁止或命令的法规;与经济结构不相抵触或无关重要的部分,统治者认为无统治实行的必要,或因其性质不适于强制禁行的必要,就放任人们自由遵守。李达分析道:“攻破了‘法律的本质是抽象的道德观念’的传统见解,确有片面的真理,不过所说的‘道德’二字之上,省略有‘特殊阶级的’这个形容词罢了。”④

第三,法律实施保证的强制性。《法理学大纲》的第三编第三章提出了法律的“强制性命题”,可惜的是,第三编第三章第一节以后的文稿没有找到,不知李达是如何展开论述的。不过,我们从其他章节仍可以

---

① 李达:《法理学大纲》(1947),法律出版社 1984 年版,第 102 页。
② 李达:《法理学大纲》(1947),法律出版社 1984 年版,第 109 页。
③ 李达:《法理学大纲》(1947),法律出版社 1984 年版,第 108 页。
④ 李达:《法理学大纲》(1947),法律出版社 1984 年版,第 112 页。

看到这一命题的内容：法律是社会行为规范中一种特殊的规范。其特点表现在它是由国家制定或认可的，以国家强制力保证实施的。这是法律规范与道德规范不同的特点，也使法学有了特定的研究对象。在第三编第一章“法律与国家的关系”的论述中，还原则地提到：国家为要保障其特定阶级的经济结构，必须履行对内镇压被统治阶级的叛乱，对外防卫外来的侵略两种基本任务，以防止经济结构的破坏和维护经济结构的安全。而为了实现这两大基本任务，就必须有一定的物质力的强制装置，即公权力（如军队、宪兵、警察、法庭、监狱等）和国家保障统治阶级的经济结构的种种规则。国家所以拟订的各种规则，就成了法律，成了人们的行为的准绳。人们的行为，如果逾越了那些规则的范围，国家又用另行拟定的许多规则来处置他们。其后盾就是公权力，即物质力的强制装置。这里，已经把法律实施保证的强制性明确表述出来，只是尚未展开完全的论述。

以上是李达关于法律本质的“知识论述”，比较完整地反映了马克思主义法律哲学的本体论的主旨。

五、结论

在笔者看来，李达关于马克思主义法理学的“知识论述”，始终建立在“科学法律观”的视点上。正如李达所说的那样，作为社会科学之一的法理学，如果坚持“科学的法律观”，去阐明法律的发展法则，就可以依据这法则以改造法律，使法律适应于社会生活，并促进现实社会的发展。因此，研究法理学的任务，“不能不以中国的法律、法学及其与中国社会的关系为问题。”李达还运用客观论理学，从方法论的意义上，为我们树立了如何运用马克思主义法学原理来分析法律上的概念、判断和推理的理论典范。

李达从国家的规范即法律，法律的功用即是实现国家的目的这一认识出发,得出“法律是附丽于国家而存在的”这一经典命题。在当时的历史条件下,李达巧妙地运用马克思主义辩证唯物主义和历史唯物主义世界观,分析法律的现象,考察法律的历史,批判西方形形色色反科学的法学观,并联系中国社会的现实,研究法律的本质属性,把对法律本质的分析与对法律价值属性的见解联系在一起,形成其马克思主义法理学重要的“知识论述”体系,从而开启了马克思主义法理学“中国化”的前进道路。

当我们再回顾一下李达不曾见到的他去世以后的历史过程,仍可以清楚地看到李达对当时中国法理学的现状是“不能实践的”的批评和法理学研究是“不发达”的原因分析,至今仍有以下两种现实意义。一方面是李达的提问方式,即法学对于中国社会的现实,“是否也能配合”,这才是中国法学方面“最重要的根本的问题”。尽管本文无意在此深入讨论李达的“配合”问题,但从中国近代法理学形成发展的历史进程来看,对于李达的设问,我们是无法绕过的。另一方面是李达与同时代关于中国法理学研究“不发达”的原因分析。在李达看来,“主要的是由于法学家们不予重视,好像认为是一个冷门。教者不感兴趣,学生也勉强听讲。因为应考试、做法官或律师,都不需要法理学。在培养注释法学的师资与司法人才的今日法学教育环境中,这许是法理学的研究所以不发达的原因了。”现在,距李达 1947 年的《法理学大纲》已有 64 年,距 1984 年该书重版也有 27 年,中国法理学研究是否仍然存在上述的原因?尽管在形式上,当下的问题与当时的问题已经有所不同,但我们在这种追问中,分明可以感受到某种中国社会的特质或是李达的思想特质的会通。

在笔者看来,只有研究李达的思想特质,我们才有可能走出李达上述关于中国近代法理学的“问题域”。以下是李达最具其思想特质的马克思主义法理学的“知识论述”的话语表达:

所以法理学的研究，首先要阐明世界法律发展的普遍原理，认识法律发展与世界发展的关系，认识特定历史阶段上的法律与社会的关系；其次要应用那个普遍原理来认识中国的法律与特殊的中国社会的关系。由中国社会发展的特殊路线，展开与之相互适应又能促进其发展的法律理论，作为改造法律、充实法律的指导。为要完成这个任务，法理学的研究者，必须具有科学的世界观与认识世界的方法，认识法律在万有现象中的位置，认识法律怎样随同整个世界的发展而发展；又必须具有科学的社会观与社会科学的方法，认识法律在社会现象中的位置，认识法律怎样随同社会的发展而发展。他们只有具有科学的世界观与社会观，才能跨出那些法典与判例的洞天，旷观法律以外的社会与世界的原野，究明法律与世界，与中国现实社会的有机联系，建立法律的普遍性与特殊性的统一，才能使自己的研究对时代作积极的贡献，而不至于与时代脱节，才能促进法律的改造，使适应于现实社会，促进社会之和平的顺利发展，可以免除中国社会的混乱、纷争、流血等长期无益的消耗。这样的工作，虽是艰巨的，却是可能的。这样的工作，是法理学的最高任务。①

从多种意义上说，李达的马克思主义法学“中国化”的“知识论述”的话语表达，其典范意义极为悠长，极为深奥。在这种话语表达下，探寻如何走出李达与同时代关于中国法理学的“问题域”，使中国法理学研究“不至于与时代脱节”，又“能促进法律的改造，使适应于现实社会”，这样的工作，在李达的同时代和李达逝去后的现时代，同样虽是艰巨的，却同样是可能的。当然，这也是中国法理学当下的最高任务。因此，通过本节论文来讲述我国最早运用马克思主义研究法学的“拓荒者

① 李达:《法理学大纲》(1947)，法律出版社1984年版，第13—14页。

和带路人”(韩德培语)李达关于法理学研究于中国社会现实,“是否也能配合”的思想观点,讲述其曾经给中国法理学提出的最高任务,实有深切地缅怀李达这位既是湖南的又是中国的先进法律学人之目的。同时,在西方法学理论与中国传统法律变革思潮的交错互动下,既有延续李达与同时代中国法律学人“追求真理”的生存和精神状态,又有承载当今中国法理学学者之使命和责任的目的。

参考书目

一、中文著作

1.白鹏飞:《法学通论》,上海:民智书局1928年初版,1931年第4版。

2.蔡枢衡:《中国法理自觉的发展》(汉语法学文丛),北京:清华大学出版社2005年版。

3.蔡枢衡:《中国法律之批判》,重庆:正中书局1942年版。

4.陈学恂:《中国近代教育史教学参考资料》,北京:人民教育出版社1998年版。

5.程燎原:《清末法政人的世界》,北京:法律出版社2003年版。

6.丁晓强、李立志:《李达学术思想评传》,北京:北京图书馆出版社1999年版。

7.龚钺:《比较法学概要》,上海:商务印书馆1947年初版。

8.郭长海、郭君兮编:《李叔同集》,天津:天津人民出版社2006年版。

9.郭湛波:《近五十年中国思想史》(北平人文书店1935年版),济南:山东人民出版1997年版。

10.何龄修编:《孟心史学记》,北京:生活·读书·新知三联书店2008年版。

11.何勤华:《20世纪日本法学》,北京:商务印书馆2003年版。

12.何勤华、李秀清主编:《民国法学论文精萃·基础法律篇》(第1卷),北京:法律出版社2003年版。

13.何勤华、洪佳期编:《丘汉平法学文选》,北京:中国政法大学出版社2004年版。

14.何勤华:《法律文化史谭》,北京:商务印书馆2004年版。

15.何勤华:《中国法学史》(第3卷),北京:中国政法大学出版社2006年版。

16.胡挹琪编辑:《政法述义·法学通论》(第1种),政法学社1913年版。

17.黄河清:《近现代辞源》,上海:上海辞书出版社2010年版。

18. 黄金麟:《身体、历史、国家——近代中国的身体形成》,北京:新星出版社 2006 年版。

19. 黄静嘉:《中国法制史论述丛稿》,北京:清华大学出版社 2006 年版。

20. 黄宗智:《法典、习俗与司法实践:清代与民国的比较》,上海:上海书店出版社 2003 年版。

21. 黄宗智:《过去和现在——中国民事法律实践的探索》,北京:法律出版社 2009 年版。

22.《李大钊文集》(上),北京:人民出版社 1984 年版。

23. 李达:《法理学大纲》(1947),北京:法律出版社 1984 年版。

24. 李贵连:《近代中国法制与法学》,北京:北京大学出版社 2002 年版。

25. 李喜所:《中国留学史论稿》,北京:中华书局 2007 年版。

26. 梁治平:《寻求自然秩序的和谐——中国传统法律文化研究》,上海:上海人民出版社 1991 年版。

27. 梁治平:《法律的文化解释》(增订本),北京:生活·读书·新知三联书店 1994 年版。

28. 刘龙心:《学术与制度》,北京:新星出版社 2007 年版。

29. 刘星:《一种历史实践——近现代中西法概念理论比较研究》,北京:法律出版社 2007 年版。

30. 吕世伦:《法理的积淀与变迁》,北京:法律出版社 2001 年版。

31. 吕世伦:《法理念探索》,北京:法律出版社 2002 年版。

32. 吕世伦:《理论法学经纬》,北京:中国检察出版社 2004 年版。

33. 梅小璈、范忠信选编:《梅汝璈法学文集》,北京:中国政法大学出版社 2007 年版。

34. 钱香稻:《法学通论问答》,上海:三民公司 1930 年版。

35. 丘汉平:《法学通论》,上海:商务印书馆 1933 年初版,1937 年第 6 版。

36. 沈国威:《近代中日词汇交流研究:汉字新词的创制、容受与共享》,北京:中华书局 2010 年版。

37. 舒新城编:《学务纲要》,《中国近代教育史资料》,北京:人民出版社 1979 年版。

38. 苏力:《法治及其本土资源》,北京:中国政法大学出版社 1996 年版。

39. 苏力:《也许正在发生:转型中国的法学》,北京:法律出版社 2004 年版。

40. 苏云峰:《中国新教育的萌芽与成长(1860—1928)》,北京:北京大学出版社 2007 年版。

41. 孙晓楼:《法学教育》(1935),王健编,北京:中国政法大学出版社 2004 年修订版。

42. 田涛:《第二法门:学术与随笔》,北京:法律出版社 2004 年版。

43. 汪荣宝、叶澜编纂:《新尔雅》,载沈云龙主编:《近代中国史料丛刊续编第 44 辑》,台北:文海出版社 1977 年版。

44. 王伯琦:《近代法律思潮与中国固有文化》(汉语法学文丛),北京:清华大学出版社 2005 年版。

45. 王德威:《想象中国的方法(历史小说叙事)》,北京:生活·读书·新知三联书店 1998 年版。

46. 王健:《沟通两个世界的法律意义——晚清西方法的输入与法律新词初探》,北京:中国政法大学出版社 2001 年版。

47. 王健:《中国近代的法律教育》,北京:中国政法大学出版社 2001 年版。

48. 王健编:《西法东渐——外国人与中国法的近代变革》,北京:中国政法大学出版社 2001 年版。

49. 王覲:《法学通论》,北平:公慎书局 1923 年订正增补 4 版。

50. 王兰萍:《近代中国著作权的成长(1903—1910)》,北京:北京大学出版社 2006 年版。

51. 王森然:《近代二十家评传》,北京:书目文献出版社 1987 年版。

52. 王振先:《中国古代法理学》,上海:商务印书馆 1925 年版。

53. 吴经熊、华懋生编:《法学文选》,北京:中国政法大学出版社 2003 年版。

54. 吴经熊:《法律哲学研究》,上海:上海会文堂新记书局 1933 年版。

55. 夏勤、郁嶷:《法学通论》,朝阳大学出版部发行,北京东西制版所印刷 1919 年版。

56. 夏勤:《法学通论》,高承恩发行,正中书局印刷实验所 1946 年版。

57. 张知本编辑:《法政丛编·法学通论》(第 1 种),湖北法政编辑社 1905 年版。

58. 谢振民:《中华民国立法史》,张知本校,北京:中国政法大学出版 2001 年版。

59. 熊月之编:《晚清新学书目提要》,上海:上海书店出版社 2007 年版。

60. 许章润:《法学家的智慧——关于法律的知识品格与人文类型》,北京:清华大学出版社 2004 年版。

61. 薛君度、熊先觉、徐葵主编:《法学摇篮:朝阳大学》(增订版),北京:东方出版社 2001 年版。

62.俞江:《近代中国的法律与学术》,北京:北京大学出版社 2008 年版。

63.张季忻:《法学通论概要》,上海:世界书局 1929 年版。

64.张仁善:《法律社会史视野》,北京:法律出版社 2007 年版。

65.张知本:《社会法律学》,上海:上海法学编译社 1931 年版。

66.张志铭:《法理思考的印迹》,北京:中国政法大学出版社 2003 年版。

67.章宗祥、戢翼翚编译:《新编法学通论》(版本不详)。

68.朱采真:《现代法学通论》(文化科学丛书),上海:世界书局 1930 年初版,1931 年再版。

69.朱成甲:《李大钊早期思想与近代中国》,北京:人民出版社 1999 年版。

70.朱景文主编:《法理学研究》,北京:中国人民大学出版社 2006 年版。

二、中文译著

1.[法]勒内・达维德:《当代主要法律体系》,漆竹生译,上海:上海译文出版社 1984 年版。

2.[美]霍金:《法律哲学现状》,费青译,上海:上海会文堂新记书局 1935 年版。

3.[美]庞德:《庞德法学文述》,雷宾南、张文伯译,刘晓雅勘校,北京:中国政法大学出版社 2005 年版。

4.[美]庞德:《社会法理学论略》,陆鼎揆译,上海:上海法学社 1926 年版。

5.[美]任达:《新政革命与日本:中国,1898—1912》,李仲贤译,南京:江苏人民出版社 2006 年第 2 版。

6.[日]美浓布达吉:《法之本质》,林纪东译,上海:商务印书馆 1936 年版。

7.[日]美浓布达吉:《公法与私法》,黄冯明译,上海:商务印书馆 1937 年版。

8.[日]牧野英一:《法律上之进化与进步》,朱广义译,上海:中华书局 1928 年版。

9.[日]平野义太郎:《法律与阶级斗争》,萨孟武译,上海:新生命书局 1930 年版。

10.[日]穗积陈重:《法理学大纲》,李鹤鸣译,上海:商务印书馆 1928 年版。

11.[日]织田万:《法学通论》,刘崇佑译,上海:商务印书馆 1907 年版、1930 年再版。

三、外文著作

1.[日]唐泽富太郎:《教科書の歷史——教科書と日本人の形成》,东京:创文社 1956 年版。

四、论文

1.[日]奥田义人:《法学通论》,梁启超译,载《新民丛报》1906 年第 84 号。

2.蔡元培:《就任北京大学校长之演说》,载高平叔编:《蔡元培全集》第 3 卷,北京:中华书局 1984 年版。

3.程波:《"法学津梁"——法学家夏勤与朝阳大学》,载《朝阳法律评论》2009 年第 2 期(总第 1354 期)。

4.程波:《〈新译日本法规大全〉与晚清新政》,载《华东政法大学学报》2009 年第 2 期。

5.程波:《二十世纪二三十年代中国法学话语的多面性》,载《法学杂志》2011 年第 4 期。

6.傅郁林:《法律术语的翻译与法律概念的解释》,载《北大法律评论》1999 年第 2 卷第 1 集,北京:法律出版社 1999 年版。

7.高维廉:《中国法学思想之国际地位》,载《法学季刊》1930 年第 4 卷第 3 期。

8.何勤华:《法学近代化论考》,载《政治与法律》1999 年第 2 期。

9.何勤华:《汉语"法学"一词的起源及其流变》,载《中国社会科学》1996 年第 6 期。

10.贺卫方:《历史与社会交错中的当代法学学术史》,载《云梦学刊》2005 年第 4 期。

11.孔庆平:《三位民国法学家关于中国法理自觉的探讨》,载《清华法学》2007 年第 3 期。

12.李龙、汪习根:《二十世纪中国法理学回眸》,载《法学评论》1999 年第 4 期。

13.刘星:《重新理解法律移植——从"历史"到"当下"》,载《中国社会科学》2004 年第 5 期。

14.吕世伦、程波:《理论法学的前提性问题解读——法学思维范式、法学思潮及其相关的法学科》,载《学习与探索》2009 年第 4 期。

15.梅仲协:《礼与法》,载《中国法制史论集》,台北:志文出版社 1975 年版。

16.孙国华:《法是"理"与"力"的结合》,载《法学家》2001 年第 3 期。

17.王风瀛:《说研究法律之方法》,载《法学季刊》1924 年第 1 卷第 8 期。

18.张灏:《中国近代思想史的转型时代》,载《二十一世纪》1994 年 4 月号。

19.朱景文:《关于法理学向何处去的一点看法》,载《法学》2000 年第 2 期。

后　记

本书是2010年度教育部人文社会科学研究课题:“中国近代法理学的形成发展(1895—1949)——以《法学通论》教科书为中心展开”的最终成果。本书的出版得到教育部人文社会科学研究规划基金项目(10YJA820005)的资助,并获得2011年度湖南商学院学术著作出版基金资助。在此,我对教育部社科司和湖南商学院表示感谢。与此同时,感谢商务印书馆有限公司的王兰萍和朱静芬编辑,王女士慧眼识珠,善意督促,朱女士仔细审阅,保证了本书的如期面世和出版质量。

本书是在我的博士论文的基础上完成的。回过头来,我特别怀念在中国人民大学的求学日子,并由衷地向那些帮助我赓续百年来中国近代法律学人之思想的人们致敬。我的博士生导师、中国人民大学法学院吕世伦教授已过古稀之年,但他始终坚持思想独立、学术自由,是一位德高望重、著述等身的法学家。他的思想有如他的三部文集的书名一样,经过“历时性”的《法理的积淀与变迁》、“或多或少、或深或浅”的《法理念的探索》,形成“相互并存、共时性”的《理论法学经纬》。对本书的写作与构思,吕世伦教授给出了切实的指导与无私的帮助,并在近代法学资源运用方面展现了极大的独创性和足智多谋,使我受益匪浅。博士论文开题期间又得到中国人民大学法学院朱景文教授有价值的肯定和鼓励,朱景文教授在《法社会学》和《比较法学》课程中,提供的法学研究方法注定将丰富我的法学学术史研究。感谢中国人民大学的孙国华教授、张志铭教授、范愉教授、史彤彪教授、朱力宇教授,感谢上海华东政法大学的何勤华教授，清华大学的许章润教授、高鸿均教授，北京大学的徐爱国教授，中国社会科学研究院的吴玉章教授等诸位先生。他们或是论文的评阅者，对博士论文提出有见地的建议和批评；或是论文的答辩委员，让博士论文在言语激荡的对话中顺利通过。在此谨向上述各位先生深表谢忱！

感谢我的父亲母亲，感谢他们默默的守望与殷殷的期待。没有他们无私的关爱与付出，我无法平静地思考与写作这本将要荣耀他们的书籍。感谢相识、相知的夫人胡野萍女士，她护我健康，代我持家，照看我们淘气的儿子，照顾我们年迈的双亲，可谓辛劳，这本书见证了我们的爱情。纸墨寿于金石！感谢我们健康、活泼、帅气、可爱的儿子程楠带给我的写作动力和精神愉悦，希望长大的他尽早懂得“年寿有时而尽，荣禄止于其身，未若文章之无穷”的道理。感谢我在北京工作的本科同学王进、蔡开松、彭明哲、曾卓明、杨江华、邓建彪、刘跃进、谢雪华和新朋友梁光玉、卢先和、朱向群。老同学、新朋友的真情厚爱，坦坦荡荡，时常让我在写作中感悟人生，感动生命，感谢命运。为学不能无友！感谢我在中国人民大学法学院的博士同学好友汪公文、朱巍、冯辉、李建新、刘俊及同门师兄弟马金芳、宋光明、江兴景、李英杰。他们都给我的博士生活增添了光彩，他们都对本书的写作，提供过不同形式的帮助。

虽然拙作已经付梓，但由于本人才疏学浅，疏漏甚至错误之处在所难免，望方家不吝指教。

程　波

2011 年 11 月于湖南商学院和园